黄定超
——著

教育叙事与教师成长

JIAOYU
XUSHI
YU
JIAOSHI
CHENGZHANG

上海社会科学院出版社
SHANGHAI ACADEMY OF SOCIAL SCIENCES PRESS

图书在版编目(CIP)数据

教育叙事与教师成长 / 黄定超著. — 上海：上海社会科学院出版社，2023
 ISBN 978-7-5520-4184-2

Ⅰ.①教… Ⅱ.①黄… Ⅲ.①教育研究—文集 Ⅳ.①G40-03

中国国家版本馆CIP数据核字(2023)第125785号

教育叙事与教师成长

著　　者：黄定超
责任编辑：王　芳
封面设计：杜静静
出版发行：上海社会科学院出版社
　　　　　上海顺昌路622号　邮编200025
　　　　　电话总机021-63315947　销售热线021-53063735
　　　　　http://www.sassp.cn　E-mail:sassp@sassp.cn
排　　版：南京展望文化发展有限公司
印　　刷：上海龙腾印务有限公司
开　　本：787毫米×1092毫米　1/16
印　　张：13
字　　数：272千
版　　次：2023年7月第1版　2023年7月第1次印刷

ISBN 978-7-5520-4184-2/G·1264　　　　定价：68.00元

版权所有　翻印必究

序

所谓教师的叙事研究，一般是指以叙事为主要方式对特定的教育教学情境及其意义进行的描述和诠释，也可称为叙事性的案例研究。从方法论的角度说，案例研究是一种调查研究或经验研究，它是对某个已发生的事件或现象的观察和回顾，并通过叙事性的语言而不是论说性或数量化的方式予以表达。但在实践研究过程中，案例还可以包容正在进行和发展着的事件和状态，因而又表现出行动研究的某些特征。正是由于这些特点，叙事性的案例研究在一定程度上满足了实践研究的综合性和复杂性的需求，从而成为教师研究、教师专业发展的一个重要途径。

其实讲故事并不是什么新鲜事物，叙事原本就是人类认识世界和表达思想的一种基本方式。只是许多年来，人们对科学研究的认识一直在追求以抽象演绎为特征的理论构建，而今又再次"发现"了以描述和解释为特征的叙事和案例研究的价值。由此，叙事和案例研究又重新激发了教师参与教育研究的兴趣和动机，成为促进教师专业成长的一个新的平台和途径。

关于叙事研究的规范和模式问题，专家学者们的看法也有很大的分歧。一种观点，是从后现代主义的"解构"理念和中小学教师的研究需求出发，反对遵循烦琐的一味追求普遍规律的科研规范，强调教育研究的人文性、草根性、原创性，主张"怎么都行"。另一种观点，是从教育研究的基本性质及方法体系出发，强调凡是研究都必须遵循一定的方法规范，并指出"怎么都行"所造成的负面影响，但一般也没有提出明确的叙事研究模式。理论指导的滞后和欠缺，在一定程度上影响了实践研究的深入开展。怎样让众多的科研新手能够从"怎么都行"走向"从心所欲而不逾矩"，已成为亟待解决的问题。

从总体上看，专业研究人员对叙事研究的关注局限于理论探讨和文献研究，更多的有关叙事研究的方法探索来自学校教师和地方教科研人员。实际上，广大教师已经在学校教育科研的实践中摸索形成了一定的叙事模式，这就是近些年来被广泛应用的"一事一议"模式。其基本结构是"故事+点评"，即"情景描述"加上"感悟思考"；具体要求是描述要生动，思考要深刻。在实践应用中，这种基本模式还演化成"夹叙夹议""只叙不议"等变式。

一般来说，"一事一议"适应了中小学教师参与学校教改和科研的需求，并提供了适合教师思维及表述特点的操作模式,因此受到了广泛的欢迎。随着研究的推广和深入,单纯的一事一议模式也逐渐暴露了自身的一些缺陷:一是叙事容易与研究脱节,所谓点评往往成为追求所谓理论深度的空洞议论;二是对叙事本身缺少研究,许多叙事只是流水账式的材料堆砌。显然,缺少方法论指导的单一模式还不能满足学校教育科研可持续发展的需求,一些专业研究人员和学校教师开始探索更多的更适宜教师特点的叙事研究的模式及方法。

这些年来,上海市崇明区在教师叙事研究领域开展了积极的探索,并产生了广泛的影响。崇明区教育学院倡导教师讲述"我的教研故事",充分发挥了教科研人员的专业引领作用,在理论学习、活动组织、文本撰写、经验交流方面都有独到的见解和丰富的成果。在一次"黄浦杯"长三角教育征文选题研讨会上,老院长宋林飞曾向各地专家介绍了开展教师叙事研究的"崇明经验",设置多元入口,人人都能参与。其具体做法包括:一是传讲自己听来的、书本上看来的故事,这是人人能做到的;二是讲自己现场观摩到的、他人的,但由自己写下来的故事;三是讲自己的故事。广泛而深入的教育实践研究,最终也孕育和形成了来自实践的经验提炼和理论成果。

黄定超老师长期从事学校科研指导工作,勤于实践,善于思考,近年来更在叙事研究领域深耕开拓。这本《教育叙事与教师成长》可以说是他在工作与思考、理论与实践的结合上形成的一部代表作。近些年来各地编写的教师叙事和案例集丰富多彩,但能够从一定理论高度、把零散的做法和经验予以系统化整理的还比较少见。本书的十章内容,构成了一个完整的教师教育叙事研究的认识框架,有理论、有实践,观点与实例能够互相印证,许多做法和思考富有启发性和操作性。例如,关于"叙事时态"的框架构建和内容解读,为人们理解叙事结构及写作类型提供了一个新视角。关于叙事文本中的"智慧看点"和"问题导向",为避免叙事主题散漫而提供了一种思维定向的写作模式。这些由"崇明经验"提炼而成的系统化理论化的教师实践性知识,为我们深入认识和实践叙事研究,提供了宝贵的智力资源和实践指引。

叙事研究是教育研究领域中的一个热点,也是一个难点。经过十多年来的倡导和发展,叙事研究似乎进入了一个高原期,目前理论界还不能(或者说没必要)提供一种成熟的公认的叙事模式或叙事理论,因此来自教育实践的理论提炼就更为必要和宝贵。"纸上得来终觉浅,绝知此事要躬行。"很高兴看到黄定超老师能够在此时此地有所突破有所贡献,也期待论著的出版能够推动教师叙事和学校科研的进一步发展。

(张肇丰　上海市教育科学研究院普通教育研究所)

目录

1 ▶ 第一章 教育叙事的内涵与作用
    第一节 教育叙事的教育视点 / 3
    第二节 教育叙事的内涵及特征 / 4
    第三节 教育叙事的作用 / 14
    第四节 教育叙事与教育案例 / 17

25 ▶ 第二章 教育叙事的优点和生长点
    第一节 教育叙事的现状调查 / 27
    第二节 教育叙事的优点 / 29
    第三节 教育叙事的生长点 / 36

45 ▶ 第三章 教育叙事的核心要素
    第一节 教育叙事：面对教育的日常生活 / 47
    第二节 教育的日常生活还原为"教育冲突" / 55
    第三节 变革教学行为是教育叙事的源头活水 / 66

71 ▶ 第四章 教育叙事的类型
    第一节 教育叙事的类型 / 73
    第二节 教育叙事撰写注意事项 / 78

87 ▶ 第五章 教育叙事故事的时态
    第一节 完成时态的教育叙事故事 / 89
    第二节 进行时态的教育叙事故事 / 95
    第三节 将来时态的教育叙事故事 / 104

第六章　教育叙事的情境　113

第一节　教育叙事情境撰写的原则 / 115

第二节　教育叙事情境构建的路径 / 120

第三节　教育叙事情境构建的选择 / 122

第七章　教育叙事的反思与重构　129

第一节　教育叙事的反思 / 131

第二节　教育叙事的重构 / 142

第八章　教育叙事的评价　151

第一节　教育叙事评价目的与理念 / 153

第二节　教育叙事评价指标与方法 / 156

第三节　教育叙事评价步骤与要点 / 162

第九章　教育叙事中的教师成长　167

第一节　教育叙事助推职初教师专业快速成长 / 169

第二节　教育叙事帮助成熟教师形成教育教学特色 / 174

第三节　教育叙事助力骨干教师发挥示范引领作用 / 180

第十章　教育叙事成果的传播和推广　189

第一节　教育叙事成果的传播和推广 / 191

第二节　教育叙事成果推广的优缺点 / 197

后记　201

第一章　教育叙事的内涵与作用

叙事,就是记叙事件,让讲述人把自己的故事讲出来,把自己的情绪和想法表达出来。教育叙事记述的是教育日常生活、教育活动、课堂教学等方面的事件。作为一种研究方法,教育叙事有其独有的特征,具体表现为:教育性和故事性相结合;情节性与典型性相结合;真实性与生动性相结合;时态性与人文性相结合;反思性与共享性相结合。教育叙事可以促进教师专业发展,促进理论与实践相结合,优化教师队伍建设,改善教育生态系统。教育叙事与教育案例既有区别,又有联系。

本章要点为:
- ☑ 教育叙事的教育视点
- ☑ 教育叙事的内涵及特征
- ☑ 教育叙事的作用
- ☑ 教育叙事与教育案例

第一节 教育叙事的教育视点

根据文献资料,大约在1980年后,加拿大的课程学者范梅南等人开始对教育叙事进行研究,他们是教育叙事研究的倡导者和先驱者。教师要把一个个真实的故事说出来,并不断地用这种叙述的方式对教师的日常教育生活进行反思,在反思的基础上不断地对教师的日常教育生活进行调整、改变,他认为这是从事实践性研究的教师的最佳途径。[①] 当然,如果说到教育领域叙事研究的繁荣,就绕不开两位加拿大学者——迈克尔·康纳利(Michael Connelly)和克莱丁宁(Cladinen),前一位是多伦多大学安大略教育研究中心的教授,后一位是爱尔伯特(Alberta)教育与发展研究中心的教授,两位学者更系统地阐述了叙事研究在教育领域的应用问题,并且他们把这些制度的运用发展到理论建设的一种科学方法上来。20世纪90年代,在《教育研究者》上,康纳利和克莱丁宁发表了《经验的故事和叙事研究》一文,这是一篇比较全面地阐述教育叙事研究且极具启发性的经典论文,同时也是对之前的教育叙事研究的一种扩展。在该文中,二人认为叙事以个人反思的过程为基础,透过具有整体主义品质并在过程中发挥重要作用的个人经验来制造意义。他们还认为,教育叙事研究是研究者通过描述教育个体的教育生活,讲述个体教育故事,并通过对叙述材料的解构和重构来对教育个体的行为、经验建构获得解释性理解的一种活动。[②]

我国学者对教育叙事研究的关注和重视始于上世纪末本世纪初。上世纪90年代,教育界最早引进和介绍教育叙事研究方法的是被誉为"将叙事研究方法引进中国教育界的第一人"的华东师范大学教授丁钢。由丁教授主编的《中国教育:研究与评论》首发教育叙事研究系列论文。21世纪初,丁钢在《声音与经验:教育叙事探究》一书中,对中国教育叙事的研究方法作了进一步的全面梳理和提炼。在此之后,刘良华教授(被称为"教育叙事研究的倡导者")、朱永新教授等人都对教育叙事作了系统阐述。从国内各专家的观点看,国内对于教育叙事的概念界定,说法有些微不同。

曾经阐述过优秀教育叙事标准的丁钢认为,如果叙事不仅能揭示出一系列复杂的教育场景与行为之间的关系,而且这种叙事还能使个体心灵在这种教育场景中产生颤动,从而使读者也产生一种心灵上的震撼,那么在呈现个体教育生活故事的过程中,这样的教育叙事就显得很好。[③] 他曾表示,教育叙事是通过叙事来反映自己的教育生活,通过反思来改进叙述

[①] [加] 马克斯·范梅南.生活体验研究——人文科学视野中的教与学[M].宋广文等译.北京:教育科学出版社,2003.
[②] 傅敏,田慧生.教育叙事研究:本质、特征与方法[J].教育研究,2008(5).
[③] 周勇.教育叙事研究的理论追求——华东师范大学丁钢教授访谈[J].教育发展研究,2004(9).

者的教育实践活动,从而重建叙述者的教育生活,[1]是表达人们在教育生活实践中所获得的教育经验、体验、认知和意义的一种有效方式。[2]

刘良华则认为,教育叙事就是讲述者通过记叙、讲故事的方式,把自己对教育的阐释和理解表达出来,教育叙事不会直接定义教育,也不会直接规定教育应该怎么做,教育叙事只是在讲一个或者多个教育方面的故事给读者听,让读者在读故事的过程中体会到什么是教育,或者是觉得教育应该做些什么。[3]

郑金洲教授则认为,教育叙事既指教师对教育活动所作的一些简短记录,也指教师采用记叙的方式所呈现的研究成果,在研究过程中是一种行动研究成果的表达形式。[4] 程方生对教育叙事的看法是这样的,他认为教育叙事既要描述教师的教育生活、有意义的教学事件以及教师教育教学的经验,还要在描述的过程中加入自己的思考与分析,从而挖掘出这些事件、生活、行为背后的意义或思想观念,把教育叙事中所反思的技巧深入到教师的教学实践中去,以改进教师的教育教学实践,同时也可以使科学的教育理论更加丰富。[5] 傅敏、田慧生则认为,教育叙事是研究者在对教育叙事的材料解构和重构中,对个体的行为和经验建构进行描述,讲述个体的教育生活和教育故事,以及自己认识这些故事的活动。[6] 游安军认为,教育叙事是教师在叙说个体教育活动中的教育"问题解决"和"经验事实",并基于对这些问题和事实的反思,来转变自己的教育观念和行为。[7]

根据以上国内外研究者对教育叙事概念的阐述,我们发现,目前教育工作者对教育叙事有广义和狭义两种内涵界定。广义的,比如以程方生教授为代表的观点;狭义的,比如以游安军教授为代表的观点。我们倾向于广义视点。综合以上分析,我们将教育叙事定义为:教育叙事是一种教育研究方式,它是以讲述有意义的教育故事的方式来呈现典型教育事件的文字作品、行为过程等,讲述者在讲述的基础上,还要将自己对教育的认识和感悟通过反思的方式表达出来,从而使自己的教育行为和教育生活有所改善。

因此,教育叙事从概念上看,既是一种教育研究的途径,又是教育研究成果的一种表现。

第二节 教育叙事的内涵及特征

作为一种研究方法,教育叙事有其独有的特征,本节将基于教育叙事的概念来阐述其特

---

[1] 丁钢.像范梅南那样做叙事研究[J].上海教育,2005(Z2).
[2] 丁钢.教育叙事的理论探究[J].高等教育研究,2008(1).
[3] 刘良华.教育叙事:一种研究态度[J].湖北教育(教育科学),2008(7).
[4] 郑金洲.教育研究方式与成果表达形式之二——教育叙事[J].人民教育,2004(8).
[5] 程方生.质的研究方法与教师的叙事研究[J].江西教育科研,2003(8).
[6] 傅敏,田慧生.教育叙事研究:本质、特征与方法[J].教育研究,2008(5).
[7] 游安军."教育叙事"研究方法及一个实例[J].湖南教育,2004(6).

征,把握这些特征,有助于写出有价值的教育叙事。

一、教育性和故事性相结合

故事是为了阐明其中的道理或价值观,着重对事物过程的描述,强调情节的起伏、生动、连贯。而叙事是对于故事的描述,简单说就是讲述故事,分为叙述和故事两个部分,就是"讲什么"和"如何讲"。教育叙事是讲述关于教育的故事,在教育实践经历中,教师关注发生的事件本身,关注事实的因果关系,进而重新审视教育实践中的细节,不断研究发现哪些事情对后来的学生成长起作用,对自己的个人发展起作用,对教育现状起作用,从而提炼出有效的教育教学方式,实际上就是把教育研究和问题解决放在鲜活的教育实践中进行。因此教育叙事既与故事的一般特点有重合之处,又有自己独特的教育作用。因此写教育叙事,既要注意其故事性,也要兼顾其教育性。

教育叙事的故事性,正如刘良华所言:研究者将自己对教育的理解和阐释通过叙事的方式表达出来,教育叙事不直接告诉人们什么是教育,也不会直接规定应该怎么做才算是在实践教育,教育叙事不过是研究者讲给读者的一个或多个教育故事而已。从而让读者亲身体会到什么是教育,以及从故事中体验教育应该做些什么。[①] 可以看出,教育叙事不是简单地记流水账,而是记述教育过程中发生的某种出乎意料的冲突,或者教育中出现的某个有研究意义的问题,是相对完整的有情节、有意义的故事。教育叙事是对教育实践的一种研究。下面这则教育故事就是一个鲜活的例子。

一个后进生的故事

开学前三天,接到教务主任的电话,说我的班上要来一个留级生,叫小程。我顿时叹了一口气,留级生可不是省油的灯啊。

融 入 班 级

第一个星期相安无事,第二个星期就有麻烦了。数学老师告诉我,他抄作业被当场抓到;我改语文作业,发现他用英文本子做语文摘抄,他还说:"黑猫白猫,只要抓到老鼠就是好猫;英文本子语文本子,只要能写字的就是好本子。"我到宿舍找他谈调换寝室的事,他在转弯处看到我,却低头斜到路边,左手遮住半个脸快步而过。

第二天我打电话给小程妈妈了解情况。知道他口齿不太清楚、听力也不是很好、有些自闭、没有朋友,还有爱看杂书……与小程和他父母的接触交流中,我慢慢发现他的问题所在。小程小时候很听话,让做什么就做什么,学习成绩也还可以。到初二时,慢慢变得有些内向,成绩也开始下降,爸妈很生气,开始严加管教,动辄打骂。中考的失利

[①] 刘良华.教育叙事:一种研究态度[J].湖北教育(教育科学),2008(7).

让小程成了择校生，他变得更不自信，成绩愈加不尽如人意，后来索性在课上看起了杂书，也越发不愿与人交流。

我找了一个午休时间和小程聊聊他对新班级的看法，他低着头拨着指甲说，同学们蛮友善的，任课老师也不错，就怕自己又拖班级后腿，希望老师能多多包涵。小程乐意重新开始，他还笑笑说："学第二次了总比第一次要好些的。"我特意在语文课上表扬了小程，因为中午很多同学都在寝室聊天，而他却独自一人在图书馆看书。

之后，我把换寝室当作推动小程主动与班级同学交往的契机。我跟他说，给他三天时间，允许他自己挑选室友。没想到，他居然在教室里出了一个招聘启事："×××寝室欲招室友三名……有意者请速与×老板联系。"这样的表述颇有新意。班里有两位男生主动提出愿和他同住，让我松了一大口气。我在班里表扬了两位男生，也对小程的创意给予肯定，寝室重组完美解决。

下一步要解决他的自闭问题，我给全班布置了一个任务，要叫得出班里每一个同学的名字，谁叫不出就让谁表演节目。我故意问小程敢不敢接受这个挑战？小程有点害羞地点头了。这个任务让同学们很感兴趣，一下课就打听起各自的名字来，在这样一个氛围之下小程也慢慢跟同学交流起来。结果还真令人满意，看来自闭这一点我不用太担心，只要有一个融洽的氛围，没有人愿意独守寂寞。

约 法 三 章

正当我的第一步教育有所成效时，小程"看书"的问题来了。开学时，小程的前班主任提醒我，他上课看其他书籍导致学习成绩低下。所以一开学我就和他签订教育契约：上课绝对不能看其他书，如有发现一律存放在我处！可惜的是，这个契约未满一个月就失效了，现在他又故态复萌。我想对他的"书瘾"探个究竟，就去图书馆查借阅情况，这一查还真的吓我一跳，上半年他共借阅了122本图书！平均两天看一本都不止！他哪有时间和心思放在功课上，成绩还能好得了吗？"真是个爱读书的重读生啊！"我心里惊呼着。于是，我与图书馆老师商定每次只能让他借阅一本。可是后来我得知他又拿着其他同学的借书卡去借书了。如何帮助他从迷恋中突围呢？我决定再次家访。

在小程家，我们召开了由小程、他爸妈、我以及几本被我收存的课外书的"三国四方"联席会议。在各自畅所欲言后，大家约法三章：小程保证自我控制阅读量；他父母答应不过多给他压力，督促他认真完成学习任务；我也谈了管理的新措施，发动他的室友做好对小程的帮教和督促工作。

"谈判"果然发挥了作用，慢慢地小程解除了"书瘾"，学习上也有了明显的效果：上课能做到专心听讲了，作业情况有所好转，有时也愿意在课上发言了。一天中午，我走在校园里，迎面碰上了小程，就在与他擦肩而过时，我听到了一声："老师好！"虽然声音不很响亮,但此时我感到格外欣慰,因为这是小程第一次有礼貌地主动与我打招呼。

谈 书 论 道

有一天小程室友的妈妈打来电话,说自己的儿子被小程带坏了,在寝室里看武侠小说,厚厚的三大本。留级生没一个好货色,她要求立刻换寝室!

我立即找来小程和他室友询问相关情况。小程告诉我:团支书把创新论坛活动交给他们寝室负责,他们商量着找一个大家感兴趣又有一定深度的话题,当看到电视里播放武侠剧时,有些同学对武侠小说热情重燃,所以想就此展开讨论,他们还特意找了一些有意思的小说情节做资料。我问小程都读过哪些作品,"飞雪连天射白鹿,笑书神侠倚碧鸳",他一口气把金庸的代表作名称背了一遍。我忍不住赞叹了他的阅读量,并就此追问他读后有何收获和感想,帮助他们确定了主题和分工。

过了一个星期,创新论坛在班会课上如期开展,题目是"看武侠小说的利弊"。主讲人是小程,主持人则由他的室友担当。一个讲得很自信,一个配合得很默契,两人不仅解读了阅读武侠小说的意义,也淋漓尽致地剖析了毫无节制阅读的危害,最后还讲到了应该如何合理地处理学习与课外阅读之间的关系。他们俩理性的思辨和精彩的发言博得了全班同学的阵阵掌声。

期末考试,小程的语文考了 81 分,且各科成绩大有提升,他的室友成绩也首次超出了班级平均分。小程的学习成绩进入班级中等生的行列,他也成了班级活动的活跃分子。

【分析与反思】

要想转变小程这样的后进生,教师一要走近人,更要走进心。后进生往往自惭形秽内心封闭,走近学生、走进学生心理是转变后进生的前提。从接手小程后,我从他"交往封闭"的表象溯流而上,找到他"沉醉于看课外书籍"的原因,再顺藤摸瓜发现他的自卑心理,是家长"高压政策"造成的。教师走进学生的心理,才能心心相照,教人教心。二要创设机会,更要搭建舞台。后进学生身处人后,缺少展露才干的机会,更没有展示才干的舞台,久而久之,自卑者更加自卑,后进者更加后进。鼓励他自己挑选室友,认可他的招聘活动,创设机会,搭建舞台就是从培养他与人交往的自信心入手,使小程消除了自卑和自闭的消极态度。"约法三章"帮助小程找到起点,也帮他确立了前行的目标,使得他原先自卑和自闭的消极态度随之烟消云散。三要帮助学生扬长避短,更要帮他扬长补短。对于后进生来说,学习是他的短处,但并不等于他一无是处。要宣传光大他的长处,更要正视他的短处,该避则避,是保护他的自信心。该补则补,是将"后进"转化为"先进"。小程有读书的嗜好特点,爱读杂书是他的长处,而不分时间场合,不会欣赏学习是他的短处。指导和帮助小程走上创新论坛谈书论道,以创新论坛的方式扬其长,也以谈书论道的方法补其短。

(上海市崇明中学宋庆老师撰写)

在上面的故事中,老师审视教育实践中的细节,关注学生本身,探寻学生沉迷于课外书籍的原因,通过换寝室、叫同学名字等措施让学生小程融入班集体,第一步达成后,又设计出"三国四方"的谈判会议对小程同学约法三章,最后为小程提供发挥才能的舞台,最终让小程这个后进生得到长足进步。这则教育叙事把教育研究和问题解决放在鲜活的教育实践中进行,做到了教育性和故事性的完美结合。

教育叙事教育性和故事性的结合,使教育叙事可读的同时也让人获得启迪。

二、情节性与典型性相结合

教育叙事是讲述教育实践中的故事,既然是故事,就要有较强的情节性。教育叙事需要由教育活动中的人物行为、人物关系构成教育生活事件的完整过程,事件中要有一定的曲折和冲突,将人物的言谈举止呈现在这样的矛盾冲突和曲折生动的故事情节之中。反之,如果失去起伏跌宕的情节,则教育叙事中的人物就很难实现生动形象的效果。可以说,要达到引人入胜、感人至深,少不了教育叙事的情节性。然而,并非所有具有情节性的教育故事都有讲述的价值,教育叙事要求情节性与典型性相结合。

教育叙事所叙述的事件,在情节性的基础上,还要具有典型性,是一类现象中最具代表性的故事,也是最能集中反映教育事实、教育问题、教育意义等元素的故事。既具有发生在教育生活中的普遍性,又具有只发生在当下的独特性。教育叙事具备典型性,可聚焦教育的要素。可见,教育叙事的事件应该是典型的,而不是简单的流水账式的记叙或简单的堆砌,不管是讲一件事,还是讲多件事。这一点,读李镇西老师的《爱心与教育》,读各类教育杂志上的教育叙事,我们可以发现,虽然教育叙事所讲述的教育故事都是从日常教育生活中衍生出来的,但在日常生活中却是一个更值得我们去深思的现象,是一个有教育意义的现象。这样的教育故事就是典型的故事。

借 钱 "风 波"

清楚地记得,10 月 12 日,我和孩子们一起秋游的情景。

那天,阳光明媚,晴空万里。一大早,学校十几辆大巴浩浩荡荡地出发了。第一站,我们去了航天博物馆。一路上,孩子们手牵着手,欣赏着、谈论着,看着他们天真的脸庞、听着他们童稚的话语,作为新任班主任的我,心里有说不出的欢喜,这群孩子真是太可爱了!

午餐过后,我们去了第二站锦江乐园。集体活动后,导游安排大家自由活动。顿时,孩子们像一只只快乐的小鸟,疯狂地玩耍。因活动场地的限制,他们用自己的零花钱换成了游戏币,争先恐后地在"娃娃机"上抓"娃娃"。我本想阻止他们,可是看着他们一双双专注的眼神,一个个期待的神情,一张张满足的笑脸……我实在不忍心下达如此

"狠心"的命令。

时间一分一秒地过去,孩子们玩了一次又一次,收获了一个又一个宠物,他们蹦跳着、欢呼着,真是乐此不疲!

忽然,小邓走到我的跟前,着急地问:"陈老师,我真想抓个'娃娃',可是……你有零钱吗?能借给我点硬币吗?"

我心里"咯噔"一下,眼前这个孩子把所有的零钱都玩光了,现在要向我"求助"了,我该不该借钱给他?说实话,做了二十几年的班主任,学生为了玩而向我借钱这种事,真的是破天荒——第一次遇到。孩子们在"娃娃机"上抓"娃娃",这种游戏无可厚非,但花了不少零钱还想玩,缺少游戏要适可而止的自控意识。忽然一个想法从我脑海中闪过:这个孩子向我借钱是对我的信任,或许,他有过同样的请求得到过满足,毕竟他们的前任班主任是一位特别温柔的好老师。如果我不借钱给他,孩子会不会觉得我小气?稍作犹豫后,我从包里拿出两个硬币给了他,他接过硬币,连句"谢谢"也不说,就转过身,继续迫不及待地开始"狂抓",看着他玩得忘乎所以的样子,我有点后悔了。也许,也许我不该把钱借给他。

接下来发生的事出乎我的意料,好几个孩子都向我伸出了求助之手,纷纷向我借钱。看着那一只只"挥舞"的小手,当时的我一下子懵了,怎么会这样?怪只怪,刚才起的那个"好"头呀!现在不借给他们,孩子们会觉得我偏心了吧!借吧,借吧!就这样,一个、两个、三个……越来越多的孩子,伸着手出现在我的眼前,看来,孩子们抓"娃娃"的游戏没有停止的迹象,我感到事情的严重性。我心里有个声音在不断地提醒我:必须马上制止这种行为。于是,我大声宣布:陈老师已经没有硬币了,你们也玩得差不多了,集合,排队!孩子们看了看我,嘴里嘟哝着,垂头丧气地排着队……

秋游结束了,那天晚上我辗转反侧。白天的事不断在我眼前回放,一个个问题不断在我脑海中涌现:孩子们为什么向我借钱?作为老师,这样借钱给孩子们的做法对吗?明天孩子们会把钱还我吗?如果不还,那他们的行为……?我该如何教育他们?……

接连几天,我时时刻刻都在想着抓"娃娃"的游戏,想着孩子们借钱的事,后悔自己当时的"迁就"和"纵容"。我盼啊、等啊,天天期待着孩子们还钱的身影,等待教育的良机,可孩子们还钱的身影和教育的良机始终没有等到。

怎么办?就这样不了了之?不行,我得弥补自己的过失,我得想办法让他们还钱,我可不能因为自己的过失,让孩子从小失去最可贵的品质——诚信。

那天傍晚,我找来了这几个孩子,悄悄地对他们说:"孩子们,秋游已经过去4天了,看着你们对'抓'到的娃娃爱不释手,一定特别喜爱吧?"

"对呀!对呀!"一说起"娃娃",孩子们手舞足蹈起来。

"可是……那天……那天……"我皱着眉头好像在思考着什么。

"为了抓娃娃,我们还借了陈老师的钱呢!""大嘴巴"小应脱口而出。

"糟糕,钱忘记还给陈老师了!"小邓抓耳挠腮,羞红了脸。"大嘴巴"小应他们几个听了,都不好意思地低下了头,过了好一会儿,小邓、小应几个孩子支支吾吾地说:"陈老师,我们……我们明天一定还。"

"真是好孩子,可不要把带来的钱弄丢了噢!当然还有一样东西也千万不能丢!"我又轻轻地叮嘱他们。

"什么?"他们一脸的惊讶。

"诚——信。"我一字一顿。

说着,我还让他们在自己的手心里写下了"诚信"两个字。

第二天一大早,孩子们便跑到我的面前举起了硬币。我笑着接过硬币,向他们竖起了大拇指,称赞他们:"你们真是好样的,两样东西都没丢!"

"丢不掉的!"几个孩子清脆的童音在教室里回荡……

"借钱"风波平息了,可不知为什么,我的内心还泛着一丝隐隐的失落,总觉得,我的教育中似乎还缺失了点什么?

【分析与反思】

秋游那次经历,对孩子们、对我,都是一次难忘的教育,一次幸福的成长。

一、帮助学生要讲究原则

生活中蕴含着许多原则,教师遵循什么原则和如何遵循原则,反映了教师的教育思想。学生因贪玩而伸手向老师借钱,老师为了顾及名声,轻而易举地答应了,这种做法,客观上向学生传递了支持他们活动的信息,背后却是向学生传递了玩游戏可以任性、无所节制,可以向老师随意借钱的信息。老师该不该答应他们不恰当的要求,这本身就是一种教育。学生向老师借钱的故事以后可能还会上演,"借还是不借?"教师得先要了解学生借钱的原因,如果确实由于特殊原因学生陷入困境,教师在力所能及的前提下应该给予适当帮助。

二、诚信教育要润物无声

生活即教育,在日常生活中对学生的教育要巧妙渗透、润物无声。秋游中的"借钱"风波,渗透的是对学生的诚信教育。诚信教育对于孩子非常重要,也许以后会影响他的一生。小学生就像一张白纸,从小接受什么样的信息和思想,其言行及处事方式就会受到什么样的影响,所以要引起高度重视,要从小加以培养。诚信教育要从大处着眼,从小处入手,从小事做起,循序渐进地引导学生;诚信教育要动之以情、晓之以理,让学生心悦诚服,日积月累养成诚信习惯。

三、教育时机要及时捕捉

教育要讲究方法,也要抓住时机,在恰当的时机开展教育,往往能够事半功倍成效深远,所以,及时发现问题、及时捕捉教育的时机是教师的一种职业素养。现在的学生,大多都是独生子女,平时要钱,得来全不费功夫,借钱时不会考虑该不该借,可不可以借。这次借钱还钱的小事蕴含了值得教育的问题,也提供了一个教育的良机,在师生处理事情的过程中让学生明白:做人要讲诚信。同时,学生游戏中反映了他们乐在其中不知自控的苗子,或许这就是我心中还在"作祟"的那个心病。要抓住这次借钱还钱中发现的另一个问题开展教育——培养学生游戏时要适可而止的自控意识,我将带着这个课题,开始寻找新的教育时机……

(崇明区明珠小学陈朝夕老师撰写)

学生的"诚信"是家庭教育和学校教育乃至社会教育都应该重视的话题,如何通过一件事让学生在潜移默化中理解"诚信",实践"诚信"呢?《借钱"风波"》这则教育叙事通过学生向老师借钱来"抓娃娃",让老师产生困惑:面对这种情况,"春风化雨"的老师很难拒绝学生的请求,"为人师表"的老师又很难去追着学生还钱,有些学生可能因借钱可以不还而沾沾自喜……这在教育生活中很常见,学生可以是借钱,也可以是借一支 2B 铅笔、一本笔记本、一个便利贴……借东西是小事,但守信是大事,有借就有还。那么如何利用借、还东西对学生进行诚信教育?老师用问题引导、手心写字等方式及时教育学生抓到的娃娃、诚信两者都不能丢。这个叙事情节一波三折,引人入胜,事件具有诚信教育的典型性,既具有发生在教育生活中的普遍性,又具有只发生在当下的独特性,是情节性和典型性相结合的示范。

教育叙事情节性和典型性的结合,使教育叙事更便于复制与借鉴。

三、真实性与生动性相结合

教育叙事要立足于真实,使自己的感悟有理有据。丁钢曾表示,从研究的旨趣方面看,教育工作者提出教育叙事,并不是要进行一种教育学的批判,而是为了接近中国教育生活中的"真相"。可见,在教育叙事中,真实性是一大特色。教育叙事所叙述的教育事件的个体亲身经历,事件中的人、事、物、场景、环境等,都来自讲述者的教育实践与教育经验,讲述者只是把教育中的真实生活用语言生动细致地展现给读者,而不是为了迎合理论、迎合喜好来虚构教育故事。教育叙事失去了本真,就没有价值了。反之,教育叙事以真实教育生活为基,是个体亲身经历的客观事件,那么个体的教育体验就会更深刻,对教育的感悟就会更接近于教育本质。

教育叙事以真实性为基,也要以生动性为重,如此,方可让读者可感。叙述教育故事,要把真实性与生动性结合起来。故事强调情节的跌宕起伏及生动性和连贯性,故而教育叙事也应体现出故事中的生动性要求,使语言富有感染性,情节具有吸引力,这也是教育叙事的价值之一。在讲述教育叙事中的故事时,讲述者可以运用语言文字对某些真实的教育实践进行一些技术性调整或修补,不用抽象的概念、抽象的符号来替代教育生活中的生动情节,也不用枯燥难懂的语言来概括具体形象的教育事实,使教育所叙故事让读者可感,使读者产生共鸣。生动的教育叙事情节如果能让读者读完后有所思、有所得,那么其改变人认识的文章价值,就可能得到实现。

《借钱"风波"》《一个后进生的故事》均源自教师的实际教育生活,是教师的亲身经历,教师把自己的教育实践写出来,并用生动的语言将故事的过程细致描述、展示出来,体现了教育叙事的真实性与生动性。

教育叙事真实性与生动性相结合,使教育叙事有根、易感。

四、时态性与人文性相结合

我国学者高小康将故事的特点归纳为三个方面:时态、虚构性和人文意蕴,其中人文意蕴的特点表明,不管讲的是别人的事,还是自己的事,故事所讲述的最终都是人的事。讲述事件的时候,是将过去、现在或未来的世界,通过语言文字与现在相连接,将自己与他人相连接。这是故事的人文意蕴。教育叙事和故事一样也都具有时态性和人文性,在讲述教育叙事时,要注重二者结合。

教育叙事的时态是丰富的,它所讲述的内容是实际发生的教育事件,一般体现为过去时态,但是这里要强调两点:一是叙述的故事虽然是过去时,但是其影响可以是现在的,也可以是未来的;二是其有一部分事件可能是基于过去或现在的过程而产生的可能的后续发展。教育叙事以讲述人的经历、境遇、地位为重点,对其个人教育生活史的重要意义和个人教育实践活动给予了充分肯定。教育叙事中,讲述者讲的更多的是自己的故事,从这一点来说,教育叙事的任何一篇行动研究报告,对于讲述者而言,都不失为一部教育自述。讲述者在讲述故事的过程中,对自己亲身经历的教育生活进行梳理和反思,对教育生活中的教育细节进行重新审视,对蕴含其中的教育意义进行探究,从而使过去或现在的教育事件对现在和未来产生积极的影响。可见,教育叙事承前启后,将过去、现在和未来联系了起来。所以从这一层面来说,教育叙事主要体现为过去时态,但同时也具有现在和将来时态。

关注教育叙事时态性的同时,也应关注教育叙事所体现的人文意蕴。教育叙事使人在教育生活中理解自己的存在状态和可能,这是人文性在教育叙事中的体现。教育叙事在讲述已经发生或正在发生的教育事件后,也要通过反思,使讲述的事件对自己现在或未来教育理念与行为的改变发挥积极正向影响。教育叙事既关注讲述者的教育经历,也体现讲述者的教育思想、理念、信仰,以及这些思想、理念等对讲述者在教育活动中做法的决定作用。在叙事的过程中,讲述者向读者展示了自己的经历,并在描述、解释、合理想象这些人的行为的同时,将写作的对象由教育知识事件转化为与教育活动有关的人的事件。这些都为我们展示了一个体现人的行为和情感、极具人文反思与关怀的领域。这是对个体真实教育生活状态的描述,对个体真实教育思想理念的研究,是理论指导实践、实践升华理论、理论再指导实践的"从下到上"的研究。教育叙事从人的教育生活实际出发,不断升华人的教育理念和认识,改变了单纯基于文献研究得出结论或单纯基于经验进行思辨的研究方式,这使得教育叙事极具生命力,使得教育叙事这种教育研究方式更值得提倡。

《借钱"风波"》描述了一次秋游中学生向老师借钱玩抓娃娃游戏的事件,是过去时态,但是故事讲述者明珠小学的陈老师将这件事和学生的品德教育联系起来,对学生价值观的形成起到了较好的引导作用,这种育人效果是明显的,影响是长远的。这为我们展示了陈老师在教育生活中的行为和情感,以及她对学生的人文关怀。除了对学生的价值观产生影响,这件事也让陈老师反思现在的教学实践,她说:"'借钱'风波平息了,可不知为什么,我的内心还泛着一丝隐隐的失落,总觉得,我的教育中似乎还缺失了点什么?"缺失了点什么呢?相信陈老师在这件事以后,会给出答案。一个教育故事,将陈老师的过去、现在和未来连接起来。

教育叙事的时态性和人文性相结合,使教育叙事对人产生更悠远的影响。

五、反思性与共享性相结合

教育叙事是叙述者在叙述故事的背后探索教育规律和教育意义的过程,是叙述者与自己对话的过程。作为一种研究方法,教育叙事不仅是在讲述教育的有关故事,还要在叙述事件后,对自己的教育实践进行反思、研究,对教育经验进行总结;不仅是客观的讲述和主观的阐释,还是对规律的发现和解释,是对意义的探索。在这些基础上,来改进或重构教育理念与行为,让自己受益,让读者受益。可见,教育叙事是教育行为的反思和发现,是教育思想的探究与改进,反思性是教育叙事的重要特点之一。同时,读者通过这样的阅读叙事,能在共鸣中获得思考与启迪,从而间接影响读者,使其教育理念和思想不断更新,教育方式和方法不断改进,进而使教育的实际效果不断提升。

教育叙事的这一意义使得教育叙事有共享的必要,同时,在现代信息技术越来越发达的今天,也为教育叙事的共享提供了条件。研究者将自己的教育故事通过教育叙事的方式展现出来,对自己的教育行为进行反思,总结自己的教育经验,完善自己的教育理念,并与他人分享自己的这些经历和成果,为读者和讲述者搭起一座对话的桥梁,让读者也关注讲述者的教育经历和特定教育问题,从而主动加入对这一经历的思考和对问题的研究中,加强了读者与叙述者的精神交流。随着信息技术的普及,信息的沟通变得越来越便捷、简单,尤其是微博、网络 blog(博客)、微信公众号等的出现,更为教育叙事提供了更广阔的分享平台。

《借钱"风波"》出自上海市崇明区教育叙事征文活动,教育叙事的共享性让千里之外的读者也有机会"看到"讲述者的教育生活,分享讲述者的教育经验。讲述者通过对教育实践的反思获得成长,读者也通过共享故事,在共鸣中获得思考与启迪。信息技术的发展更为教育叙事的共享性提供了更广的平台。《试论基于 Blog 的教育叙事与教师专业发展》[①]一文详细分析了 Blog 对教育叙事研究的优势，认为教育叙事基于 Blog（信息技术）的好处有：变革学习方式，利于开展终身学习；便于形成反思习惯，利于反思探究能力的提升；激发激情，提升个人主体意识；便于管理，利于形成知识体系。

教育叙事的反思性与共享性相结合，使教育叙事更有深度和广度。

此外，因为故事的发生要有一定的情境，所以教育叙事还具有一定的情境性。综合以上特点和组织方式，我们看到：教育叙事为教育者开辟了集观察之道、反思之路、学习之路、交流之路、科研之路等于一体的探索之路。

第三节　教育叙事的作用

对于教育叙事的作用，不同学者从不同角度对其做出了阐述。周国韬教授认为，教育叙事对挖掘和展现教师内在的实用性知识有很大的帮助，能够促进教师对教育实践的探究和对教育现实问题的解决，从而使教师的教育业务水平得到提高。[②] 还有学者对教师记叙文研究的重要意义进行了三个维度的梳理，即教育实践的纬度、研究方法和人的维度，[③]可作如下解释：实践层面，是指教育叙事在一定程度上有效地解决了教育理论与教育实践脱节的问题，它有效地促进了教师的专业发展；研究方法层面，是以教育叙事为研究方法，推动研究范式的转变；人的层面，指的是教育叙事推动了人的反思，人在讲述自己的教育故事时，可能引发"自我唤醒"的教育效应。对于教育叙事的价值，王枬教授从三个层面进行了阐述，即认识价值、成长价值和行动价值。[④] 在他看来，教师在研究教育叙事的时候，实际上是以当下的状态审视过去的自己，审视自己在教育过程中的言行举止、思想观念，对自己从零星的、表面的认知到系统的、深刻的认识，这是从狭义的概念层面作为切入点的。若是基于教育叙事的广义界定，教育叙事则使得教师通过研究教育叙事，不但认识了自己，还认识了教育，即通过叙事和阐释自己的教育实践，探索出教育叙事背后的教育思想与教育意义。此外，教育叙事还促进了教师自身的成长，这也是教育叙事公认的作用之一。教师通过讲述发生在自己教育生活中的真实的教育典型事件，把教师真实的教育生活状态展现出来，并把自己对教育的理解与思考揭示出来，这对教师个人的发展以及对他人的成长都能起到启发、促进作用。对于教育叙事的行动价值，正如前面所交代的，教育叙事是一种研究方法，其最终的价值是提升

---

① 杨春蓉.试论基于 Blog 的教育叙事与教师专业发展[J].科技视界,2012(33).
② 周国韬.略论教师叙事研究[J].中国教育学刊,2005(12).
③ 宋景东.教学相长：研究生导师专业发展的叙事研究[D].长春：东北师范大学,2017.
④ 王枬,唐荣德.论教师的教育叙事研究[J].中国教师,2009(9).

教育理念,改变教育行为,提升教育实效。

以上都是从认识视角、实践视角、研究视角来阐述其作用,这也是很多学者以及相关论文著作中的普遍看法,是比较统一的认识。我们认为,教育叙事可以从教师个人层面出发阐述教育叙事的作用,此外,在教师队伍建设方面,教育叙事也具有很大的意义。

综合上述观点,我们认为,教育叙事的作用主要表现在对以下几个方面的作用上:一是对教师个体的作用,二是对教研一体的作用,三是对教师队伍的作用,四是对教育系统的作用。

一、加深认识,促进教师专业发展

教育叙事对教师个体的促进作用,体现在它能使教师更加清楚地认识自己。作为一种职业,教师的生活是普通的、平凡的,日复一日地教书,对教师来说,也许会有一种职业倦怠的情绪。教育叙事是改变这种情况的有效手段。教育叙事中,包含着教师个体的教育经历、丰富的教育体验,教师在对日常教育生活和行为的回顾与反思中,细细感受自己的情感变化,主动探究蕴含其中的教育知识,解释教育生活中的教育事件,发出自己内心深处的声音,让教师对自己有更清晰的认识和理解,促进教师主体意识的觉醒。在讲述教育故事的过程中,教师不断实践,不断探究,逐渐认识到教师自身是教育生活的主人公和承担者,认识的转变带动教育态度的转变,态度的变化又直接影响教育生活的变化,从而使教师不断发挥主观能动性,发掘日常教育生活的深层意义,积极投身到教师专业提升的道路上来。

教育叙事对教师个体的促进作用,还表现在对教师专业发展的推动上。教师通过教育叙事这种研究方式,关注自己的教育经历,探索教育经历中蕴含的教育思想,并通过教育事件的观察和思考,发现和反思自己教育生涯中的教育方式方法和思想理念存在的问题,并对这些问题进行分析,再通过学习、交流等方式,找到解决这些问题的方法与方案,表达自己对教育经历和教育现象的理解,再通过实践验证、完善这些方法与方案,并运用完善后的思想理念等武装教育头脑,改进教育行为,构建起更加适合的教育理念和行为方式。这个不断提升教师自身素养的过程既是实践研究的过程,也是行为改善的过程。教师通过这种讲述教育故事、反思教育行为、总结教育经验、完善教育实践的过程,加深了对教育的认识,改进了教育行为和方式,对教师的专业发展将起到长远的、有意义的作用。

二、教研一体,促进理论实践结合

教育范畴中,有两个要素,即教育理论与教育实践。然而,教育理论与教育实践以及教育研究者与教育实践者的脱节,已成为当前教育面临的困境之一。教育理论越来越"高大上",越来越抽象,越来越难以对教育实践进行指导;同样地,一线教师对教育实践活动的关注更多,而对教育实践活动的指导却越来越忽视。这也造成教育研究者对教育实践以及教育实践者对教育研究都产生了不必要的认识误区。教育研究者认为教育应该这样那样才能取得较好的效果,而一线教师可能认为教育研究与教育实践不同,教育研究对自己的教育实践没有太大助益,实践价值不强。而教育叙事有助于缓解这一困境。教育叙事使研究者和实践者、理论与实践统一起来。在教育叙事中,研究者一般就是实践者,每位实践的教师都可以参与教育研究。教育叙事中的故事源于实际的教育实践,在解决教育实践问题的过程中,需要研究者不断地探寻、积累教育理论知识来指导实践,因此可以说,教育叙事研究在实践与研究之间架起了一座桥梁,对于教育理论与教育实践相结合、教育研究者与教育实践者相统一都有很大的帮助,为教育实践者重视教育研究,实现以研促教的目的,开辟了道路。

三、区域推进,优化教师队伍建设

随着时代和教育的不断发展,现在的教育更加注重合作与交流,教育叙事的共享性特点也使教育叙事的普及有了实现的可能。在课改的新形势下,区域不断探寻高效便捷的教研载体,教育叙事作为一种教研载体形式,越来越受区域教育工作者青睐。区域对教育叙事越来越重视,希望教师将教育生活中的经历、感受、体悟等呈现出来,让区域内的教师都能从真实又易于操作的教育叙事交流中得到启发与发展,因此,相对地,区域举办的相关活动也越来越多,区域—学校—教师,这种"自上而下"的教育研究方法,使教育叙事登上了更大的舞台,对区域教师施加压力,让区域教师明确方向,对区域教师教育的积极性产生正向影响。对同一单位的个体而言,个体选取教育生活中的教育事件进行讲述,这样的事件可能具有特殊性,但更多地呈现出教育事件的一般性,是教育生活中相对普遍存在的问题。这样的教育事件不止会让讲述者在反思中改进和完善教学行为,也可能会间接影响校内外的读者,使其也能不断更新教育理念思想,不断改进教育方式方法,提升教学实效。这对学校、作者和读者来说,都非常有利。比如近几年,上海市崇明区已经举办了很多届区域教育叙事评选活动,区域下发通知,学校组织教师参赛,参选人数逐年增加,教育叙事的质量不断提高。2020年,崇明区教育学院宋林飞老院长认为,经过8年的不断探索,崇明区形成了用教研故事助力教师自主研修的崇明经验,使得区域教师人人都走上了教育叙事助力教师研修的道路,[①]对于区域教师的整体发展、区域教师队伍的优化和建设起到了一定的促进作用。

四、人人参与,改善教育生态系统

教育叙事源于研究者的教育实践,但它并不是教育范畴内的"高大上"的研究方法,而是让从事教育相关工作的人都能参与教育研究的一种生活化的研究方法。讲述人在讲述教育叙事的过程中,从事实出发,让事实说话,把当事人的心里话反映出来。教育叙事讲述者围

---

① 宋林飞.助力教师实践智慧生长的教研故事研修[J].现代教学,2019(17).

绕教育生活中一些不起眼的、容易被忽视的教学事件展开叙述,从中挖掘出教育的深刻道理。教育叙事的过程,从某种意义上说,揭开了教育研究的神圣外衣,使教育研究既有理论研究者的专门性,又有生活化的味道,弥补了过去教育研究方法的不足,从而使教育研究走进了教师日常教育生活的轨道。从这一层面看,教育叙事使得所有的教育工作者都能够关注教育研究,都能够积极主动地参与教育研究,都能够对自己的教育实践进行反思,都能够对教育思想理念、教育方式方法进行更新和改进。同时,教育叙事也能反哺教育科研,促进教育科研的不断发展,并对教育领域的其他范畴产生积极影响。这种"自下而上"的教育研究,必定会使我们的教育生态不断改善,大范围的教育效果也一定会明显增强。

第四节 教育叙事与教育案例

20 世纪 90 年代末,教育叙事"异军突起"的同时,教育案例也随之兴起,两者在教育研究中均成为热点。教育案例与教育叙事有诸多雷同之处,所以很容易把两者混淆在一起。对于教育案例的概念界定,许多学者有不同的看法,尽管说法不一,但也形成了一定的共识。他们认为,教育案例一般是发生在教育生活中的具有真实性的典型事件,在事件描述中解决某些教育问题,描述特定的运用教育原理、策略的情境故事,渗透某些教育理念思想,展现案例研究者运用教育理论指导教育实践的行为所发生的变化,以及案例研究者对此教育事件的反思和总结。从概念上看,教育案例研究与教育叙事研究有相似之处:在特点上,二者都具有故事性、真实性、典型性、反思性、共享性等;在性质上,二者都是教育研究和教育表达的方式,同是质的研究方法;在表达上,二者都是叙述特定情境中的事件,都有叙述部分。

单从概念上看,教育叙事和教育案例很难划分出明确的界限。然而,从情境特征、表述方式、研究的侧重点和艺术加工方面看,教育叙事和教育案例在交叉中又呈现出不同的面貌和特征。

情境特征方面,一部分教育叙事跨越时间较长,场景转换过多,弱化了教育叙事的情境性,比如个体传记类的教育叙事。但教育案例比较强调情境性,所选案例均是特定时空的事件,发生在特定的情境中,集中反映情境中的事件和问题,体现案例讲述者对特定事件和问题的认识。

在表达方式上,教育叙事以记叙为主要表达方式,讲述个体生活中的教育故事,在反思中可兼有议论、抒情、说明等,但是记叙事件过程是主体部分。教育叙事情节性更强,教育案例也有记叙、议论、说明等表述方式,并且一部分教育案例的叙事部分所占比重低于其他表述方式所占比重,主要内容都是对案例(事件)的议论、分析。

在研究的侧重点上,教育叙事侧重于感性认识,教育案例侧重于理性剖析。教育叙事所叙之事比较注重时间顺序下事件过程的完整性,侧重于历时性,包括事件的背景、起因、经过和结果等要素,以叙事为主体,故事情节要有曲折和波澜,语言描述要有感染力和生动性,同时,叙述者的心理活动与思想变化夹杂其间。如此,教育叙事才能更好地引领读者走进故事,感受人物,产生共鸣。可见,教育叙事内容上偏重感性认识,倾向于启发性,叙述者以情服人,重在让读者"有所感"。教育案例更注重的是对教育实例进行多角度、客观性的描述,重在对实例中涉及的要素及其相互关系在一定时空情境中的反映与理性分析,侧重于共时性,教育案例中所叙述的教育实例是案例讲述者运用教育理论进行科学理性分析的基础,理性分析所占比重较大,是教育案例的精髓,语言不乏味,但也不煽情,叙事、议论、说明等表达方式都有,偏重理性认识,讲述者以理服人,重在让读者"有所知"。

艺术加工方面,教育叙事注重叙事,其情节和过程允许有一定的语言修饰和艺术加工,但教育案例则相对地要更忠实于事实。因为要读者"有所感",教育叙事在忠实于真实的教育生活的基础上,对所叙之事的情节借助语言文字进行一定程度的修补,细节进行一定程度的加工,甚至允许一定的合理想象,以使教育叙事更动人、更有感染力。经过艺术加工后的教育叙事,让读者通过所叙之事去体会和感悟事件中蕴含的教育道理和教育意义。而教育案例则以真实事件为基础,忠实于现实。教育案例从教育实例中挖掘教育意义,读者主要不是仅仅从教育实例中悟出教育的道理和意义,而主要是遵从作者对这一教育实例运用一定的教育理论所作的解释和解读,所以教育实例本身如果经过艺术加工,那么也就失去了教育案例讲述者理性分析的事实依据,从中提炼出来的教育道理和呈现出来的教育意义就有可能不真实、不可靠,不能让读者接受。

意料之外与意料之中

犹记得那是我从教第三年的一节片级比赛课,课题是《三角形的分类(按角分)》,在备这节课时我综合了许多名师课例的精华又经过了师傅的指点,再加上多遍的试教,可以说是信心满满。具体的上课过程也如我预期,虽然是借班上课,但学生对我一个个预设的问题都能快速、高效地解决,师生、生生之间的互动灵动而温馨,练习的反馈效果也甚佳,看着后排一众评委时而露出的笑容以及那带着赞赏的目光,我知道这次比赛我稳了!

不知不觉,整节课来到了尾声,按照原有教案的设计我该进行最后的总结,然后完美地将这节课落下帷幕。可能是一时兴起,也可能是命中注定,我想起了前几天看到的一篇有关培养学生"问题意识"的文章,突然灵光一闪,将原有预设的问题改成:"同学们,关于今天这节课的学习内容,你们还有什么疑问吗?"

这个问题刚一说完,班级中的一个男孩立马直直地站了起来,小手直举、小脸通红,似乎一定要说之而后快。看着他这副急切发言的样子,我判断他一定是一个思维敏捷的人,于是我就想要走上去让他发言。当时的我没注意到他们班坐在后排的班主任一直对我轻微摆手,意思是"别叫他!"这一瞬间的不注意,为后续的精彩埋下了伏笔,也让我庆幸那一次的不注意改变了我的教育人生。我走上前去对他说道:"孩子,不着急,你有什么想法就说吧!"在得到我的允许之后,那个小男孩大声对我说道:"老师,我想问个问题,钝角三角形和直角三角形里都有两个锐角,锐角也比直角和钝角多,那为什么它们不能叫作锐角三角形呢?"

正所谓一石激起千层浪,教室里的学生也瞬间炸开了锅,好像起了连锁反应一样纷纷附和,表示自己也有这个问题。我一听瞬间变了脸,明显感到后背冷汗直流,因为……我也不知道其中的原因!怎么办?课堂时间快到了,假如拖课势必会让自己扣分,到时候得奖形势必危,但这个问题好像太难,如果抛给学生一定会浪费时间,关键还不一定能够顺利解答,学生的水平是达不到解决这个问题的要求的。

一瞬间,无数的想法冲击着自己的大脑,让我不知所措,这时我下意识地瞟向了师傅,经验老到的师傅向我简单做了个下压的手势,意思很明显,要"智慧"结课。我心领神会,跟他说道:"孩子,你的这个问题很有价值,不过老师告诉你这个就是数学中的规定,是我们约定俗成的结果。清楚了吧!"原以为这样的一个看似合理的"借口"能够让我顺利渡过难关,没想到这个小家伙仍然不依不饶:"老师,你课上一直强调数学课是讲道理的,那规定也有道理啊!"这句话不禁又让我一愣,呆立在那儿,让我原本已经有所缓解的紧张情绪瞬间加倍。怎么办?心中无数懊悔瞬间涌起,我真不该自作聪明擅自改变教学设计,现在怎么去解决这个意外呢?看着班级中的学生,我咬咬牙,心想:算了,死马当活马医,我就把这个问题抛还给学生,看看运气吧!

于是我定了定神,极力隐藏心中的焦虑与紧张,用我认为看似很淡定的语气真诚地对他说:"不好意思,这个问题有点难,老师也不知道,但这个问题你的同学们或许会知道,请你的同学们来帮助回答这个问题吧!"说实话,当我说出这段话时,我是不自信的,因为这个问题对二年级的学生来说过于复杂与抽象,或许最后仍然需要我用看似"智慧"的"合理借口"来搪塞过去。

结果也正如我所料,这个问题抛出来后,教室里的学生不出意外地陷入了沉默之中,等了好久都没有人应答。正当我心灰意冷时,有一只小手颤巍巍地举了起来,那是一个戴眼镜的小女孩,脸上显现出明显的紧张,或许由于焦虑与紧张,她的语言有点结结巴巴,但是没想到她断断续续的回答却将整节课引向了高潮,成为本节课最大的亮点,只听她说道:"老师,如果锐角比直角多可以叫锐角三角形,锐角比钝角多也叫锐角三角形,三个锐角也叫锐角三角形,那三角形还需要分类吗?"

简单的一句话,让我和在场的学生包括听课的老师们不禁一愣,但随后爆发出的雷鸣般的掌声可以说明一切,我激动地摸了摸小女孩的头,对她说道:"你可真厉害,顺利解答了这么难的一个问题，同学们的掌声就是对你最大的赞赏！"我又适时的回头对那个小男孩问道："你现在清楚了吗？"小男孩显得特别激动，对我说道："老师，我清楚啦，疑问解决的感觉真好！"一句"真好"让全场再一次响起了雷鸣般的掌声，这节课也在这掌声中顺利地落下了帷幕。

多年后再次回忆起那个片段，我在想，或许对我而言那是一次意料之外的惊喜，但对于学生而言，那是一次意料之中的回答，因为学生其实有着无穷的潜力，只是被我们过多的"关怀"所遮蔽，常识性的东西也因为我们常常不思而不得识。想及此处，特提笔作文，用以分享自己的所思所想……

【分析与反思】

一、"生成"要为"发展"而服务

课改多年，如何处理"教案预设"与"学生生成"是一个老生常谈的问题，但目及所至，我们的教学依旧在高度结构化的预设框架中，牢固坚守着自己的阵地。为何不敢直面生成？其实问题的根本在于教师的教学安全感作祟，避免意外、害怕意外的心理使得老师们将学生的生成性资源看成了"洪水猛兽"。其实，生成性教学是一种需要规则但在适当的时候又敢于放弃规则的教学，是一种遵循规律但又不局限于规律的教学。试想，如果没有我灵光一闪的大问题引领激发出那个男孩与女孩的本源性思考，或许也就不会产生那次意外，如果我没有把那个男孩子的想法急中生智地抛还给班级中的其他学生，也就不会有那个女孩绝妙的回答，我也就失去了凝练出"生本化"教学理念的契机。

在平时的教学中，我们要不断地给自己创造面对生成的机会，因为只有当教师更加准确地把握了"生成"，在教学中我们才能更好地"生成"，才能促进学生真实、有效的发展。

二、"信任"要为"精彩"打基础

"信任学生"是一个响亮的口号，但回顾我们以往的课堂，是否真的认真实践过？我们细化每一个教学环节，用小问题串引导学生亦步亦趋地跟随着我们的脚步前行，这样的看似正确的教学行为是信任吗？答案是否定的。回想我那节课，一开始的搪塞其实就源自心底对学生的不信任，因为这样的不信任差点导致我失去了一次自我颠覆的机会，我相信给学生多一分信任，学生必定会还给你一份令人难忘的精彩。

其实，与其把精彩看成是结果，不如把精彩看成一个过程，学生在课堂上能否产生精彩关键在教师的信任。让我们一起追寻课堂上的精彩，让夜空的焰火绚烂地装点星空，星空之下是学生自由的呼吸与教师幸福的成长。

三、"生本"要以"开放"为依托

新课改倡导建立"生本课堂"，让我们转换角色，以学生为中心，成为学生学习的伙伴,与学生平等地交流和探讨,允许学生提出自己独特的见解、奇特的想法。建构"生本课堂"的关键在开放,但理念与行为往往背道而驰,我们的教师往往过度追求"严、小、实"的设计,设问环环相扣、环节衔接流畅、学生对答如流甚至仍是优课评定重要的评价标准,殊不知过小的问题会让思维碎片化,过于紧密的环节设计会让学生缺乏必要的思考时空,过于封闭的设计难免会走入"走流程"的误区,更何谈自由地发表见解与观点?那节课我如果避开开放的问题设计,将答疑解惑环节改成全课总结环节一定能规避那次意外,然后安全、体面地结课,但对我的专业成长真的是好事吗?幸好,我是幸运的。

我们的教学要从封闭走向开放,从关注教案的落实走向关注学生的思维,从关注问题的答案走向关注学生的学习需要,只有这样才能真正把课堂还给学生,才能为孩子的成长创设空间,也才能成就课堂上的精彩。

一路走来,向前,向前,可我未曾忘记自己曾经走过的路。因为适时的回首,是为了能让我更好地认知当下,展望未来。面对学生的发展,教师需要用自己的专业素养去分析学生当下的学习现实,去挖掘更多意料之外的惊喜,再通过反思,将惊喜变成意料之中的理性认识,因为那就是成长的过程。

(崇明区东门小学施荣华老师撰写)

"意料之外与意料之中"是教育叙事,教师在课堂上"擅自"修改教学设计,导致学生生出令老师难以解答的疑问,在想要艺术地结课时,又"遭到"学生"不依不饶"的追问,老师后来选择将问题抛给学生,没想到却取得意外惊喜。老师对一节课上的突发情况做了详细记录,将事件中"擅改"课堂结尾、遭到疑难冲击、把问题抛给学生、完美化解危机等一波三折的情节,以及面对波折时的丰富内心情感都生动地表述了出来,故事性更强。在叙事过程中,作者在尊重事实的基础上运用文学创作手段对事件作了一定的艺术加工,使事件读来更生动,更有感染力,之后的反思也围绕这件事展开,将自己在这件事的感悟表达出来,让读者"有所感"。

创新与完美——一次幼教研究成果展示活动引出的思考

2000年11月,石笋幼儿园就"农村幼儿园民俗风教育"这一研究课题成果再次进行展示,园长和教师针对课题研究和青年教师培养的问题作了交流。

副园长围绕"选课与选人"的话题进行交流。园长说,"农村幼儿园民俗风教育"这一课题包括民间音乐教育、绘画教育以及民间游戏等角度,幼儿园从青年教师的培养出发,他们选择了沈老师、张老师和胡老师三位比较年轻的并且是相应学科的特长老师承担了展示课的教学活动,同时三人也是课题组成员。三位青年教师在相应课题内容方面都有自己的风格,都拥有一定的教学经验。园长要求三位老师就相对应的课题内容分别准备一节课,对他们提出相应要求。三位老师的试教能做到教学目标和教学效果的一致吗?就这个问题,三位老师在上课前后作了教研交流。

胡老师认为自己的教学设想和教学效果相差有点大，为什么呢？胡老师从接到任务开始的想法谈起。胡老师的研究子课题是"民间音乐欣赏教育的研究"，她结合经验，分析自我，提出了一个大胆的想法：尝试欣赏蒙古族乐曲《赛马》的内容，并初步展示了自己的教学目标和教学过程。当她谈了自己的想法后，得到了领导、专家们两种截然不同的意见。听了领导专家的意见，她怕自己会呈现"不完美"，权衡之后，还是放弃了这个初选项，而选择了一首相对较为简单的乐曲。为了让孩子们更容易理解，胡老师将乐曲中白毛女的故事改编成了小木偶剧，并放了两段音乐，跳了一段舞蹈，试教结果很不错。

园长就这次课题研究展示活动也探讨了自己的心路历程。最开始，园长很疑惑：为什么青年教师不能理解自己的想法呢？院长认为这次的课题研究展示活动的主题是要求幼儿园和教师展示自己在民俗民风教育中的一些做法，以及取得的成果。所以园长赞同展示课的内容要让幼儿学着唱民谣、学着制作简单的风筝等玩具，以及学着跳秧歌。园长认为，这样的形式很热闹，有看头，比较容易达到原本预期的效果。但当园长将自己的想法说出来后，青年教师都不太赞同。青年教师认为园长的想法没新意、太简单，最后他们都按照自己的想法设计了内容。但是随着展示日期的临近，试教结果却不尽如人意。园长想不通了。

张老师从园长和老师对自己这节课的指导方面谈了自己的感想。张老师最开始选择的是"赛龙舟"游戏，主要想培养幼儿的合作运动能力。试教结果让张老师备受打击，甚至产生了退缩情绪。接着，办公室同事就张老师的这节课进行了深入分析和探讨，指出了这节课的几个问题。园长和教研员也对这节课作了针对性指导。经过园长、老师们的提点，张老师重新设计了这节课，把"赛龙舟"改成了"玩龙舟"，内容也随着标题作了较大的改动。让自己的展示课获得了"新生"。

这次半天的展示活动中凸显的矛盾点引起了本文笔者的思考，本文笔者认为：第一，这次展示活动很重要，所以园长主要考虑到这次活动要办得"完美"，这无可厚非。而青年教师富有冲劲，表达个性，勇于创新，这种精神很值得提倡。当然，如果能够早点看到"完美的创新"则更好。但是，鱼和熊掌能兼得最好，不能兼得的时候，我们应该选择哪一方呢？此外，创新难免失败，我们是否可以对"失败"有更多的宽容呢？第二，教育界的共识之一就是培养青年教师。我们给青年教师提供平台和机会，让青年教师走在教改的前沿，给予青年教师指导，这些都是在培养青年教师，但在创新中青年教师若是失败，那么我们是否能做到放弃某些利益来培养青年教师呢？第三，这个教研案例把教育中的两难局面摆到台面上，让我们联想到教育实践中存在的更多的难题，这让我们不得不直面现实，反思更多，面对客观矛盾，迎难而上，去做更深入的探索。

（浦东教育发展研究院黄建初等老师撰写）

这是一篇教育案例。记述了一次研究成果交流会，也是一次教研活动。在这次交流研讨活动中，不同学科和部门的老师就自己的心路历程开展交流，提出自己的疑问，呈现自己的发现，探索内在的课题意义。教育案例限定在一次教研活动的情境中，以及相关老师在这一情境中遇到的矛盾冲突之处，最后作者就这次教研活动围绕教育的两难命题作了理性思考和探讨。教育案例也有典型性、反思性等，但是，上面的故事显示：教育案例更注重的是对教育实例进行多角度、客观性的描述，重在对实例中涉及的要素及其相互关系在一定时空情境中的反映与理性分析，侧重于共时性，教育案例中所叙述的教育实例是案例讲述者运用教育理论进行科学理性分析的基础，理性分析所占比重较大，是教育案例的精髓，语言不乏味，但也不煽情，叙事、议论、说明等表达方式都有，偏重理性认识，讲述者以理服人，重在让读者"有所知"。

问题探讨：

1. 教育叙事与教育案例有联系又有区别，您对二者的认识清晰吗？能否用实例体现二者的异同呢？
2. 教育叙事的作用是显而易见的，您有实践体验吗？

参考文献：

[1] 傅敏,田慧生.教育叙事研究：本质、特征与方法[J].教育研究,2008(5).
[2] 周勇.教育叙事研究的理论追求——华东师范大学丁钢教授访谈[J].教育发展研究,2004(9).
[3] 丁钢.教育叙事的理论探究[J].高等教育研究,2008(1).
[4] 游安军."教育叙事"研究方法及一个实例[J].湖南教育,2004(6).
[5] 郑金洲.教育研究方式与成果表达形式之二——教育叙事[J].人民教育,2004(18).
[6] 程方生.质的研究方法与教师的叙事研究[J].江西教育科研,2003(8).
[7] 刘良华.教育叙事：一种研究态度[J].湖北教育(教育科学),2008(7).
[8] 马克斯·范梅南.生活体验研究——人文科学视野中的教与学[M].宋广文等译.北京：教育科学出版社,2003.

第二章　教育叙事的优点和生长点

从郊区中小学教师问卷调查、观察访谈中了解教师开展教育叙事的现状。通过叙事故事的阅读,归纳出中小学教师教育叙事的优点:接近日常生活与思维方式,叙事研究易于理解;在多个侧面和维度上认识教育对象;使读者有亲近感,具有人文气息更能吸引读者;叙事方法新颖,聆听者能身临其境。同时梳理出教育叙事的生长点:叙述者不要遗漏事件中的信息;收集的材料必须与故事的线索相吻合;写作者要关注故事叙述中蕴含的重点问题的分析;用语言的魅力吸引读者,有身临其境的"局内人"感觉。本章要点为:

- ☑ 教育叙事的现状调查
- ☑ 教育叙事的优点
- ☑ 教育叙事的生长点

第一节 教育叙事的现状调查

一、郊区中小学教师的教育叙事习惯

(一)口头叙事讨论明显高于书面记叙分析

根据我们的日常观察和问卷数据分析,发现以研究对象中的郊区中小学教师为例,他们很喜欢使用口头叙事的方式,讲自己的教学故事和经历,他们的口头叙事大多数都是在自己的教研组、办公室为单位的讲述和讨论分析。在小范围内交流或者记录的占交流总数的八成以上,说明教师对自己经历的教育生活中的很多事件都是十分愿意和周围同事交流的,如同茶余饭后的聊天。

从问卷得出的数据表明,郊区中小学教师喜欢口头讲故事,讲述的教育故事不仅是自己经历的教育事件,更有同事的教育经历,他们也关注电视台和网络上看到的教育事件和社会教育的故事,甚至自媒体作者播放和讲述的教育故事都是转述和讨论的对象。无论是来自身边的还是听来的教育故事,都是以口头讲述的形式来讨论。

(二)郊区中小学教师的叙事成果研究质量有差异

从300多名中小学教师的教育叙事问卷中得出,半数参与调查的老师是随机记录教育中的事件,能做到每周一记的占一成左右,由此看出,叙事习惯差异都很大。教师撰写教育叙事的差异很大,抽样调查问卷显示从教龄的角度进行的分析,能做到每周记录的教师中,教龄在5年以内的占比较高,而大多数30多岁的青年教师表示,他们的教龄处于6—15年这个区间,还有老龄化严重的学校教师,在从事30年以上教育工作之后,也较少有兴趣提笔来写自己的教育经历。

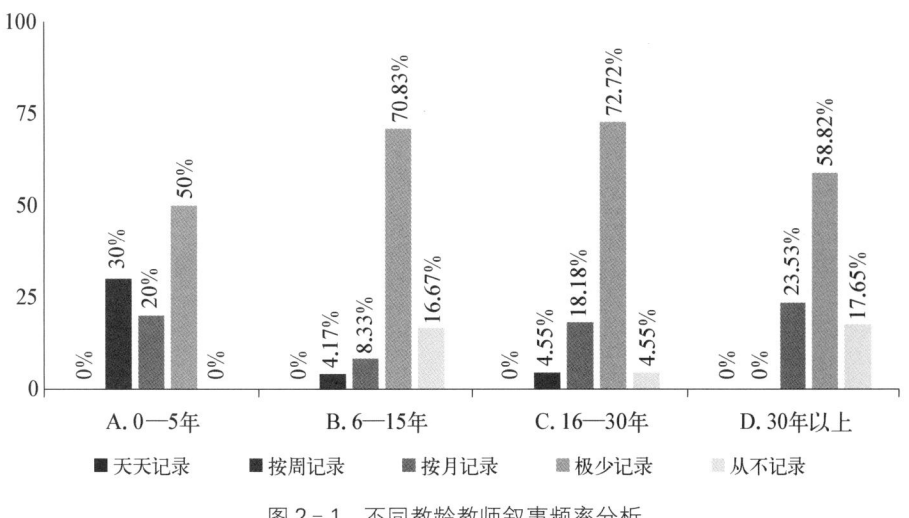

图2-1 不同教龄教师叙事频率分析

从上图中我们可以看到,越是年轻的教师参与教育叙事研究的积极性越高,而正在工作黄金期的部分中青年教师则和老年教师一样进入了低谷。究其原因,可能由于目前的教师职称评审制度中,一级教师的饱和度让这些黄金期的青年教师少了一些期待,因此参与教育叙事研究的积极性降低。

（三）郊区中小学教师对教育叙事研究价值的认同

加拿大的几位教育研究者认为：教师从事实践性研究最好的方法就是,说出和不断地说出一个个真实的教育故事。对于这些加拿大教育研究者的观点,从参与问卷的教师答案中我们获得的认同度比例如左图。

教师对叙事研究能够提升自己的认同度也是十分重视,93%的教师都认为教育叙事可以提升自己,不仅仅是认识他人,更是认识自己的好方法。

如果教师完成了教育叙事故事的撰写,都很希望能和他人交流,大多数教师希望能把自己的故事分享给教研组的同事。作者本人更希望和其他人分享,希望有更多的人阅读和欣赏,这样的认同度对教师开展叙事研究工作有很大的优势。

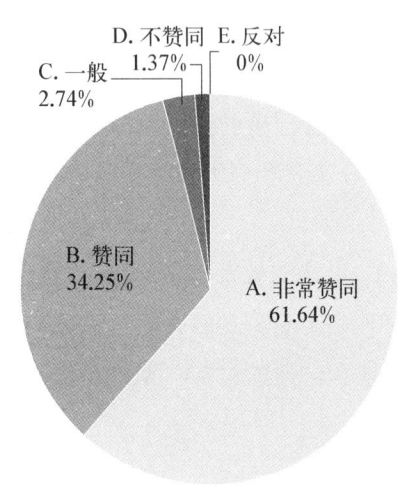

图2-2 对"说出教育故事是研究的最好方法"的认同度数据

从这些分析中,我们可以得出结论,本研究对象中的教师把教育研究作为一种研究方式,是可以把叙事故事文本成果拿出来和他人分享的。这说明了这些教师对教育叙事研究的高度认同,也是我们开展这个叙事研究的最大根基和出发点。

二、郊区中小学教师对教育叙事认同度的分析

我们从郊区中小学教师问卷调查和观察访谈中发现主要存在下面三类问题：

（一）部分学校缺乏叙事研究活动组织推动力

教师只停留在口头说说教育故事,没有内在自律去书写记录,也没有学校的任务驱动,叙事研究的文本不易形成。这就需要学校和其他教育主管部门给予一定的组织推动,这样有了任务驱动,加上教师内心认同教育叙事的价值,任务驱动和内心认同两者共同发力,会给教师叙事研究注入新的动力。

（二）局限于记录而怯于交流

郊区教师即使写了一些叙事研究,却害怕自己写得不够好,研究的深度不够,还不敢去交流。我们将一所乡村小学为例的教师对于渴望叙述成果交流的愿望占比拿来分析如下表。

表 2-1　某乡村小学教师对于渴望叙述成果交流的愿望占比

选项	比例
A. 只做自我欣赏和教育反思，并不希望和人交流。	19.18%
B. 希望能和教研组年级组很接近的身边的同事交流，并通过交流改善教育行为。	53.42%
C. 希望能和全校的老师交流，通过教育叙事改善大家的教育行为。	5.48%
D. 希望能和更多的人交流，在交流中得到更多的肯定和提升。	21.92%

从这份数据中我们可以看到尚有近 1/5 的教师即使写完了自己的教育叙事故事，也不愿意拿出去交流。更有一半多的教师只希望能在教研组和很接近的同事中作一些交流，有意愿去全校乃至全区去交流的教师寥寥而已。只和周边同事交流，没有外界专业人士和专家介入的话，这种交流下的教师成长速度相当缓慢。教师的羞怯和不自信，是因为这些教师所能得到的交流机会以及参与的活动少，得不到大场面的锻炼机会，机会可以促进教师成长。也有超过 1/5 的教师渴望和他人更多交流，希望在交流中得到提升和肯定。有专家的介入，他们交流叙事成果的愿望就更强烈，可以加速成长。

（三）老龄化和职称饱和降低参与叙事研究的愿望

我们可以从数据中得知，越是年轻的教师参与教育叙事研究的积极性高，而正在工作黄金期的郊区中青年教师则和老年教师一样进入了研究低谷。而郊区教师的年龄段并不是十分合理的，不少郊区中小学都是明显的老龄化，职称饱和的学校也不少，这个现象让一些处于教育黄金期的青年教师缺少职业提升的期待，容易降低参与教育叙事研究工作的愿望。

第二节　教育叙事的优点

华东师范大学的毛利丹老师在对叙事研究的研究中发现，国外对教育叙事的研究比较系统化、更为成熟，既有对教育叙事的本质、价值及方法规范等问题基于理论层面的探究，又有依据理论从事实证调查的个案研究，非常注重理论与实践的结合。相比较而言，我国引入教育叙事研究的时间较短，还处于相关理论介绍和实践探索阶段。引入教育叙事研究至今已有 10 多年，她们的研究小组认为值得上海地区的教育人士重点关注的是，作为我国教育叙事的引入地，上海地区关于教育叙事的进展如何？随着我国教育改革的不断深入，教师教育越来越受到人们的重视,那么教育叙事对上海地区教师的发展起什么作用? 基于此,本研究将对上海地区教育叙事尤其是郊区中小学教师教育叙事的发展作进一步探寻。毛利丹老师的研究提出了很多教育叙事的优点,我们则用真实的研究情况来反馈和补充这些优点。

一、接近日常生活与思维方式,带来一定的联想空间

教师熟悉的日常生活和工作容易引发读者共鸣。下面的故事中,教育叙事的作者使用了简练的语言和留白的手法进行教育故事的叙事,这些留白是对教育故事中一些教师的保护,也是留给读者一些想象空间。

要不要仪式感

班主任究竟是音乐家、设计师、教练还是司仪? 就学校工作中的仪式感教育所能体现的育人效果来看,仪式感教育究竟是否必须? 我们从哪些角度去看待仪式感教育带给教师们的压力? 我参加了学校开展的"红歌班班唱"表演活动,作为评委,我也一直感受着教师们的压力。先来说一下我观察到的两个队伍的情况。

一、着装出场

(队一)统一的校服,整齐列队,安静上场,台上队伍秩序井然,精神抖擞,面貌甚佳。

(队二)没有穿校服,松散整队,嬉笑上场,台上队伍参差不齐,无精打采,状态不一。

二、合唱开始

(队一)准备好伴奏,歌声嘹亮悦耳有气势,中间又有队形的变化,充满着饱满的热情。

(队二)没准备伴奏,歌声起起落落不流畅,无队形变化表情僵硬,整个是应付式表演。

看完两队的表演,我不由得在脑海中勾勒出两位班主任对班级管理截然不同的态度和管理方法,当然也能对两个班级学生受到的不同的教育程度一目了然。我认为,"队一"在本次活动中,能充分培养学生学会尊重别人,学会分享,学会倾听,以及培养团队合作精神,增强集体荣誉感,能切实提高他们的综合素质。反观"队二"则错过了一次很好的德育机会。总之一句话,学校开展红歌班班唱,并不在于一次音乐合唱活动,而是在于对人的培养。我想,我们的一些班主任是不是应该在内心深处重新反思一下自己的班主任工作了!

我想起《班主任管理班级的智慧和技巧》一书中说的,对班级的管理需要班主任的智慧和技巧,而智慧型的班主任总是发自内心地尊重、关怀学生,动用一切力量支持学生的活动。我想,作为班主任一定要坚持活动育人的理念,一定要把学校组织的各项活动作为教育契机。同时,要发挥班主任的智慧,根据班级实际情况,健全一套适合自己

的班级管理模式,形成班级强大的凝聚力,让每位学生都能在班集体这个温暖的大家庭中找到自己的位置,真正成为班级管理的主人。

(崇明区建设中学龚飞老师撰写)

作为教学管理者,作者巧妙地使用三两文字描画出一个马马虎虎应付工作的教师形象,也用简练文字描述了对比鲜明的两个班级的情况,给读者带来十分鲜明的对比空间想象。作者把这篇文章分享给那些参与的教师的时候,其实是温和地提出了建议和批评,在教育叙事中,仿佛只是一个故事,但是都是对教师行为的鞭策和管理行为的要求与反思,这正是教育叙事故事的空间想象的优势。

这个叙事故事中,每一个中小学教师通过阅读,都能真实感受到这个故事的场景,也许自己也曾亲身经历这样的事件,从阅读中理解,是完全符合大家的思维方式和生活经验的,组织过学生活动的老师都能回忆起自己教育生命中的类似的情景。尤其是参与本次活动的班主任们都接到了校长的要求,要动用所有的能量搞好班级的活动,这个教育故事的功能从生活中要求大家反思和改进。

二、叙事研究易于理解

郊区教师在叙事的过程中,所有表述的问题都是比较容易被读者理解的,他们提出的一些问题,本就是教师日常遇到的问题,甚至每一日必行却不怎么思考的事情。有研究者落笔之后,阅读者极容易从这些叙事研究中去理解作者和读者自己的所作所行,因此被认为是叙事故事的第二大优点。

副班可以做些什么

一个班级有一个班主任,其他任课教师中的一位在班主任外出学习和工作时会临时代理班主任,有的学校则固定一个任课教师,被称为"副班"。读者你们单位是不是也有这样的副班呢?

班主任和任课教师的工作有交集,在分工越来越明确的现代社会,班主任和任课教师之间的分工也越来越明显。从德育的角度来看,每一个教师都是可以执行德育工作的,并可以参与班级活动的指导和管理,副班也可以做很多班主任的工作,那么副班可以为班级做些什么事呢?我们的故事就是来说一说班主任和副班的合作。

班级活动并不是都要班主任去执行,班主任和任课教师之间应该可以精诚合作,如果任课教师参与了班级的学生活动也不是越级更不是多管闲事。

五(4)班班主任是数学老师,我是语文老师是副班,学生临近毕业,我觉得毕业照和语文园地里的综合活动有很大关系,就主动执行了毕业照的设计和活动组织,班主任并没有参与这个活动。

五年级语文园地中最后的综合学习内容是设计毕业照和毕业留念。一般我们语文老师执行的时候，就是写一个设计方案。我给同学们不仅写了设计方案，还设计了毕业照图谱，班主任老师只是根据学校安排拍了一张集体照。我根据同学们的设计，利用一个中午，用手机给大家拍了一大组艺术造型的毕业照，这并不规规矩矩的毕业照却得到了学生和家长，以及全部任课老师包括班主任的欢喜。在班主任的欣赏和全体家长的配合支持下制作了班级毕业纪念册。

纪念册里没有我，但是同学们却说沈老师和陈老师都是他们一生最难忘的人，陈老师是他们的班主任，万事尽心；沈老师是他们的语文老师，用在课堂上一个语文园地的设计，把学生的设计方案付诸现实，给了班主任的工作一个补充，成为一个不在纪念册中出现却留在他们记忆中的一个副班。

（崇明区裕安小学沈俭老师撰写）

这个故事阐述了人人都是德育工作者的教育理念，落实了全员导师的要求。至于任课教师如何参与班级管理，作者用了一个毕业照的故事告诉读者，副班可以做什么，让读者从这个事件中了解到副班的协助工作无处不在，学科教学和德育工作的融合做到合二为一，副班和班主任二位一体完美合作是多么和谐的工作状态。

三、可帮助读者在多个侧面和维度上认识教育对象

每一个故事中，都有多个维度认识教育实践中的教育对象，我们用"出逃"的一个学生举例，从多侧面和多维度来看待这个教育对象行为背后的原因。

乡情归何处
——发生在用"绿地图"对随迁子女作乡情教育中的故事……

2014年，我组建了"小脚丫走天下——绿地图在行动"的学生社团，当时三年级的史爽就是其中的一位团员。所谓的"绿地图"是一种包含所住区域的人文、资源、设施、绿化等环境内容的综合图谱。而绘制绿地图则是一个走进乡土、体验乡俗、记录乡情、增进乡土情怀的活动。有一个主题为"美丽裕安，我的家"的考察活动，要求用镜头寻找裕安最美风景，并用简短的话写出对家乡的感受。接到任务，孩子们迫不及待地开始行动起来，但史爽同学却在原地发呆，原来她为自己不熟悉裕安而完不成任务担心。等到了写作环节，史爽同学再一次卡壳，无比纠结，迟迟不肯落笔。我又一次关注到她，终于在与她的对话中发现了问题的症结。她对"家乡"一词无所适从。于是我建议她把原籍安徽称为第一故乡，崇明为第二故乡。小姑娘欣然接受，这才若有所思地动起笔来。

……我指导了很多随迁子女，引导把他们家乡的风景、习俗、美食、戏曲等绘声绘色地介绍给同伴，同伴也以相同的主题回应。这场景俨然是一个"夸夸我的第一故乡"的

欣赏会。交流让孩子了解了彼此的家乡,也从另一个角度真正理解了祖国的地大物博。这样别开生面的展示,以至于身在崇明的史爽同学还恍如在安徽呢……

时间走到了2016年的3月4日,中日儿童环境峰会现场。当活动进行到"代表自己的省、市为保护长江出谋划策"时,代表上海崇明的我校学生史爽,离开自己的团队,擅自加入到了代表安徽的学生团队中。让史爽做出决定的原因,或许是乡音的召唤,或许是内心深处的归属感……小姑娘自己也说不清楚为什么会有这样的决定与行为,但是却有一句"生是安徽人,死是安徽魂"的壮语。是的,美不美故乡水,亲不亲故乡人。这个结果出乎意料,但却在情理之中。

【分析与反思】

说到这里,我似乎明白了史爽擅自离队的原因。她让我看到了一个孩子对家乡的深深眷恋和一颗深埋的乡土情怀的种子破土而出的美丽。她与我常见到的多数随迁子女不同,身在崇明,但对故乡的那份"情怀"一点也不比那些在故土的孩子少,甚至发展得要更好。

在史爽同学乡土情感的滋长中,我也看到了我努力的结果。

一是把简单的乡情(乡土情况)考察扩展为更深远的乡情(乡土情怀)教育。乡情考察只针对在地的乡情,但是随着活动的深入,对学生第二故乡的乡情教育也蕴含了对第一故乡的乡情教育。比如,帮助孩子建立第一故乡的概念,在对第二故乡——崇明裕安的考察描述中,同时运用回乡、互联网、询问家人等方法记录第一故乡。这让第二故乡——崇明的乡情教育活动没有成为淡忘第一故乡的负迁移力量,而是转换成正面的积极推动力。

二是把醇厚的乡土情感提升为更宏大的家国情怀。通过考察、体验,我们的孩子对家乡多了一份了解,因为了解所以对那块土地爱得深沉。那么,对于我们的祖国呢?崇明裕安的乡情代表了中国的国情,不了解国情又哪来爱国情?让孩子们感受真实的中国,思考对于美丽我们怎样去维护,对于不足我们怎样去改变并由此产生一份社会责任感与使命感。

三是把绿地图的绘制技能学习转化为跨时空的乡情体验学习。用图文结合的方式来展示考察结果,以及孩子们在考察中的所思所想也是他们乐于接受的。所以说这是一种非常适合孩子观察、记录真实乡土社会的好方法,也是开展乡土情怀、爱国主义教育的好路径。

史爽同学擅自加入安徽团队,也带给我很多思索。她的故土情固然可以肯定,但同时也反映了她在任务与情感以及第一故乡和第二故乡之间的矛盾与失衡,这也预示了在对随迁子女乡土教育时应该关注的问题,我想我后期继续研究的课题应该围绕这点进行。

乡情归于何处?绿地图需要的是归于第一故乡,也希望归于第二故乡。对于孩子来讲,他们将来要去更远更多的地方,祖国处处是我家。因此乡情起于"小家"而归于"大家"。

(崇明区裕安小学沈绒老师撰写)

一个擅自行动、不守纪律的孩子逃离原来的学校和地区,教师从多维度思考这个问题,跨越了区域,感受到了大家和小家的不同。多维思考让教师深入思考每一个教育现象背后蕴藏的道理。这个故事中乡土情怀之所以难分舍,是因为社会大现象问题,外出打工带来的随迁子女的家乡归属感的不同,她的出逃也是一种对回不去的故乡的依恋,然后换个角度而言,都是祖国的大好山河,上海和安徽又有什么不同呢。

从上述叙事故事的结尾部分可以看到教师对本故事做出的后续发展,不断反思领悟。这个多维思考的过程才是教育叙事故事的思想灵魂,才能反映教师撰写教育叙事故事时的教育理念,这种"多维思考"使得教师在撰写故事的过程中重新认识教育,认识自己的教育观念,促进自身观念的更新和教育经验的积累。

四、使读者有亲近感,具有人文气息更能吸引读者

每一个叙事的教师主体变化经历独特,语言表述如同面对面聊天,叙事故事的可读性就很强,阅读的感觉并不是很累,所以深受读者的青睐。而且这些故事带着浓浓的生活味道,也是更吸引读者的一个原因。下面这个故事就带着浓厚的生活气息。

自制葡萄酒让我爱上探究课

本学期一不小心被安排上了探究课,便兴致勃勃地翻阅教材,发现教材内容尽管切合学生生活实际,能激发学生的探究兴趣,但是过于城市化、书卷气,少了农村田野的野趣。

正巧我们那里有很多人家家里自酿葡萄酒。本人也爱品酒,便摸索着做了一坛葡萄酒,味道还不错。酿制葡萄酒比较容易,只要能注意几个要点,必定会成功。时值夏末,正是葡萄丰收季节,价钱也不贵。我设计了让学生因地制宜,因人而异,自制葡萄酒这个探究的小课题。

于是,我精心设计了探究方案。第一节探究课上,我指导学生葡萄酒的制作方法如下:1. 购买少量葡萄,五斤左右,去梗、洗净、晾干,不可暴晒。2. 准备一个大口瓶子或坛子。3. 把葡萄捣碎,加入白糖,葡萄和白糖比例为5∶1。注意:葡萄和白糖等固体物不得超过容器的2/3,以备发酵过程中果肉膨胀,所以要留下空间。4. 用保鲜膜封口。5. 置于阴凉干燥处。布置完,我让同学们自己回家尝试制作,记录过程,一个星期后交流。

第二次拓展课上,同学们踊跃发言。孩子们真可爱,有的说葡萄已经发酵,溢出了

酒香;有的说封口的塑料膜鼓出来了像个大肚子新娘;还有个孩子说他爷爷教给他一个更好的方法,在葡萄酒里加入了桂花,这比老师的想法更妙了,我真是自叹不如。听完了交流,孩子们也提出了问题,"为什么葡萄会散发出酒香呢?"我适时提出第二步要求,要求大家回家仔细观察坛子里的葡萄发生了什么变化。并要求大家好好想想,为什么葡萄能制成葡萄酒呢?我利用教室的多媒体教授了他们在网上查找有关知识、资料的本领。课后,我从有关书籍和网上查找到,葡萄酒酿制过程中因为果汁中的葡萄糖和果糖经过发酵,形成乙醇和二氧化碳。我推断,乙醇能散发出酒香味,二氧化碳形成了气泡,糖能够增加甜度,并且能增加酵母菌的营养,同时可以提高酒精度。时值夏末,气温25到30摄氏度,这是酵母菌活动最适宜的温度。只要方法得当,理应成功。

第三次上探究课时,同学们再次交流了他们通过探究从网络、书籍获得的有关知识,他们还采访了会酿酒的家长。此时葡萄酒发酵过程已经基本完成。我指导了他们如何滗去残渣、澄清装瓶的过程。并且有个孩子带来了家长已经装瓶的葡萄酒。我拿给孩子们看,那酒色红艳、晶莹剔透、异常诱人。我拧开瓶盖给孩子们闻,酒香浓郁,用勺子滴入口中,舌齿生津、果香浓郁、甘甜爽口。比我本人做的好得多,酒性有过之而无不及,超市里的半甜型干红葡萄酒也望尘莫及。对酒量不大,修身养性之人是恰逢其道,同学也说,"此物只应天上有,人间哪得几回见。"课中,我鼓励孩子们推荐家长们品尝一下自己的劳动成果。

第四节探究课,还是那个带葡萄酒的孩子偷偷告诉我,他不但做了葡萄酒,还做了番茄酒。惊愕之余,我连忙请他来介绍制作经过和想法。原来他家种了很多樱桃番茄,吃不完,他就产生了探究的欲望,并且思考,葡萄能酿酒,那么番茄为什么不能呢?大胆尝试吧!他用同样的方法做了一小坛。我肯定了他的探究精神,并且对他提出了更新、更具体的要求。要求他对番茄酒的酿造进行详细的观察和记录,撰写观察日记,并且和葡萄酒进行对比记录。

几个星期后的探究课,他拿来了记录单,番茄酒制作成功了,他比较下来,番茄酒的口味比葡萄酒差,颜色呈现淡黄色,不够清澈、微混浊,但酒性更烈更酸。他在观察日记中得出结论"番茄不适合酿酒"。还推测出"番茄酒酿制时间长,可能是进入初冬之后,气温降低,发酵不充分"的原因。但他还是不明白其中的科学道理,我指导全班同学进行推测。同学们猜测大概水果中或多或少含有葡萄糖成分,葡萄糖成分大概都可以通过发酵生出乙醇。只是不同的水果含量不同,酿出的酒品质不同。同学联想到家中橘子成熟了,不能销售出去,是否能够酿造橘子酒呢?孩子们纷纷回家尝试,我也极有兴趣,就拿出了学校团购的"爱心橘"和孩子们做了一小坛,同学们可以在教室里观察。橘子酒经过发酵,残渣和汁液分离,液体清澈,惹人喜爱。尽管还没有装瓶,但是孩子们相信一定会成功的。大家拭目以待。学生们还纷纷问到是否苹果、柿子、大米、小麦、高梁等植物都能进行尝试酿酒呢？我鼓励他们大胆去尝试、去创新。

雅正此文者，若有兴趣，也能尝试一下。

（崇明区裕安小学徐德新老师撰写）

本文作者就如同一个好奇的老小孩一般，和一群小孩子一起不停地捣鼓一件事"发酵"，他们用十分生活化的方法去尝试，文中语言幽默，浓厚的生活气息深深地吸引了读者，作者甚至用文字吸引读者也去尝试这样的探索活动。

五、叙事方法新颖，能创造性地再现事件，聆听者能身临其境

伴随着信息技术的不断发展，叙事故事的方法更加新颖，呈现方式已经从简单的文字和语言，升级成了文字、语音、图像、录像四位一体的形式，它很好地创造性再现了场景，在音形配合的方式中进行数字教育叙事故事的呈现方式越来越受到青睐。

我们的研究者做了一个小部分教师以"我的教育生涯之初"为题的数字叙事故事展示，参加活动的17位教师都是入职5年内的新教师，这一批教师掌握的信息技术手段丰富，将一个教育故事表现得十分新颖，让聆听故事的人身临其境，并看到了部分实际过程的展现。那些数字故事中的"我"既是作者，也是故事的组织和导演，还是表演和解说，是"我"在讲述自己教育生涯中的亲身经历。"我"不是故事中的旁观者，而是故事的建构者和故事中的实践者，这些研究者在故事中躬身践行自己的教育生涯，建立自己的故事经验，提升自身的专业水平，其间教师们经历的情感历程，他们和学生共处的教育经历，演绎出师生之间的情感故事。

新教师在故事里讲述职业之初的苦闷、彷徨、忧虑、冲突、兴奋，是作为一个情感真挚的完整的人在故事中生存，洋溢着教师的青春生命色彩，这些数字教育故事都是一个个情感丰富、实践特点鲜明的教育案例，研究者可以从中获得情感的震撼和实践智慧的启迪。

第三节　教育叙事的生长点

在教育叙事故事是不是严格意义上的教育研究形式的争论中，调查中有九成以上的老师认为教育叙事是研究的一种形式，但是还有部分老师认为教育叙事研究有很长的路要走。

一、叙述者不要遗漏事件中的一些重要信息

教育叙事是一种记叙文体和评论结合的研究形式。我们经常发现记叙的要素不清的故事也常有发生。尤其是不少教育叙事是长期发生的故事，其中有一个比较长的转换过程，将这些重要的事件完整表述，就可以较好地提升教育叙事的系统性。

你的身边充满爱

初为人师,对于教育还只是一张白纸的我遇见了她。第一次见到她,只觉得她长得十分瘦小,性格内向,课上总是支支吾吾好像在嘀咕些什么,做事有些缩手缩脚,排队列形记不得自己的站位,上课不敢大胆发言,集体游戏互动也不敢参与其中,她带给我一种和其他学生不一样的感觉,我开始尝试着接触了解她。

也许是年龄很小的时候就离开父母身边来到体训中心进行训练,所以小朋友在性格方面会有些内向。但在学习过程中我发现她对待学习的态度非常认真,只是有些内向不愿意和别的小朋友接触。几节课上下来,我发现她是对生活十分有心的孩子。入职不久就迎来了教师节,班级里的小朋友都纷纷送给我写满祝福话语的自制贺卡,收到贺卡的我很开心。刚上课,她小心翼翼地走到了讲台旁,拉了拉我的手,用手比出一个"大爱心",轻轻说道:"老师,我喜欢上您的课!"那一刻我心中暖暖的,眼前的孩子小脸红扑扑的,短短的一句话对于常人来说可能不是很起眼,对于她来说则需要鼓起很大的勇气,在她的双眼中我看到了满满的热情与真诚。这一刻我心里萌生了一个想法,我要帮助她,要让她变得热情开朗,敞开心扉愿意与班级小伙伴进行交流,让她感受到身边老师同学对她的关心和爱护!

冰冻三尺非一日之寒。看着她从当初的小树苗能够一点点茁壮成长,心中感觉一切都是值得的。我的教育理念也发生了改变,学生就像一张白纸,而我就像是画师,我能做的就是尽自己最大的能力在纸上展现出更多美丽的色彩。信念的力量是巨大的,不管对学生还是工作中即将面临的未知挑战,我都始终心怀感恩,登上三尺讲台,肩上就要扛得起这份责任!

(崇明区裕安小学沈雨婷老师撰写)

这位新入职的教师在叙事的过程中,缺乏学生转换过程的描述,没有教师帮助学生改变的这个漫长的过程,直接进入最后结果,虽有文采而遗漏了最重要的环节,就是学生态度的转化过程。缺少了一波三折反反复复的过程,读者可以想象到这个过程可能是很艰难很琐碎,让人想象或者纯粹机缘凑巧,都全凭读者去思考了,这也是读者不信服的缘故。

二、写作者选择、收集的材料须与故事的线索相吻合

因为一些故事的经历不仅漫长,而且设计学校很多条线的合作,很多经历过程中的材料容易遗漏,因此写作者在撰写这种叙事故事的过程中,不能跟着主线索走。

课 后 服 务

我校正在做一个课后服务的视频故事。接到任务以后,我们完成了故事主线的设

计,然后我们去收集各类素材时突然发现,在收集这个课后服务新生事物的过程中,教师们都不曾拍摄视频资料,然而这个视频故事的主线就是由课后服务中学生所获得还有教师的付出。教师只顾着课后服务中埋头工作,并没有老师关注自己的付出并拍资料记录。而学校管理中有布置安排工作,却还没顾上阶段性的学生学习成果视频资料收集。因此收集的材料和主题线索不符合,我们本人也都有课后服务的内容,并不能在同时段离开服务班级,跑到其他老师那儿去拍摄符合这个故事主线的资料。

我们的数字故事要表现全校的课后服务活动,而我个人只能拥有极少的一些单条线的素材,我们十分头疼,这个数字故事就很缺素材,觉得这样的主题式叙事故事十分困难。

(宝山区鹿鸣学校王慧老师撰写)

本案例的作者也是一个年轻的技术型老师,在完成这个数字叙事故事的过程中,发现自己所能收集的材料和线索不相吻合,由此表达了她遇到的困难。叙事研究中材料的收集很重要,不仅是数字叙事故事,文字叙事故事也一样要和故事线索吻合。

三、写作者要关注叙事故事中蕴含的重点问题的分析

因为教育叙事有故事性,很容易造成读者只关注故事而不在意故事中教育原理的存在和重点焦点的矛盾何处何来。因此,教育叙事的一个重要生长点就是,作者一定要抓住重点问题的分析,讲清楚作者的判断和分析,作者应该把个人的观点,对本故事中重点问题的判断给读者呈现出来,这才有研究的特点,而不仅是叙事讲故事。

大多数教师在叙事过程中用了大量笔墨来描写故事,但是常常在分析结果中表达得不够明晰。如下面的一个案例:

春风催"无声"

这个学期担任了辅读班教师。上第一堂课,虽然早有心理准备,面对的是一群特殊的孩子,早就从资料上了解了他们每一个人的基本情况。但是看着他们呆滞的目光,脏兮兮的小脸,不禁还是一呆。这就是那群被摒弃在外的孩子吗?"老师来了,老师来了。"课堂上响起了七嘴八舌的说话声,这群孩子还是蛮可爱的,我心里不觉一动。我应该爱他们,不厌弃他们,用自己的一颗慈母之心去爱护他们,尊重他们,鼓励他们,渐渐使他们增强信心,改变自己。

上课了,我教了一首古诗《草》,"离离原上草,一岁一枯荣。……"学生字,看图画,读古诗,每一个孩子都兴致勃勃地读给我听,我注意到一个名叫婷婷的学生,低着头,十个手指相绞,不读诗,也不看、不听,我轻声问:"婷婷,会读古诗了吗?读给老师听听好吗?""老师,老师,她是个哑巴,不会说话。"教室里乱糟糟的声音又响了起来。咦?怎么

会呢？接班的时候没有老师告诉我这个辅读班里有发音残疾的孩子啊。我觉得奇怪，没听说过她不会说话，是哑巴呀。我含笑对婷婷说："小朋友可别乱说，婷婷是个聪明的孩子，她会说话，是不是？"婷婷看了看我，还是低下了头，不说话。

又一节课，教完了生字，我特意让婷婷读，她还是如以前一样低头不动。我笑着对她说："婷婷不是哑巴，在下课时和同学们都说话了，还怕老师吗？老师可不是吃人的老虎哦。"同学们都笑了，婷婷也笑了。她轻轻地动了下嘴，虽然无声，却也是进步。我鼓起掌来，同学们也为她拍手鼓掌，"老——老虎"，婷婷的声音终于在教室里响了起来，掌声更为热烈。从此，婷婷不仅开始在同学间说话，在老师面前也一样说起了话。但是婷婷最大的弱点是口齿不清，于是我决定从克服她的语言障碍开始，加强对她的特殊教育。在课内多和她交流，仔细观察她的语言表现行为，抓住时机及时对她进行训练，有时间就逐字逐句教她说话。在教学过程中及时鼓励表扬她，让她尝试到成功的喜悦。在课间让她在同学间多说话，说好话。经过一段时间的训练，她的语言表达能力有了提高，尽管有时候还是有点口齿不清楚，但是已经能说比较完整的话了。

【分析与反思】

不知是哪位教育家说过："爱是教育的基础，没有爱就没有教育。"作为一名教师，我一直追求"春雨润物"的教育风格。在看到这群特殊的孩子后，更觉得作为一名特殊教育工作者，只有爱每一个学生，去理解爱护他们，去培养他们的自信心、自尊心，用心拨动学生身上的每一根琴弦，才能让他们弹奏出最美丽的歌。

经过努力，婷婷有了很明显的进步。从她的表现来看，智力有缺陷的孩子在一定程度上还是有发展潜力的。从这个个案中，我深深地体会到每个孩子都是可以塑造的好孩子。对于那些特殊的孩子，他们一样是祖国的"花朵"，虽然这些"花朵"长的稍有不全，但是我们对这些特殊的"花朵"应该给予他们更多的爱，让他们感受到老师的爱护，让他们享受到学习中的快乐，这才是教师最应该做的。春风化雨润无声，当我们微笑时，学生也一定会对我们微笑。

（崇明区裕安小学黄匡老师撰写）

本故事作者写了分析与反思，细看这个部分，其实还应该更加明确，发现的教育原理应该明确地展示给读者，作者在分析与反思中更多的是抒情表达，而这个故事中缺乏明显的教育原理。

特殊学生也是有规律的，声带发育正常而有智力缺陷的孩子也是可以学会说话的。辅导这些孩子说话的规律就是反复巩固，海伦·凯勒这样有严重缺陷的孩子学会说话也是用了反复巩固的方法，鼓励和表扬也是这个教师使用的有效教育方法。如果能明确地用标题在分析与反思中表达清楚，这个故事是有生长点的。这个范例也是提醒了更多教师在撰写教育叙事的过程中，应努力寻找在撰写"分析与反思"部分的生长点。

四、用语言的魅力使读者有身临其境的"局内人"感觉

教育叙事故事的作者撰写文字的功力也很重要,有一些作者不能掌控文字的魅力,故事表达没有文采,没有趣味,很难吸引读者。很多作者会选择课堂的一个片段进行讲述,这些讲述仅仅讲过程,读者很难有身临其境的共鸣。

两个同组的英语老师在上完课后撰写了教育过程,两人语言魅力不同,叙事感染、让人身临其境的效果就不同。

临时的圣诞老人

12 月 24 日,是 Christmas Eve,圣诞节即将到来,当时我们正好上 3A UNIT 10 Christmas 那一课。我们知道,圣诞节文化在英语文化中是非常重要的,为了让学生们充分了解这一文化,掌握更多的英语知识,我着实下了一番功夫。

孩子们天真地问我,真的有圣诞老人吗? 我告诉他们,圣诞老人是一个矮矮的胖胖的,雪白的头发,红润的脸庞,眼睛眯眯的,满脸的皱纹,常常露出慈祥笑容的老公公。还有,他经常穿着红衣服,戴着一个有圆球的大帽子。他的腰上束着宽皮带,脚上穿的黑皮靴,背着装得满满的大口袋。在 12 月 24 日这天晚上,他弯着腰坐在一辆花鹿拉着的雪车上,从冰天雪地的世界来,忙碌地跑到世界各地,向小孩子、贫苦的老人及孤儿分送圣诞礼物,带给这些人友爱和温暖。

在那天的课上,讲的是向 Santa Claus 索要礼物并操练"May I have …?"句型。一开始,我让一个同学站起来,充当 Santa Claus,其他同学可以向他索要礼物,愿望就会在圣诞节那天得到满足。起初,还是几个平时喜欢举手发言的同学站起来操练。我的眼光扫视着全班同学,突然我看到了汪家沪同学,我想到他的嗓音很粗,像极了 Santa Claus 的声音,而且他的模仿力强,完全可以模仿出圣诞老人那雄浑和蔼而又独具一格的笑声。我想不如叫他来演圣诞老人,一定很有趣。于是我把他叫到了讲台前,告诉孩子们:"Mr. Wang can smile like Santa Claus, HOHO …"孩子们听到他滑稽的笑声,都笑起来了。此时我的灵感来了,我的脑海中浮现出了圣诞老人的形象着装。孩子们佩戴的红领巾不正好可以作为圣诞帽吗? 我把家沪同学佩戴的红领巾往头上一拉,顿时一个小小的圣诞老人就浮现在我们面前了。班上的气氛马上就活跃了起来,同学们踊跃举手。

(崇明区裕安小学黄焕老师撰写)

英语生活化

记得在教授 Do you like fruits? 这一课时,为了让学生们有话可说,我准备了各种

各样的水果带入课堂并在教室的一角摆放着,使得同学们进入教室如同进入水果店一样。由于带入的水果不是很齐全,所以我又准备了很多水果卡片一一在黑板上摆出,但凡同学们学过的,能识读的水果我都统统罗列出来,颜色大小各不相同。首先我用句型"What colour is it?"让学生用英语回答。然后我再提问"What is this/that in English?"这样在复习了旧知的同时又引入了新知。

待学生们都学会这些单词以后,让他们进行模拟销售,一开始我们班学生基本都选择做买主,一部分原因是因为孩子们在课堂上已经习惯了做配角,而另一方面也是在于买主所表达的句子比较简单,都是根据销售员的提问做回答的,如销售员会问"Can I help you?","How many …?"等。还课堂于学生,让他们尽情施展自己的才华和艺术才能。孩子们体会到了自己是学习的主人,也知道了当售货员和当买主分别应该怎样说。

顺利完成本节课的教学目标之后,我又让学生在优美的旋律中去品尝各色水果,并大胆地用句型 I like …说出自己喜欢哪一种水果、为什么等一系列问题。学生不知不觉地参与了语言实践活动,并感受到了成功的喜悦,取得了事半功倍的效果。

(崇明区裕安小学樊晶晶老师撰写)

两位英语老师都上了一堂精彩的课,但是黄老师在叙事的过程插入很多场面描写、心理描写,还有逗趣的语言。比如,孩子们模仿圣诞老人的声音、圣诞老人的模样等,写得活灵活现,好像读者也来到现场,看见一个孩子扮演圣诞老人发放礼物,其他孩子高兴地向他用英语要礼物和感谢。樊老师课堂也很祥和美好,在优美的音乐里一起品尝水果,用英语表达水果名称。但是作者平铺直叙,仅仅描述事件经过,没有写出当时的场面下孩子们很享受这个过程的样子,全靠读者自己去想象,让读者不能成为局内人。

两位老师对比,说明写作的方式、习惯、操控语言的能力都有差异,是造成读者不能走入故事的原因。要求教师在教育叙事研究中多琢磨语言,用语言的魅力使读者有身临其境的"局内人"感觉,这是一个很有价值的生长点。

五、不仅寻找适用性广泛的题材,也可选择特殊个别的题材

一些教育叙事故事里的对象都是特殊的孩子,讲了一个学生,这故事只适合一个人,花费那么多研究时间效率不高。但这样的故事中有很多规律性的教育原理存在,也有挖掘的价值。

重逢是在等你长大

爻爻第一次走入我们的视野,奇怪的名字,和特别瘦小的身形,还有那细声细气的发声,恍若一只受惊的小兔子,一个不小心声音大了,就会把她吓着了。

一年级开学第一天,爻爻找不到教室了,我和宋老师一起去找她,原来她跟着幼

园的小伙伴走到了1班教室里,看看环境不对,她已经慌了,泪水在她眼睛里转。我领着她回自己的教室,正想责备她怎么才一转身就找不到教室。但又想到一年级的孩子就是有方向感特别差的,看她一脸受惊吓的模样,还是忍住了。

爻爻就是这样不能说的孩子,一说她,她就吓得缩成一团,我们询问了家长,才发现,她是离异家庭的孩子,跟随父亲生活,然而父亲再婚之后有了后母,她就是在这样的家庭里天天如履薄冰一般生活的。对此,我们终于知道了爻爻的特点,该怎么对待这个孩子呢?

爻爻二年级时,我调离这个班级,在其他班级任教。听说爻爻生病了,是先天的心脏病,后来休学了两年,她的任课老师对她时常的发傻十分头疼,脾气大的黄老师对她是操够了心,她还是天天吓得像一只小老鼠一样,不敢发出声音,她的学业成绩可想而知。

辗转两年,当我再一次走入三年级4班的时候,又一次看见了爻爻的身影。她应该去年毕业了啊。新的班主任告诉我说,她有轻度自闭症,我说不会的,爻宝宝我认识的。我走进教室,她看见我就开心地笑着说,"真好,又是你。"我也高兴地对她说:"爻爻,我又做了你的老师。"休学之后的爻爻变了,她写着作文,突然一个人笑了,其他同学都笑她发傻,我说:"不是,她一定是心里想到什么好玩的事情。"我认真地读她的作文,她这样写:"我不敢唱歌,就一个人去小舞台,下面什么人都没有,我就在那里一个人唱歌。回家后我天天练,天天听英文歌,因为他们谁也听不懂歌词。"我终于知道她为什么一个人发笑了,她在自己的世界里高兴着,据说身边的人误会她得了自闭症就是因为这个原因。然而我给了她的作文最高的分,并向大家介绍她的作文,我说:"爻爻写的是她自己内心最真实的想法,她胆子小,不敢对着大家唱歌,又想唱歌,只好一个人趁没有人的时候在小舞台上唱歌,来让自己练一下胆子。我等你练好这首歌,再唱歌给我们大家听。"简单的几句鼓励,她坐在位子上笑得好开心,就这样,她的习作水平居然慢慢上升了。

我还喜欢她的卡通画,她的卡通漫画我就用手机拍下来,她知道了就很开心,又给我画了很多漫画。慢慢的,她的笑容越来越多,她再不是那个动不动就缩成一团的小刺猬了。

五年级的那一次书法考试,爻宝宝给了我一个最优秀的成绩,她是本班书法考级中唯一一个软笔硬笔都是A的同学。我拿到考级成绩,第一个抱起的孩子就是她。她的小世界里从此不再孤独,她信任我,所以我等待她,终于她获得了属于自己的成功和A。毕业考试,爻宝宝全部考核通过,没有A,也不是B。但是合格就是我们很高兴的成绩,原本认为她自闭的家长也欢欣于她的进步,很多老师原本都认为她永远不会及格,而今居然给我们以合格成绩毕业了。

(崇明区堡镇二小黄莹老师撰写)

这个故事中的主人公是一个轻度自闭的孩子,这样的孩子本来就是特殊体质,而且遭遇病休,几次辗转,再次和原来的老师相遇,曲折的经历就是一个奇迹故事。虽然很多读者认为这样的故事只是个例不符合大多数学生的发展规律,但是个案也是教师可以寻找的生长点。

问题探讨:

1. 教育叙事研究是教师提升自己的一个好方法,您有机会和大家分享您的叙事研究成果吗?

2. 教育叙事的优点不少,请您阅读您自己撰写的教育叙事作品,寻找一些自己的作品的优点,并尝试口头分享给自己的同伴听一听。

3. 在您自己的叙事作品中,是否有您还不够满意的作品?对照本章第三节,您觉得还有哪些生长点不断完善您的研究成果?

参考文献:

[1] 周世杰.怎样撰写教育叙事[J].黑河教育,2010(6).

[2] 毛利丹.上海地区教师叙事研究述评[J].当代教育与文化,2015(2).

[3] 刘良华.教育叙事研究:是什么与怎么做[J].教育研究,2007(7).

[4] 黎家厚."李克东难题"与网络环境下教研团队的成长[J].中国信息技术教育,2009(7).

[5] 鞠玉翠.走进教师的生活世界:教师个人实践理论的叙事探究[D].上海:华东师范大学,2003.

[6] 刘良华.什么是教育叙事[J].广东教育(综合版),2004(3).

[7] 李志河,孟瑞娟.基于 Blog 的教育叙事促进教师专业发展的案例研究[J].现代教育技术,2008(4).

[8] 姜美玲.课程改革情境中的教师信念与教学实践对一位高中语文教师的叙事探究[J].教育发展研究,2005(14).

[9] 王枬.教育叙事研究的兴起、推广及争辩[J].教育研究,2006(10).

第三章　教育叙事的核心要素

中小学教师的教育叙事研究就是教师的故事,就是他们在日常的教育教学、班队建设中已经发生、正在发生和将要发生的事件。教师的教育叙事研究包括三个部分:教师的教育思想;教师的教育活动;教师的教育对象。有"教育冲突"发生的情境,这个情境中必然孕育着相关的教育故事,这是教育叙事研究的永恒话题。教育的日常生活必须还原为"教育冲突"。中小学教师"写"教育教学故事,实际上是转变教师教育观念和教学行为的突破口。本章要点为:

☑ 教育叙事:面对教育的日常生活
☑ 教育的日常生活还原为"教育冲突"
☑ 变革教学行为是教育叙事的源头活水

第一节 教育叙事：面对教育的日常生活

中小学老师每天在与教育叙事打交道，教师就是在教育叙事中感悟成长。从某种程度上说，教师"了解世界和了解自我最重要的途径之一就是通过叙事"。[①] 叙事把中小学老师极为平凡又普通的教育教学经验串联起来，在平凡而又普通的教育实践中寻找宝藏。

一、以教师的生活故事为研究对象

我们不缺乏经历，但为什么成长有限？这一拷问，不少中老年教师都有同感。用同一教案去教两个班级，去教不同届别的学生，其课堂教学过程都是相似的，这样的教育实践本质上是机械重复，经历越长将越成为束缚教师成长的障碍，机械重复的平庸实践只能导致自己的更加平庸。教育叙事研究具有情境性、真实性的特点。其中，可能包含着这些教师在教育教学实践中蕴含的缄默知识、曲折的情感变化、丰富的内心体验……这些都是开展教育叙事研究的原始素材。

中小学老师的生活故事既平凡又丰富。这些故事一方面在教师脑海中烙上了深刻的印象，另一方面通过开展教育叙事研究，能够激发起读者内心的涟漪，同时引领读者身临其境。这些发生在日常生活中的故事对于教师个人成长来说意义重大。在师德教育方面，它们具有道德榜样的示范作用，同时又有强大的震撼力、影响力。

二、教师教育叙事研究的内容

教育叙事研究就是要研究自己的"关键教育事件""课例""个人教育史"。这些故事都是教师日常的生活故事。这些"关键教育事件""课例""个人教育史"又都是在日常的教育活动中所遭遇、经历的各种事件。教师们所遭遇、经历的各种事件会长时间地影响着自身的教育教学行为。因此，中小学教师进行叙事研究能够助推自己专业的自我更新和迭代。

从内容上看，教师的教育叙事包括如下部分：

（一）研究教师的教育思想

教师的教育思想是具体的、形象的、能够落地的，而不是悬挂在空中。它具体体现在教师日常的教育教学实践中，表现为教师的教育理念是否先进、学科前沿是否知晓、信息技术是否赋能教学、教师运用教育的先进理念是否真正落实到教育教学行为中。

在日常工作中，以学生为中心的思想会导引教师基于学生的立场，时时处处考虑学生的

[①] ［美］阿瑟·阿萨·伯格.通俗文化、媒介和日常生活中的叙事[M].姚媛译.南京：南京大学出版社，2006.

需要和需求。中小学教师的教育叙事就是要研究如何将隐含的思想显性化,通过教育现象揭示教育本质,为教师的教育教学行为研究找到理论的支撑。

改变　然后改变
——"问题"学生课堂教学探索

新接手一年级的我,又认识了一群可爱而天真的孩子。然而在经过将近一周的接触后,我发现班级里的小冷同学明显存在着一定的"问题"。课堂上,他不是在乐此不疲地玩着课桌椅,就是在表演"口技",由此而产生的吵闹声总惹得其他孩子们哄笑。课后,我找小冷谈话,想让他了解在课堂上应该怎么做,可是还没等我说完,他反倒有讲不完的话和我分享,一边说一边手舞足蹈,停也停不下来。无奈之下,我便邀请小冷的爸爸来校交流。没等我开口,他先说明了小冷的情况:中度多动症。"医生也配了药,但一吃,孩子就呆呆的,看得我心里不是滋味,所以我就决定给孩子停药了。我知道今天你们叫我来,肯定是孩子惹事了,我也只能请老师们多担待啊……"

在了解了这个情况之后,我从改变课堂教学方面入手,一方面加大启发式教学的力度,另一方面为他创造更多回答问题的机会,迫使他在课堂上更专注地倾听。然而事与愿违,每次我请他回答问题,他从不站立,甚至还会做出各种怪状,来逗乐其他同学。几天下来,班级里的同学更关注起小冷来,只要他有一点"风吹草动",便笑得前俯后仰。看着他嬉皮笑脸、丝毫没认识到自己错误根源的样儿,我就气不打一处来,常常是通过提高嗓门大声指责他来平息教室里的吵闹声,继续课堂教学。而小冷虽然在我的"严威"之下,能有三五分钟的安宁,可不一会儿便又"卷土重来",甚至变本加厉,课上竟然肆无忌惮地和周围同学大声说话。

如此反复多次后,我不得不放弃了原先的想法,选择让他独自坐在靠窗的第一张座位,阻断他与其他同学在课堂上的交流。与此同时,为了正常完成教学任务,只要他不影响到其他同学听课,我也很少请他回答问题了。可是不久,小冷的功课落下得越来越多,他和同学的差距也越来越大。为了弥补这个差距,我开始利用课余时间来为他"开小灶"。一下课,我就让小冷拿着课本、写字本来我办公室,把他不懂、不会的地方从头教一遍。虽然他好动和强烈的说话欲望总惹我生气,但总算在断断续续的学习中,小冷也能完成基本的学习任务。

渐渐地,我便热衷于这样的模式。虽然我花了很多时间,但通过这种方式,让他跟上了学习进度。

然而,三年一次的教学督导听课活动却彻底警醒了我。那天,区督导听课老师"没按常理出牌",临时要听我上课。没有精心的设计,就按照日常教学方式推进吧!整堂课,我运用多媒体课件,引导学生读读、说说、写写、练练,倒也有条不紊、热热闹闹。下课铃声响起时,我松了一口气,觉得自己应该可以获得不错的评价吧!没想到听课老师把我拉到一旁,对我教学基本功和课堂组织能力等方面褒奖了几句后,一针见血地指出了我的症结所在:"赵老师,你看到坐在第一排第一张桌子位置的男同学在上课时干什么了吗?另外几个小个子男生偶尔把手摸在课桌里时,你关注到了吗?你知道吗?如果在课堂上你不花时间去关注这几个学生,那么日后,你将花更多的时间去为这几个学生弥补落下的学习……"

听课老师的话字字句句戳痛着我的心,回想起课堂上小冷不停地摸摸、碰碰、写写、画画,另外几个学生偶尔地分神做着小动作的样儿,我不禁恍然大悟:我在课堂上不积极引导小冷去学习,而是打着完成教学进度的幌子,默认他的小动作,这对其他学生而言不正是一种"榜样示范"吗?我在课后花大力气去为小冷弥补课上落下的学习任务,可是,我又能有多少精力为更多不专注于课堂教学的学生弥补呢?

我必须改变,我必须改变自己的课堂教学模式,让每个学生改变自己的学习方式!

结合听课老师的建议和市里推行的基于课程标准的教学与评价的相关内容,我尝试在课堂上抓住小冷每一个主动学习的契机,在他想表达、想分享的时候给予他尝试的机会,使他感受到由学习所带来的愉悦。我又试着在课堂教学中为每次学习任务设计相匹配的、有趣的评价单,来激发小冷主动学习的欲望。当他摘得足够多的"果实"后,我会奖励他喜欢的事物,比如听他分享他的故事、和他一起唱一首喜欢的歌、陪他跳一支简单的舞蹈……

没想到,小冷在变化,他不再需要下课后去我办公室"开小灶"了;而我的课堂也发生了变化,孩子们学习的兴趣更浓了,发言更积极了,分神做小动作的人也少了。

我欣喜于自己的改变所带来的学生的改变。

【分析与反思】

通过这段时间的课堂教学实践,我欣喜地明白从学生的兴趣、需要出发的教学,才能吸引学生主动参与到教学活动中来,才能引导学生沉浸到学习中,从而在学与思、读与说的过程中获得高效的学习效果。为此,教师在教学实践过程中要做到以下几点:

一、一切教学活动都应以"学生为本"

也就是说教学的各个环节,都需要教师把学生这个最主要的因素考虑进去。学生对待学习的态度、已形成的学习习惯、已有的知识水平等都是教学的出发点,都需要教师仔细钻研、认真探究。只有这样才能开展一堂充分调动学生学习的自觉性和主动性的课。而学生个体之间存在着巨大的差异,面对差异,教师必须要学会改变,改变原先的教学理念、改变固定的教学模式、改变枯燥的评价方式……只有这样才能让学生在亲切、随和的教学环境中有所突破,有本质的改变。

二、课堂才是教学活动的主阵地

教师应通过各种手段,来加强课堂教学的有效性,提高学生主动学习的积极性。首先,教师要多层次、多角度地挖掘教材,在此基础上,结合学生的需求来选择合适的教学方法,提高学生主动学习的积极性。其次,教师需注重学生多种学习习惯的培养,如倾听习惯、合作习惯、阅读习惯等,这样才能激发学生学习的潜能,提高学习效果。再次,精心设计教学活动,充分调动学生的学习兴趣和热情,不断提高教学质量。最后,在课堂教学中适时融入评价,通过清晰的评价指标或者激励性的评价语言,让学生感受到学习的快乐,从而取得良好的学习效果。

三、教师要通过不断的学习及研究来提升自己、发展自己

作为一名老师,要善于吸收各种专业知识,吸取最新的教学理念,吸纳他人的优秀经验,在学习中不断更新自我、发展自我,为高效的课堂教学活动打好坚实的基石。

"真教育是心心相印的活动,唯独从心里发出来的,才能打动心灵的深处。"在日后的教育教学中,我要时刻以学生的不同特点和需求为基础,及时改变自己的教学观念、教学模式和方法,扎根课堂教学,让每位学生都能在课堂上有所获、有所得、有所提高。

(崇明区三乐学校赵云老师撰写)

上述叙事故事中,赵老师欣喜于自己的改变所带来的学生的改变,告诉了我们这样的一个道理:在我们日常的教育教学行为的实践中,心里要有每一个孩子。这同时也深刻地反映了我们必须坚持以学生为中心的思想。

(二)研究教师的教育活动

中小学老师的教育活动是多样的、丰富的,他们在看似平凡而又普普通通的教育教学实践中锤炼自己、成就自己,就是这样构成了老师们美丽而又幸福的人生。一般而言,教育叙事研究具体表现在:通过教师在学校里的言行举止便可知道他的修养,通过教师在课堂上的教学机智和闪光点可以管窥到他的教学风格和魅力,通过教师对教学内容的演绎便能知晓教师的本体论知识,通过教师对于教学方法娴熟与运用便能窥视出他的灵敏与机智……研究中小学教师的教育活动是要明白教师教育教学行为的目的和意义、他们的内心想法和真实体验。

当课堂插上信息技术的"翅膀"

微视频虽然时间都很短,但其实它的信息容量是很大的,有利于帮助学生建立对自然环境和人文特征整体认识的思维方式,从而凸显运用地理视角来解释区域特征的方法和习惯,掌握学习世界地理的基本方法。微视频可以贯穿于教学过程的一个环节或几个环节,最终破解教学中的重点、难点。本节课的难点是"对各种热带气候类型分布地区的描述及其特征的概述"。针对预备班学生的年龄特点,我从网上下载了三段视频《阿拉丁》《狮子王》《丛林之王》,这三部迪士尼动画电影学生都比较熟悉。我用屏幕录像和视频编辑软件 Camtasia_Studio7.0 剪辑了三段最具有代表性的画面,每一段视频

时间控制在一分钟以内,然后把三小段视频再合成为一个微视频,并且在视频开头提出观看的要求:"下面的动画电影各反映了哪种热带气候类型?"我还让学生注意每一种热带气候类型的自然景观,代表性的动、植物。第一次尝试也不知道效果如何,但我注意观察学生观看的反应,连平时最调皮的学生也看得津津有味。三分钟不到的微视频很快就结束了,我能明显感觉到学生的意犹未尽。趁热打铁,我重新抛出了视频开头的问题,出乎我的预料,学生积极响应,争先恐后回答:

"阿拉丁——反映的是热带沙漠气候。"

"狮子王——反映的是热带稀树草原气候。"

"丛林之王——反映的是热带雨林气候。"

……

紧接着我继续追问:"那么每一种热带气候类型的自然景观又是如何的?"

学生:"热带沙漠气候非常干旱,植被稀少,典型动物有骆驼。"

"热带稀树草原气候植被以热带草原为主,动物有非洲象、斑马、狮子等。"

"热带雨林气候植被非常茂密,动物有河马、大猩猩等。"

……

这个微视频的导入把本来很枯燥的内容一下子活化了,学生的积极回应既是意料之外也是情理之中,直观化又契合学生思维的导入方式当然会在不知不觉中把学生的注意力全部聚焦在了课堂里。而想要让学生掌握的知识点也因为符合学生年龄认知特点的视频导入,破解了传统课堂上难以达成的教学重难点。

在讲到热带稀树草原气候时,我从网上下载了有关东非角马大迁徙的视频,然后用视屏软件强大的编辑功能,剪辑了非洲角马大迁徙中最具震撼的视频画面,并且把非洲气候类型图导入到视频画面中,再结合问题"从地理的角度分析东非角马大迁徙的原因"。对于预备班的学生来说,这个问题有一定的难度,需要对自然地理环境有整体的认识。所以我把这个问题简化成几个小问题。

师:东非高原是什么气候?

生:热带稀树草原气候。

师:热带稀树草原气候特点是什么?

生:全年高温,有明显的旱、雨两季。

师:看视频中"非洲气候类型图",你能观察热带稀树草原气候在非洲是如何分布的吗?

生:主要分布在非洲中部、赤道的南北两侧。

师:南北半球季节是相反的,那么当北半球热带稀树草原气候区是旱季的时候,南半球的热带稀树草原气候区是什么?

生：雨季。

师：反之呢？

生：旱季。

师：那么东非角马大迁徙的原因应该是不言而喻了吧？

学生七嘴八舌：北半球热带稀树草原气候区旱季的时候迁往南半球，过了半年变雨季了再迁回来了……

我结合微视频总结：东非高原是热带草原气候，有明显的旱、雨两季，5—10月北半球雨季，11月—次年5月南半球雨季。热带草原高温干旱季节十分明显和漫长，而非洲热带草原刚好被赤道分布在南北两个半球。一般动物都需要水和充足的食物来源，野生动物的周期性大迁徙，主要是追随着热带草原的降雨季节而带来的丰富食物。七八月份是向北半球迁徙。

【分析与反思】

在传统的教学模式中，结合图片提出这样的问题，学生虽然也会有一定的回应，但学生往往会失去继续探究下去的动力，教师讲得再起劲，学生也是响应寥寥。而通过微视频，自始至终把学生的注意力吸引到课堂上，吸引到问题情境中，在这过程中学生的思维也自觉不自觉地被一步步激发出来了。

在这堂课微视频的应用中，我最大的体会是微视频在设计课堂提问的时候能够创设学生已经熟悉或者说能感知的情境，把抽象的知识具体形象化，这样就更容易激发学生利用所学知识来解决问题，并且能主动构建和整合知识体系。我们作为老师常会抱怨现在的学生不愿思考，却很少会去考虑为什么学生不愿思考？事实上，现在的学生知识面更博杂、更宽泛，他们对自己感兴趣的方面容易痴迷，而我们传统的课堂教学模式很难真正吸引学生。因此无论是哪种形式的变革，我们所做的无非就是要调动学生的兴趣，把他们的探究欲从课外迁移到课堂上，从而激发他们的思维潜能。

微视频无疑从新技术层面为新课堂教学模式的实现提供了一种操作手段。不过在资源的选择上也要有一定的考量，是否能帮助学生理解教学内容。另外微视频应该是多种媒体的集合体，包括图片、视频媒体、音乐背景等，能最大限度地拓展学生的听觉、视觉等多维智能。我在制作"东非角马大迁徙"的微视频中，除了下载高清的画面，剪辑了最具震撼的场景，另外还配了一段具有烘托紧张的场景和气势磅礴气氛的音乐背景，在第一时间就给了学生极大的视觉和声响冲击，牢牢掌控了课堂的节奏，学生很快就进入了被我刻意营造的情景中。最后的教学效果无疑验证了这一点。

（崇明区东门中学童晟老师撰写）

上述叙事故事中，童老师在地理课上娴熟地用信息技术赋能教学，通过微视频，一节课从开始到结束，始终吸引学生的注意力，把他们吸引到真实的问题情境中来，学生在自主建构的过程中自身的高阶思维得到了培养,利用所学知识解决实际问题的能力也进一步提高。

(三)研究教师的教育对象

中小学老师每天与青少年学生待在一起,正在成长中的青少年时时处处展示了青春生命的灵动。他们有展翅飞翔的理想和抱负,有孩童未脱的稚气,有对世界充满探索的眼光。实际上,教师的教育叙事就是要研究学生的所思所想、所见所闻。

心理学告诉我们:每个学生都有个性心理特征。但每个学生的学习历程是一个日益独立和不断独立的过程,学生是在把握客观外部世界和自身主观世界的过程中逐渐长大起来。青少年学生又是不断成长中的人,他们的情感、态度、价值观等各方面的可塑性很大。在学校里,我们也没有办法预料正在成长中学生的人生观、世界观、价值观。这些变化和变数,就需要我们中小学老师去关心和关注。

他的作业卷终于没有丢

框框同学就是这样一个学生。父母离婚,父亲又再组家庭,继母自己也带有一个孩子,所以对框框同学疏于管教,导致框框同学在学习上养成了很多坏毛病。

我们布置的家庭作业,他回家从来不做。到学校后,让他交作业,他便扭过头开始装模作样翻找自己的书包,作业那是找不出来的,因为他根本就没做,但是你能等多久,他就能找多久。我们对他打也不能打,骂也骂不得,任凭你苦口婆心或严厉批评,他始终不以为意。若是顺着他的本性听之任之,那又是教师不负责任的表现。

于是,我经常反思自己,是否作业布置得太多、太难?他的家庭是否有什么特殊情况?为此我特意向班主任打听他的家庭情况,冥思苦想着帮助他改掉毛病的方法。

我的语文家庭作业一般是当天布置,第二天讲评。这一天,是作业卷讲评,其他学生都在认真地更正错题,只有他一副吊儿郎当的坐姿。我特意走到他身边,发现他没有卷子。当然,我预先就感觉到会这样,于是故意问他:"框框同学,你的卷子呢?不会又是丢了吧?"

"丢了!"两个字毫不客气、干脆利索地从他嘴里蹦出来。

他却丝毫没有畏怯,睁着大眼睛直愣愣地看着我,估计心里还在偷笑我不敢拿他怎么样,顶多敲敲桌子,吓唬吓唬。

卷子又丢了!真是个屡教不改的家伙!看到他这副表情,我没有像以前一样"大动肝火",而是一反常态,很和气地对他讲:"作业试卷不小心丢了不要紧,就认真地听一会儿吧,有什么不懂的课后问老师。"当然,我知道想要让他认真地听,除非是太阳从西边出来。而听惯了责备声的框框同学,由于我今天出乎意外的平静,却让他有点不适应,惊愕了一下之后,收起了直愣愣的眼神,低下了头。

临下课了,我给全班同学分发卷子,故意没有发给他,当我走出教室时,框框同学却急匆匆地赶过来："老师,我的试卷还没有拿到。"

我仍然很客气地说："试卷今天发给你,明天你又丢了,为了节约纸张,就不发给你了。"

这时,他却理直气壮了："老师,你看不起人,你怎么知道明天我的试卷就一定丢了呢？明天我的试卷肯定不会丢。"

看来,我的激将法收到了一定的效果,但给他试卷前,我还得激他一下。于是说："你拿什么保证,明天再丢怎么办？"

他也不假思索,仍然是那样干脆："骗你是小狗。"

小孩子毕竟脱不了孩子气,一句话引来周围一些学生的哄堂大笑,我也差点笑出声来。"那就看你的行动,让同学们作证你是否说话算话。"说完,我将特意为他准备的一张试卷交给了他。

第二天,当我走进教室,就发现框框同学很得意地在显摆他的试卷,证明他说话算话。虽然他几乎仍然没做什么题目,但就这一点,能把卷子带来就是一个不小的进步。我灵机一动,也毫不吝惜地在全班表扬了他："框框同学今天很不错,他兑现了昨天的诺言,他是一个说话算数的学生。"我话一说完,同学们也很默契地报以一片掌声。我瞟了他一眼,他似乎挺高兴。

接下来的日子,只要他有一点点小的进步,我就在全班表扬他。对他的作业布置我也是格外花心思,每次都给他单独布置,作业量比全班同学少,主要做一些基础题。渐渐地他丢失卷子和不做作业的坏习惯有了一定的改变。为了巩固这来之不易的成果,我坚持运用表扬激励的策略,他的改变也越来越大,从最开始的卷子保存完整,到上交作业,再到稍微写一点作业,然后能自主完成作业,我为他的进步感到高兴。

期末考试,他破天荒地考了70多分。那天我又在全班公开表扬他,郑重说明他的成绩进步最大。他很开心,当我讲评完试卷,他主动跟我说："我妈都说我这段时间学习比较认真了。"看着他天真的笑容,我算是真正见识到了赞美的力量,同时隐隐也有点悔恨,为什么没早些把这些耳熟能详的道理用于实践呢？

【分析与反思】

框框同学是典型的以不做作业为荣的同学,"试卷丢了"是他不完成作业的最好理由,也是他应付教师的惯用伎俩。对于框框同学这样长期把"试卷丢了"作为逃避作业的行为,通常的处理方式,一是听之任之,二是持续说教加高压政策。但这些方式都不可取。

在转变框框同学的过程中,我根据他的心理特点,量身定制了一套"组合拳"。

一、以柔克刚,攻破心理防线

能巧妙抓住契机教育学生,真的会给老师带来意外的惊喜。对框框同学来说,对老师的谆谆教诲早已麻木不仁,要改变他就得寻求新的方法途径,把握新的教育契机。

那一次,我在发现框框同学卷子又丢了的时候,并没有像往常一样严厉批评,也没有采用说教的方式。而是采用以柔克刚的办法,始终用一种和蔼的、关心的语气和他交谈,使他突然一下子失去了惯用伎俩的"用武之地",发不出脾气,也为实施下一步的激将法做好铺垫。

二、巧用激将法,使学生自主改变

每个人都有自己的心理特点,框框同学也不例外。我充分利用框框同学得理不饶人,在同学面前爱面子的心理特征,适时地采用了激将法。我知道我不给他试卷,是我有错在先,我想他一定会追问我要试卷。果不其然,我的激将法真的奏效了,从而实现了从丢试卷到不丢试卷的第一个目标。

三、及时赞美,让学生感受温暖

古人云:"数子十过,不如赞子一功。"喜欢受到表扬是人的共性,学生在这方面表现得更甚。框框同学这次没有丢试卷,虽然依然没有完成作业,但对于框框同学来讲从试卷的"丢"到"不丢",已经是一个很大进步,因此,我适时地抓住这一时机,在全班同学面前毫不吝啬地表扬了他,使这位听惯了责备声的同学,犹如久旱逢甘露。一次次的表扬,逐渐培育了他的自信,激励他不断鼓起改变自我的勇气。框框同学随后的改变,也充分地说明了表扬在教育中的作用。

每一个孩子都是一个独立的个体,这套"组合拳"在框框同学身上奏效,在其他学生身上未必一定有用。但只要学生能真切地感受到教师的关怀,觉得老师走进他的内心了,他就会亲近你,就会自觉完成你布置给他的任务。这是我们让问题学生完成家庭作业或者说是改变行为偏差学生的重要法则。

(崇明区裕安中学史春香老师撰写)

上述叙事故事中,史老师在转变特殊学生框框同学的过程中,能根据他的心理特点,量身定制一整套卓有成效的教育方略,行之有效。

当然,我们老师的研究要符合学生的年龄特征、认知和情意特点。假如我们能够熟悉并了解学生真实的生活世界,我们才拥有了与学生对话、交流和沟通的话语,我们就可以从学生的立场出发,站在学生的角度去理解他们的所思所想、所见所闻。

第二节 教育的日常生活还原为"教育冲突"

教育叙事研究重视教育事件的波折性和复杂性,教育叙事采用"深描"的写作方式。"深描"是指详尽地介绍教育问题或教育事件发生、发展与解决的过程,关注一些有意义的具体细节和情境,在教育叙事研究的文本中引入一些"原汁原味"的第一手原始资料。这种"深描"的写作使叙事研究显得更加真实、可信。

教育叙事主要理解为描述教育故事,这种"描述"特征,则被认为是教育叙事与教育论文的分水岭。教育叙事的基本形式是用"描述"的方式"讲故事",教育论文的基本形式是用"论证"方式"讲道理"。教育叙事可信度怎样,取决于讲故事的人是否保持了"深度描写"。

一、将"教育生活"还原为"教育冲突"

故事的要素包括时间、地点、人物、情节、结果。按照这些要素,为什么有些故事富有智慧,让人兴奋,有趣生动,而有些故事不具有可读性?

这个秘密就在于:好的故事总是暗示了一些冲突。冲突微小、缺乏深刻性、曲折性,与这种冲突相关的故事就不值得阅读、思考与回味。相反,冲突宏大、深刻、曲折,与这种冲突相关的故事就能引起共鸣、耐听、吸引力强。

"放"与"不放"的抉择

我校是特殊学校,承担着崇明区具有不良行为、不适合在普通学校就读学生的教育任务。2017年5月及11月的上旬、中旬各进来1名女工读生,她们分别是来自离异家庭,敲诈勒索、谎话连篇、混迹不良社会青年圈子、体校的琪琪;逃学、逃夜在酒吧做三陪,家有一个"冰冻人"父亲,身患甲状腺癌症母亲的标准美人艳艳;来自离异家庭,从小生活在硝烟弥漫的家庭氛围中,是一个缺乏安全感、敏感多疑、有暴力倾向的晨晨。

为此,学校专门组建了女工读班,配备了上课老师和值班教师,负责她们的学习、生活和品行教育矫治工作。

按照惯例,对这类情况比较严重的学生,学校实行隔离管理法——扣假,即节假日留校,旨在让她们与原来的社会关系和生活环境隔离,引领她们回归符合主流社会的生活轨道上来,等到她们思想、行为表现正常,心理上自愿要与原来的生活告别了,才能像其他学生一样节假日回家。节假日,学校除了安排一名女教师值班外,还增加了一名阿姨,强加值班力量。

三个同学进校以来,上课不学习,顶撞辱骂老师,晚自习后,从宿舍后窗挑衅后楼男生,与男生对骂,不服值班老师教育,动手打值班老师未遂,扭断宿舍防护窗螺丝、观察路线策划逃跑等违反校纪校规的种种行为时常出现。

12月的一个星期天,三人合谋策划逃跑,差点成功。琪琪谎称自己身体不舒服,将值班老师的注意力集中在自己身上,晨晨和艳艳要求阿姨陪她们到三楼总值班室洗澡,两人反锁门窗后,从卫生间的后窗跳到学校围墙外逃跑,被老师及时发现。抓回学校后,她们非常生气,有暴力倾向的晨晨找碴殴打值班老师,将穿着羽绒服老师的手臂咬伤,致使值班老师整个手臂都肿起来了,一个星期都不能正常活动,并留下了伤疤。

学校根据工读生管理条例,工读生的隔离期必须要3个月,从她们的日常表现看,隔离期还需要延长。

值班组老师研讨后认为,虽然出现了殴打老师致伤的这种令人愤怒,也让人心疼的恶性事件,但是身为教育者的我们仍然要一如既往地承担起教育转化她们的职责。

通过谈心、心理老师的个别辅导、值班组老师给她们买生日蛋糕庆祝生日、添置生活用品、奖励进步表现等举措,她们逐步适应着学校的生活,行为表现有了明显的进步,师生关系和谐了很多,我们心底一直紧绷的弦也稍稍松懈了一些。

时间飞逝,很快就到了学期结束。三人同时提出要回家过年的请求,艳艳的父母也多次向学校提出了让女儿回家过年的要求,理由是他们见女儿一次少一次,遭到拒绝后,一贯还比较支持学校工作的艳艳父亲非常气愤跟书记理论:"你们是学校不是监狱,为什么不放我女儿回家过年,难道你们学校真是孩子口中的监狱吗?"

按规定,工读生管理条例规定的3个月的隔离期还没满,品行转化的表现也没达标,不符合取消扣假的规定。不放,学生主动转变自己的主观能动性没有了,肯定会破罐子破摔,之后我们的教育转化工作怎样有效地做下去?其次,怎么向迫切要求让她们回家的家长交代,家长以后还会配合学校工作吗?放,她们极可能趁机逃跑,再把她们找回来,难度非常大,学校也无法向上级主管部门交代。她们长期浪迹于社会,好不容易才找到被送往我校,在校期间还策划过逃跑事件未遂。这个假到底"放"还是"不放"成了焦点问题。

学校为此召开了由校长、书记、政教主任、校外教育部主任、工读班班主任、值班老师、心理老师、部分任课教师的研讨会议。校外教育部主任、政教主任、部分老师认为:不能放。理由:一是隔离期未满,放她们回去过年,属执法不严,亵渎规章制度;二是如果放了,是对她们在隔离期间逃跑、殴打老师恶劣行为的姑息,属无视教师尊严。而心理教师、部分值班老师认为:放。理由:三个孩子均来自特殊家庭,她们染上不良习气主要是由于她们本身的原因,但是家庭经济拮据、父母关系紧张及离异也是造成孩子不良品行的重要因素,她们是家庭的受害者,我们要理解她们内心的无奈与痛苦。其次,可以借助这次机会,满足她们的心理需求,修复亲子关系,感受家庭的温暖,提高安全感,父母永远是她们温暖的港湾,坚实的后盾。班主任意见:最好能放,并向大家介绍了三人的特殊家庭情况和改变,她们都是特殊家庭的受害者,虽然她们有种种不良行为,但是这段时间以来还是有进步的。这次如果放她们回家过年,是对她们一次极大的激励。因为这样的学生更加渴望教师对她们的尊重与信任;如果不放,对她们的打击实在太大了,可能会使得她们刚刚建立起来的一些规范行为土崩瓦解,一如既往地我行我素着过去的不良表现。我们之前努力的结果将化为乌有,再建立信任关系的难度可想而知。我们要站在学生的立场去思考问题,去解决问题,我们要想清楚学校教育的目的是促进学生的行为的转化,适应主流社会生活的需要。

"不放组"强烈地予以反驳:"按照你们的说法,学生不要为自己的行为负责了,置学校的规章制度于何地?学校制度成了一纸空文,以后还让我们怎样教育学生遵守规章制度?""放组"进行了回应,"学生的教育转化肯定要按规章制度办事,但是也要考虑学生的心理需求,如果规章制度能够促使她们改变,她们就不要来我们学校了。对于这些特殊学生,更需要教师运用好关键事件进行干预,温暖她们冰冻的情怀,激发她们向善的心理需求。"

经过反复研讨,大家觉得"放"要比"不放"意义大得多,放假时间可定为:大年夜下午至大年初三下午。于是,政教主任、班主任与她们进行沟通,"不放假,我们是按规章制度执行,并不是故意为难你们。放你们回去过年,是让你们多陪陪父母,享受举国同庆的节日,特别是考虑到艳艳父母身体不好这样的特殊情况,是学校人性化的做法,希望你们了解学校的良苦用心,我们相信你们肯定会遵守约定的,期间不做任何违规的事情。"

经过沟通,学生了解到学校是顶着巨大压力让她们回家过年团聚的,认识到自己之前对教师的伤害和增加学校工作难度的言行的性质比较恶劣,感悟到学校老师和领导对他们的理解、信任和关爱,保证以后一定要克制自己的不良情绪,主动改变自己以前的不良品行。

大年初一,晨晨主动打电话问候班主任,艳艳电话问候书记,大年初三三个人都及时返校,她们说到做到,我们这一直悬在半空中的心终于落地。目前三人都能积极参加学校的各项活动,在学校举行的读书节活动中,琪琪结合自身表现撰写的读书心得获得二等奖,晨晨在手抄报中获得一等奖。当然,她们的行为还有反复,这也符合常理,在意料之中。作为老师,我们明白她们原本在外养成的自由散漫的生活习性,一下子不能适应学校的严格要求而衍生出的违规表现属于正常。我们用母爱去宽容她们的种种不良表现,坚信她们经过一段时间的教育与矫治,肯定可以回到正常的生活轨道上来。

【分析与反思】

一、站在学生立场,教师要有一颗"宽容心"

上述故事中,教师面对学生种种不良表现,甚至是恶劣伤人事件,不是绝地反击,完全用规章制度压制学生,而是急学生之所急,想学生之所想——陪伴不知道还能不能过到下一次春节的有病的父母过年,用宽容去应对,温暖问题学生。我们都明白,真正的教育不是建立在冷漠无情的基础上,也不是依靠惩戒来实现。它存在于人与人心灵的契合,存在于无言的感动之中。

二、基于学生立场,教师要有一颗"智慧心"

上述故事中,一种意见是"不放",目的是让学生接受教训,知道自己行为的严重性和制度的严肃性,这种处理方式出发点是好的,但所起到的教育作用可能是微乎其微的,甚至会起到反作用。心理学理论认为,学生内心的心理需求得不到满足,她们改变自身的主观能动性就不会被激发。之所以较多的教师认同这样的处理方式,原因是教师仍然站在教师的立场去处理。另一种意见"放",放之前,与她们沟通,讲清楚放与不放的原因,让学生体悟到学校、老师的关爱和"放与不放"的难处与担忧,用这种矛盾冲突引发她们反思自己之前的行为,起到自我教育的目的,再确定放假时间和要求,学生了解到学校是承担着很大风险来满足她们要求的,在情感上更易于接受学校和教师的教育,收到了 $1+1>2$ 的效应。

三、体现家长立场,教师需有一颗"同理心"

从绝大多数家长的角度来看,发现孩子染上不良行为后,都恨之入骨,恨不得他不是自己的孩子,与自己没有任何关系。但过了这个情感"敌对"期后,家长还是非常希望自己的孩子能够改变,回归正途,毕竟那是自己的骨肉。在节假日的时候,希望孩子与他们一起享受天伦之乐。

故事中,艳艳身患绝症的父母便是如此,他们说"见女儿一次少一次",因此,渴望女儿回家过年的愿望更为强烈。作为老师我们不但要用同理心来呵护我们的学生,也要站在家长的立场上用这颗同理心去理解、满足家长的需求,从而才能获得家长对教育孩子的信任和支持。

上述故事中,这三个学生是典型的问题学生,心理和行为均表现异常,对这些问题学生的干预更需要教师站在学生的立场去处理,并要在关键事件中进行有效的干预。放假事件,对这些学生来说,无疑是一个关键事件,教师抓住这个关键事件有的放矢进行干预,取得了意想不到的效果。

教师的宽容心、智慧心、同理心,就是教师的一颗爱心! 教师用爱,去倾听他们的喜怒哀乐,理解学生,满足学生的心理需求,温暖问题学生逐渐冷却的情怀,才能真正走进他/她们的心灵,让他/她们获得在这个世界上活下去的尊严和骨气,认可自己的价值,不受蛊惑,不怕否定,扬帆远航。

(崇明区培成学校颜华民老师撰写)

在这个叙事故事中,对艳艳、晨晨、琪琪三位典型的问题学生,这个春节假日到底"放",还是"不放"成了一对矛盾冲突。这样的冲突引发了这所学校"放组"与"不放组"的争论,这些争论越是深刻、激烈,与此相关的叙事故事就越值得阅读、思考和回味,吸引力更强。

这样看来,我们就可以对我们所提交的故事做基本的检阅和评审。我们没有必要期望每一位教师提交的教育叙事作品都是震撼人心的,但至少我们应该明白:为什么这个教育故事是引人入胜的,而另外的故事却比较平淡?

"引人入胜"的教育故事并不意味着这个故事是奇形怪状的新闻,相反,"引人入胜"的故事很可能只是讲述一个教育日常事件。能够将日常教育事件制作成引人入胜的教育故事,这是教育叙事的永恒话题。

该不该接受她的辞职

深夜,刺耳的电话铃声把我从睡梦中惊醒,我猛地从床上坐起来。我最怕的就是深夜来电话,因为深夜我接过两个电话:一个是我的哥哥打来的,父亲突然昏迷,正在抢救,叫我火速赶往医院。一个是我姐姐打来的,住院的父亲病情恶化,医院发出病危通知书。如今的我,面对深夜来电,简直是心惊肉跳。我颤抖地按下接听键,电话里传来的是陌生的声音:"杨老师,不要让我的孩子当班长了,她压力太大。""什么?"我懵了,真是丈二和尚摸不着头脑。"她虽然做班长,但是她所担任的班级工作被人家做了,她担任班长也没意思。"这位家长继续絮絮叨叨。这家长太没礼貌了,深夜打扰人家休息不说,还竟说一些没头没脑的话。"我给她什么压力?班级工作不仅仅是她一个人的事情,当然是大家一起做,我要给每一个学生锻炼的机会。"我是耐着性子解释。"那本该由她出的黑板报为什么被别人抢去了?"这位家长居然开始质问起我来了。我有点生气了,提高声音说:"黑板报是轮流的,我要给每个孩子都有展示才能的机会。""反正她压力太大,她只想学习,就别让她当班长了。"这位家长说不出个所以然,翻来覆去就是这么几句话。我火了:"既然不想当,我当然可以接受。"那一夜,我失眠了。

第二天,我窝着一肚子火来到教室,学生们已开始晨读了。听着朗朗的读书声,我本该心情舒畅,可看到讲台上的大队长标志以及压在下面的那一张纸条,我不禁火冒三丈。这是向我示威吗?当了二十几年的班主任,第一次碰到这种事——不想当大队长,还向我递上辞职信。该不该接受她的辞职?我恨不得立即撕了那张纸,并且当场宣布以后的大队长由××担任。但是职责告诉我不能感情用事。如果轻易接受她的辞职,就是助长了她的娇气,想干就干,不想干就不干,也可能伤了她的自尊心;不接受的话,她会更加傲气,好像班级里除了她,就没有更好的人选。我悄悄地瞥了她一眼,发现她躲在书背后也在悄悄地观察我,小小年纪居然想考验我,我深深地吸了一口气,默默地收起大队长标志。

下课后,我跟她进行了一番谈话,原来,这一切都是她的好胜心在作怪,认为我叫其他同学协助她工作,这是对她的不信任。了解了情况后,我先是对她对班级工作的负责给予了肯定,同时也告诉了她,班级工作不是一个人的事,需要团队的合作精神,只有大家拧成一股绳,才能把班级工作搞好。最后,我问了她三个问题:"作为大队长你有没有起到带头作用?你有没有辜负大家的期望?你认为你称职吗?"她摇了摇头,泪水就像断了线的珍珠滚落下来。我抚摸着她的头:"老师先帮你保管好这大队长的标志,等你认为称职了,我给你亲手戴上。"她坚定地点了点头。

【分析与反思】

教育留点缝隙的睿智

有位先哲说过,真正的智慧介于完满与不完满之间。高明的木工师傅在装修房屋时故意留一道缝隙,防止地板开裂、挤压拱起等现象的发生,在不完美中期待以后的完美。作为教育工作者的我们也应该像木工师傅那样,在教育实践中留一道缝隙,那缝隙就是宽容和睿智。面对张扬的小女孩,我给了她足够的时间去反思自己的行为,从而付出行动,做更称职的队长。

做良师益友,对学生宽容以待

老师是学生的良师益友,更多的是理解学生、宽容学生。班主任是孩子的启蒙老师,必须公平地对待每一个孩子。只要我们像雷夫那样弯下身来倾听,诲人不倦,想孩子之所想,急孩子之所急,孩子自然而然地对老师高山仰止。只有这样,孩子们才愿意对老师敞开心扉,老师才能把温暖送到每个孩子的心田,做好孩子心灵的守护神。

(崇明区裕安小学杨建花老师撰写)

上述叙事故事中,班主任杨老师到底该不该接受班长的辞职,是一件十分纠结的事情,也是一对尖锐的矛盾。经验丰富的杨老师能够给这位班长充足的时间去反思自己的行为,从而做更称职的班长。在这里,杨老师能够在自己日常的岗位实践中发现、识别,并且主动地解决"冲突",这是一位优秀班主任的集中表现。

可是,我们的教师一直在一线教育教学工作,不缺乏岗位实践,为什么很多老师无法讲述自己的教育故事呢?这是一个值得思考的问题。

这里面的问题就在于一些中小学老师虽然在教学实践中摸爬滚打,但他们没有真正"面向教育日常生活"。真实的"面向教育日常生活"是从每天的岗位实践中发现、识别"教育冲突"的习惯。如果某位中学或小学老师能够发现并识别教育的日常生活,这就意味着这位老师在关注、关心着某个"教育冲突"。相反,如果对那些教育日常生活中的"教育冲突"视而不见、充耳不闻,他也就讲不出任何教育故事。

综上所述,有"教育冲突"发生的情境,这个情境中必然孕育着相关的教育故事,就能被人关注、关心,这个内隐的教育故事被外显、传播出来。好的教育故事总是吸引着读者进入教育事件的冲突中。

二、如何识别"教育冲突"

事实上,在我们的实践中有很多司空见惯的教育冲突,有些教育冲突是看得见的,有些教育冲突是隐蔽的。这些隐蔽的教育冲突潜伏在我们教育教学生活中,它们保持沉默状态。这些沉默的教育冲突集中在一起,构成了我们真实的教育教学实践生活。事实上,中小学教师一直被大量沉默的"教育冲突"包围着。

只有对教育冲突"敏感"的老师,才能够识别并面对沉默的"教育冲突"。所谓"敏感",实际上是某种独立的"眼光"。而某人是否有发现教育冲突的"眼光",取决于自己平时积累的"个人化的教育理论"。如果某位老师"个人化的教育理论"初步形成,那么,他对教育实践的理解就更加深刻,他就能够"慧眼识冲突"。教育冲突一旦有"慧眼"识别出来,这个教育冲突就会被揭示,这是真正的一个难题。

教育叙事需要讲故事的人有自己独立的"个人化的教育理论",有"教育冲突"发生的情境,这个情境中必然孕育着相关的教育故事。因此,教育叙事不是直接论述教育教学道理,直接论述教育教学道理的那是"教育论文"。但是,教育叙事必须对教育道理驾轻就熟,然后再把这些教育道理散落在自己的"描写"中,这里我们称之为"深度描写"。有"深度描写"的教育叙事必然隐含了相关的教育理论和理念("深度描写"将会在第六章作阐述)。

千佛手的"重生"——记录一次对意外事件的成功处理

3月18日一个晴朗的午后,我正在办公室里批改作业,突然八年级的两个学生急匆匆地跑进来,手捧许多千佛手的叶片,气急败坏地说:"老师,有学生把洗手液倒进了多肉植物盆栽里,现在叶子都掉了!"我一看,这不是二楼洗手台上的千佛手嘛,昨天看还好好的,怎么今天就出事了?我一听也急了,赶紧跑去一探究竟。只见一瓶洗手液无辜地立在洗手台上,一旁原本叶片茂盛的千佛手光秃着脑袋,无精打采。我真是气不打一处来:这帮熊孩子!洗手液怎么能倒进多肉里呢!

| 移栽前 | 罪魁祸首洗手液 | 浇灌洗手液后 |

有的学生不停地用水冲洗盆栽,试图挽救植物,但是叶子紧跟着就掉了下来,泥土也被冲出盆沿,散落在洗手台上,我赶紧叫停。这时围观洗手台的学生越来越多,大家七嘴八舌地议论起来,也没有头绪。

暂且不管那么多了,救护植物要紧。我领着N同学拿着冲洗干净的千佛手叶片跑向玻璃房,准备像平时一样开始育苗。N 同学拿着叶片在玻璃台上摆出一个哭脸造型,仿佛在诉说心中的不满和愤慨。我们把这些叶片放在营养土上,期待它们也能正常生根发芽。

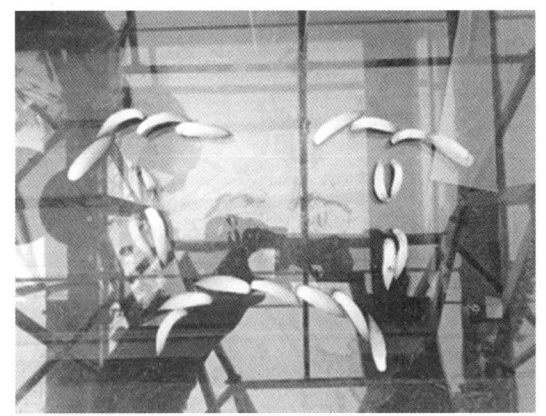

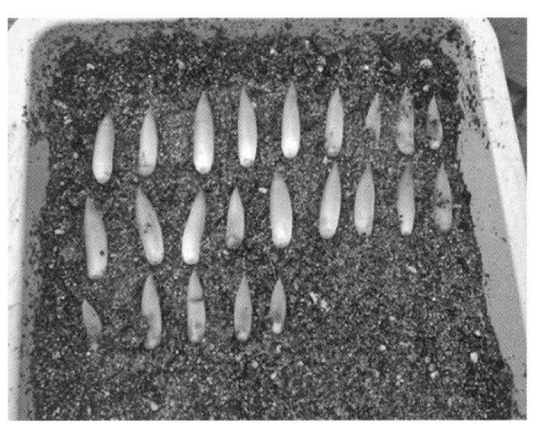

吃过晚饭我还在想着白天发生的事情,为避免此类事件的再次发生,我把事实和问题编辑成短信发送到学校微信群里。不一会黄老师就@我了,他说:"洗手液究竟能不能浇灌多肉植物,你何不带领学生进行小课题研究呢。"我一想也是。

第二天一大早,我就召集 S、N 同学,询问她们是否有意向调查事实真相:洗手液可以浇灌多肉植物吗?她们表示乐意参加。接着我们就讨论出了大致方案:一是借助网络和书籍搜索洗手液浇灌多肉植物的材料,二是持续观察玻璃房内叶片生长情况,并做好记录。

翌日,N 同学就兴冲冲地跑来报告:"老师,网上还真有拿洗手液浇灌植物的例子,说是洗手液中含有的氮,可以作为肥料促进植物的生长。"我一听还真长见识,原来洗手液也是一种肥料啊。可是 S 那边却传来了不容乐观的消息:掉落的千佛手叶片有一半已经变黑!所幸的是触摸叶片感觉还是硬邦邦的,估计暂且能活。

时间	3月19日	3月20日	3月22日	3月29日
现象描述	有半数叶片出现黑斑,叶片形状未变,触感:硬	黑色在蔓延,叶片底端露出白色,触感:硬	撕开黑色表皮,叶片内白色,部分叶片底端有萎缩	半数变黑叶片干枯死亡,还有一半叶片开始变黑,情况不妙
图片记录				

这是怎么回事？难不成卫宝洗手液与其他洗手液不同？那是什么不同呢？S和N这两名课题组成员看到化学老师也在玻璃房内进行无土栽培研究，她们就赶紧请教老师予以指导。化学老师说："关于洗手液的营养成分测定，没有专门的仪器可能测不出，但是溶液的酸碱度倒是可以的。"她们俩一听就来了兴趣，立刻就跟着老师去拿试纸准备测了。

结果显示卫宝洗手液是弱碱性，据网络资料显示不会对植物造成伤害性后果，那是为什么呢？"我那天在洗之前看到千佛手上有很多洗手液，会不会是太多了？"S的一句话提醒了我们，会不会是这个原因呢？两名好学的课题组成员又带着疑惑询问了生物老师和网络，最后发现用洗手液浇灌植物是将洗手液与泥土混合，而不是直接倒在植物上，并且要注意用量，否则会造成严重后果。

终于弄清楚原因了，但祸不单行的是母体千佛手越发光秃没精神，两位成员赶紧给母体换土、施肥、浇水，重新栽种，希望她能存活。S同学看到母体的枝干顶端开始干枯，就决定把它剪下来，栽种在营养土里，观察情况。

4月8日的下午，我们聚集在阳光房内，看着完全枯死的叶片都很伤心，剪下来的枝

干顶端也已经完全死亡,真是丧气得很。虽然我们明白了洗手液不能过多地浇灌植物,也知道了洗手液不能直接倒在植物上,可是付出的代价太高了,掉落的三十八片叶子全部死亡!正当我们垂头丧气的时候,S同学突然叫了起来:"老师,快来看!千佛手发芽了!"我们一看,母体上居然有两个嫩芽冒了出来!这突如其来的惊喜让我们兴奋不已,母体活了!S同学小心翼翼地拿起盆栽,问道:"老师,这盆千佛手能不能给我们照料?我们还想继续观察她的生长情况。"我很爽快地答应了她们,同时也提出了要求:一定要随时做好记录,及时汇报。就这样,千佛手的故事又进入了新的篇章,情况如何,我们拭目以待。

| 4月9日 | 4月18日 |

【分析与反思】

经历此次"意外"事件,让我不得不反思,学生在教学过程中的"意外"不可避免,而如何有效利用"意外"却是一个值得思考的问题。不难想象,如果按照我一开始钻牛角尖的思路,调取监控查找"真凶",把罪魁祸首好好教育一番,花费的时间和精力无数,是否能找到"真凶"还是个问题,教育效果也可能会事倍功半。听取了黄老师的意见,采取小课题的方式探究洗手液是否能够浇灌多肉植物,让学生们不仅知道了洗手液与多肉植物的处理关系,还在探究过程中学会了观察、思考、合作,发现问题、解决问题的能力也得到了锻炼,可谓事半功倍。

关于有效利用学生的意外事件,我也有了一些微不足道的想法:

一、顺水推舟——把"意外"转化成有效的教学资源

(一)充分肯定学生的"做法"

教育心理学研究表明:彼此宽容、不存戒心的气氛,没有心理压力的环境,有利于学生创造能力的培养。因此,教育过程中,我们要善待每一位学生的"疑问",让每个学生都有提出问题的机会,并有解决问题的条件。即使某些问题是可笑的、错误的,某些

尝试是失败的、不合常理的，我们依然要保护好学生的好奇心，让学生思想中产生的微弱即逝的创造火花得以燃烧；对于学生的每个问题要耐心作答与指导，切不可"一棒子打死"。

（二）善于在学生的"意外"中捕捉教学良机

学生表现出善意的"意外"，往往能暴露学生的思维过程。我们老师应"顺藤摸瓜"，沿着学生的思维过程，把教与学推向高潮。

二、创设认知冲突——让学生在"意外"中获得意外的收获

洗手液与千佛手的亲密接触，别说是学生是否知道两者的关系，作为老师的我也不晓得洗手液是否可以浇灌植物。而这次意外就是一个好的契机，让我们都有了一次探究的机会，知晓其中的道理，同时也克服了一种思维定式。

三、教师也会在"意外"事件中促使自己不断提高

爱因斯坦曾经说过："发现一个问题比解决一个问题更重要。"在教学中，多给学生时间和空间去思考问题，提出问题，虽然有些问题我们不一定能及时回答，但这会激发我们的思维，促使我们深入思考，不断促进自己的专业成长。

（崇明区前哨学校吴迪老师撰写）

上述叙述故事中，吴老师对"千佛手的'重生'"意外事件的成功处理，缘于她不是调取监控查找"真凶"，而是顺水推舟，采取小课题的方式探究洗手液到底能否浇灌多肉植物，最终学生在探究过程中发现并解决了问题。在这里吴老师创设"洗手液是否可以浇灌植物"这个认知冲突，让学生在"意外"中获得意外的收获。

总之，教师传讲自己的叙事故事就是来源于教师的教育教学实践，教育教学实践智慧是教师在教育教学工作中遇到真实问题时表现出的对问题的解决能力。它是集教育科学、教育艺术与教育情感为一体的综合能力。教育科学是可以言说清楚的部分，可以写成论文；教育艺术则是难以说得清楚的、只能意会的部分，是一种智慧技能；教育情感则是与意愿、意志、坚持度、兴趣等关联的部分，也比较难讲得清楚。让中小学教师的教育教学实践凸显背后的教育冲突，这些教育冲突就必然包含了相关的教育科学、教育艺术与教育情感。

第三节 变革教学行为是教育叙事的源头活水

中小学教师面对具有不同学习起点、学习兴趣、学习潜能、学习情意的学生，教师的重要使命是去创设适合这所学校、这个班级、这名学生、这个时态的学习活动，使其获得适性发展。这些活动多姿多彩，变化不羁，难以重复。从这层意义上说，教师是一个高专业性、高艺术性和高原创性（实践研态）的职业。

当教师眼中只有抽象的、没有具体的学生时，他/她就会设计死板的同一种学习活动，去面对不同届、不同个体的学生，学生难以获得适合的学习活动；当教师眼中只有静态的、没有动态变化的学生时，他/她就会严格按照课前的设计推进教学过程，课堂就不会有互动生成的灵动；当教师眼中只有冷冰冰的、没有充满温度的学生时，课堂就难以关注对学生学习情感的培育；当教师眼中只有被动学习的、没有学习能动性的学生时，他/她就不会太关注对学生学习潜能的激发。面对这样机械重复的教学，教学质量则难以提升。

一位对岗位问题充满敏感性，并总是处在解决问题中的教师，一定会伴有对相关教育科学知识的专题学习、对实际问题解决的设计、在实践求证中对预设行为的不断调整、对问题处置艺术的领悟、对问题被解决后的积极情感体验或被这一专题深深吸引，从中获得教育实践智慧的持续生长。

教育叙事研究就是要求教师将上述问题的解决设计、预设行为的调整、问题处置艺术的领悟等"叙述"出来。"叙述"之后撰写的文章我们称为"教育记叙文"。这种教育"记叙文"比教育论文、研究报告更能够引起读者的"共鸣"，更能彰显出它的研究价值和学术价值。我们不难看出，中小学教师"写"教育教学故事，实际上是转变教师教育观念和教学行为的突破口，是实现课堂革命的有效抓手。

从这个意义上说，写作实际上成为一种行为方式，如果教师不改变自己的教学习惯和教学行为，教师的教育叙事研究就成了高不可攀的事情。一些老师之所以感到无话可说，原因在于动手构思之前没有实现教育教学行为的变革，找不到问题解决的习惯。

有效提问：课堂改进的观察点

小学信息学科的教师如何从有效地提问着手，激发学生主动学习，围绕这个主题，蔡老师执教《提高画图效率》公开课，我们教研组以课堂提问和理答为观察点，开展了三轮听课教研活动。

第一轮课：感知课堂提问的整体效果

第一轮课是蔡老师的原生态课，没有经过有经验教师的指点，独自完成备课和上课，我们听课的重点是感知课堂提问的整体效果。蔡老师认真准备认真上课，同学们也很配合，一堂课很快结束了。从课堂提问的观测统计看，教师的提问随意、粗糙，造成较多学生无应答。在过程与方法的目标达成上，教学效果不明显，教学重点和难点的突破上效果也不理想。因此，大家觉得教师在这个环节的提问有待改进。此外，由于个别问题没有精心设计，引发了一连串问题无效回答。教师很努力地问，目的是想从学生的答案中套出"密码是由数字跟风车钥匙组成的"答案，而从学生的回答反馈来看，他们的回答没有达到教师预想的目的，大多做了无用功。

第一轮课后，教研组建议，各个教学环节的过渡性问题要精心设计，提问之后对待学生的理答方式有待改进。尽量减少不必要的重复,杜绝打断学生回答的现象,鼓励学生称赞学生的次数要多些,方式要多样化,多采用具有亲和力的口头语言、肢体语言等。

第二轮课:关注精心设计问题后,师生的互动交流

第一轮课后,在教研组同行的指点下,蔡老师对本课的教学内容、教学语言包括课堂提问进行了精心设计。一个星期后,第二轮上课如期举行,顺利完成。

从课堂提问的观测统计看,教师提问的随意性有所改进,但无应答现象依然存在。问题提出后,教师往往缺少对学生想法的有效追问。从学生回答的次数和广泛度来看,整整一节课,学生个别回答共9次,比较少,学生交流的面也不够广。教师对学生深层次思维缺少应有的关注,学生思维不够活跃。

大家对教师的教学行为进一步分析。譬如,让图形翻转的方法有水平翻转与垂直翻转两种,蔡老师并没有通过进一步的追问让学生表达自己的想法,而是紧接着该生的引子,直接告诉其他学生该怎么做,然后问"是不是?""像这样?"等封闭式的问题让全班学生回答。教师的提问缺少深入挖掘学生思维的过程,学生也就失去了层层推进、层层深入地表达自己想法的时机,其他学生也得不到借鉴学习他人经验的机会,对方法的理解和掌握的机会就这样失去了。而且,对学生出错后的纠正也比较滞后。当然,教师的理答比第一堂课有了较为明显的进步,鼓励和称赞有所增加。同时,教师也意识到要采用追问的方式挖掘学生的想法,不过,重复答案的现象依然存在,没有很好地改进。

第二轮课后,教研组提出建议,教师要正确地把握知识本质,找准提问切入点。对教学重点、难点,教师要合理设计好教学环节的"问题链",教师不要局限于备课问题的单项答案,课前要对学生可能给出的回答做好充分预设,并准备好解决典型问题的多种方案。教师理答学生的方式要多样,充分调动学生积极、乐观、愉悦的情感。要勤于表扬善于鼓励,或许是男教师的关系,蔡老师对学生的鼓励、赞扬还是比较少。正面积极的赞扬可以是语言,也可以通过真诚的眼神、手势等。

第三轮课:聚焦提问后学生的思维过程和结果

同行献计献策,蔡老师广采博取、完善教案后,开始了第三轮的教研活动。按照计划,蔡老师上课,老师们听课,然后进行教研组研讨活动。

蔡老师创设问题情境,目的是激起学生的好奇心,调动学生观察、思维、想象,使学生产生疑问,接着用开放性的问题让多个学生表达自己的想法。蔡老师的教学举措有效培养学生主动学习的意识,引发他们探究制作风车钥匙的兴趣。其中导入环节提出开放性问题,激起学生的思维火花。

在对"如何对已知图案进行设置"问题的回答中,学生提出了两种方案。蔡老师没有直接表态是否认可这种方法,而是请其他同学来继续回答。然后,让学生动手体验后,提出"这几种方法哪一种更加方便"等开放性问题,引导学生深入思考。在师生交流的过程中,由于各种原因学生思考问题往往不很全面,或者遗漏某些条件,得出片面结论。蔡老师不断启发、追问、质疑,及时有效地引导学生结合生活经验深入思考理清思路。层层剖析、循序推进的教学方法,有效引导学生的思维往纵向和横向发展。

【分析与反思】

一、问题的精心预设是优化课堂教学的前提

要精心设计问题。深入了解学生,要了解学生的知识能力水平,从学生的认知结构、技能结构以及认知能力出发,确定问题的起始点和困难点。要难易适度,立足于学生整体的学习水平,兼顾学生个体的差异性。教师应在把握好单元整体教学目标的前提下,依据每一课时的教学内容、教学目的、学习任务设计不同类型的问题。预设问题前,必须对问题的目的、范围、程度、角度、数量等方面反复设计,加以限定,不要问得太广太深。要设计问题链,使之成为知识演进的路径、学生探究的导引、课堂教学的台阶。设计问题的同时,要预设好学生可能出现的思维结果和解决学生问题的预备方案。

二、追问的灵活运用是绽放学生思维火花的策略

学生出错时及时追问,引起学生的自我反思。当发现学生的思维结果是无序碎片时,教师应敏锐地捕捉住学生不确切的表述,有意识地让学生进行逆向思维,及时纠正学生答案中的错误与思维方法上的缺陷,诱导学生正确回答,最后帮助学生归纳、小结,形成简明正确的答案。重点难点处适时追问,启发学生深入思考。在师生问答互动交流中,教师敏锐发现学生思考中的问题,引导学生把行为背后的思考表达清楚。理解不全时随时追问,激发学生的求知欲。学生回答不全面时,不妨追问"还有吗";可以改问他人,用学生的智慧去启发更多的学生。

三、积极理答是增进师生情感交流的纽带

理答是教师对学生回答问题后的反应和处理,处理的好坏决定着教学效率的高低。教师经典智慧的理答,不仅让学生了解自己的学习情况,从而以积极主动的心态投入到新一轮的学习中去,而且,经典智慧的理答体现了教师对学生的积极态度。有效评价分两种,无论是肯定性的还是否定性的,其目的都是为了启发学生全面考虑问题解决问题,都是为了帮助学生积累知识提高能力。可见,理答中有情感的交流,积极理答是增进师生情感的纽带。

(崇明区东门小学蔡杰老师撰写)

上述叙事故事中,对于提问这一司空见惯的教学环节,蔡老师从有效提问入手,引领学生主动有效地学习。他通过适时的追问,激发学生绽放出思维的火花;通过理答增进师生间情感的交流。

我们建议教师在进行教育叙事时,编制故事模板,让每个教师都能相对容易地写故事。一是标题要有吸引力;二是问题指向要明确;三是问题解决有创意、可模仿;四是解决提出的问题有学理解释。

问题探讨：

1. 教师的叙事研究包括研究教师的教育思想、教育活动、教育对象外，还有哪些方面？

2. 好的故事总是暗示了冲突，冲突大、跌宕起伏，与冲突相关的故事吸引力强。您对这句话是如何理解的？

3. 为什么说变革教学行为是教育叙事研究的源头活水？

参考文献：

[1] 刘良华.改变教师日常生活的"叙事研究"[J].全球教育展望,2003(4).

[2] 王枬.关于教师的叙事研究[J].全球教育展望,2003(4).

[3] 毛利丹.上海地区教师叙事研究述评[J].当代教育与文化,2015(2).

[4] 刘良华.教育叙事的深度描写[J].福建论坛(社科教育版),2006(7).

[5] 刘良华.教师研究与专家研究的大同小异[J].上海教育科研,2010(9).

[6] 丁钢.中国教育：研究与评论[M].北京：教育科学出版社,2011.

[7] 张肇丰,李丽桦.教师成长的40个现场[M].上海：华东师范大学出版社,2012.

[8] 丁钢.教育叙事研究的方法论[J].全球教育展望,2008(3).

第四章　教育叙事的类型

教育叙事可分为教学叙事型、生活叙事型、自传叙事型、音频与视频故事。教学叙事型主要以课堂教学为基础依据某个事件的描述清晰地表达出来；生活叙事型主要指叙述课堂教学之外发生的"生活事件"；自传叙事型是指叙述在教育实践中形成的理性认识；音频与视频故事主要采用与故事相契合的画面与优美的语言展现故事。撰写教育叙事故事时应注意：1.多项收集原始的故事资料；2.把握故事撰写的事件主线；3.注重故事的细节；4.从点、线、面把握故事撰写的整体。本章要点为：

☑ 教育叙事的类型
☑ 教育叙事撰写注意事项

第一节 教育叙事的类型

一、教学叙事型

教学叙事是以课堂教学为基础将自己对教育的理解,对一节课某个"教学事件"解决的智慧以及反思插入到相关的教学环节中去,以及对在整个教学过程中遇到的问题展开思考,寻找解决办法,最终完美解决问题,收集资料整理而成的故事。教学叙事之后也有反思或者总结,但与教学论文和教学案例有所区别,叙事性是它的特点,个性化的叙事可以唤醒读者的体验,引起共鸣。

作业的"增"与"减"

为了进一步提高学校教学质量,提升学校办学品位,我校实施以"学案导学小组合作"为模式的课堂教学改革,打造教师职业幸福和个人成就的新型课堂。我满怀信心投入到"课堂革命"中,坚持编写学案,把学案提前发给学生。有一天早上收导学案时,我发现有三位作业"老赖",预学很有问题,一位一字未写,两位胡乱涂满。第二节上课时,这三位学生居然趴在桌上呼呼大睡。我讲解分析停了停,这时其他的孩子目光都投向三位睡觉的孩子,说也怪,在无声中他们居然也醒了,抬起了头。我若无其事,继续教《爸爸的花儿落了》,摇头晃脑地分析:"冷静、平静、坚强的语调中蕴含着作者自我主体生命意识的觉醒,对生命延续的体悟、责任,这是一种瞬间意义上的个体生命成熟","而本单元的主题单元为'两代人的心灵沟通'"……思维敏捷的小朱同学马上说:"这篇文章放在本单元不妥","本篇文章应放在主题单元为'生命与成长'……"小朱的话还没说完,作为老师的我兴奋得不得了,学生有认知冲突,敢于和权威编者较量,我准备在"学案导学小组合作"学习力评价记录表打三个五角星。哪知一向积极发言的小杨却和旁边的同学说:"作业那么多,睡觉这么晚,哪有人关注我们的生命……"她坐在前排,声音不大却全被我听见。是啊,有多少人关注孩子的睡眠呢?这时下课铃响了,我回到办公室,拿起手机和上课睡觉的三位家长沟通,其中一位家长说:"他做作业,要批改,我们也受罪,真是'作孽'……"我原本想了解孩子在家情况,结果听到家长诉苦作业是"作孽",看来作业上必须照镜子、洗洗澡、治治病。

反思:作业是学生学习"劳动"与教师教学"劳动"对接、联结、融合的重要部分,作业是一种特定的形态,能凸显学生的成长规律,奠定学生持续发展动力。因此要明确作业的一个基本理念:作业不仅是学生成长的知识服务器,更是学生持续发展的强劲动力源。要明确作业的一种基本思路:作业由文本向生活延伸,由学校向家庭、社区延伸,打通校园、家庭、社区内在脉络,组合成新型作业的学习场。厘清了作业的基本理念、作业的基本思路,情景再现中的案例让我尝试着在自主学习语境下对作业被误认为是"作孽"的现象作一些思考。

  总结:作业是什么?作业要"精问"。作业从哪里来?作业要"精编"。从学生实际、班级实际、教师特点出发,进行"精编"作业。作业要到哪里去?作业要"精批"。

(崇明区正大中学赵建平老师撰写)

  上述故事《作业的"增"与"减"》是基于教学过程中的作业问题而撰写的教学故事,具备教学故事的五个要素,时间、地点、人物、事件、经过,关键的教学智慧与反思也在其中,是随着教学实践与事件不断地发生应运而生的新问题,最终通过教师的智慧找到解决问题的好办法,形成的教学故事。

二、生活叙事型

  生活叙事型主要是指叙述课堂教学之外所发生的"生活事件"。是叙述育人方面的点点滴滴,写下教师在教育学生方面的"坎坷不平"、值得回味的"心路历程"等。除了班主任在班级管理中的故事之外,还有在全员导师制的管理过程中也会形成一些导师与学生之间的教育故事,其中也涉及教师教育管理工作和班级管理工作,也可分为"德育叙事"和"管理叙事"。

要走"进"学生

  在上课时我习惯用问题引导学生思考。讲授《秋天的怀念》时,围绕着题目我设计了这样几个问题来检验学生的预习情况:1.作者提到"怀念",怀念的是什么呢?作者想表达什么感情?2.作者为什么用"秋天的怀念"?围绕秋天写了什么?秋天有什么特定的含义吗?问题一提出,很多同学就举起了手,我从众多人中选了那个女生来回答。她选择了第一个问题,说出了自己对课文的理解,我从她的答案中一步一步引导,延伸至课文具体的语段,形成了思维链。接着在提到第二个问题时,举手的人就寥寥了,但我还是看到了那个女生。看到她多次举手,我顺势说了句:同学们,你们多多向×××(女生名)学习,积极思考积极回答问题,敢于表达自己对课文的想法。话音刚落,班长大声说了句:张老师,她回答问题就是想拿积分!随后,班里其他同学都跟着笑了起来。女生这时红着脸说了句:"我没有!"便把脸埋在了桌子上,再抬起头时,我看到了她泛红的眼圈。

  下课后,我单独把女生叫进了办公室,她头低着。我摸着她的头说:"是不是因为刚才班长在课上说的话?"她点了点头,哭着说:"张老师,我没有想要积分。我现在想好好学习了,您之前跟我聊的我有那么多不好的地方,我都准备改了,为什么他们还要这么笑我?"我一边拿纸巾,一边安慰她:"我知道,你最近的表现老师都看在眼里了。作业写得很认真,上课也很积极,你看你上次测验考得也很好。你之前成绩上不去不就是太在意别人的看法了吗？其实学习这件事,你自己问心无愧就好。擦擦眼泪,别哭了啊。我们×××优秀着呢！""我知道了,谢谢张老师。"我看她心情有所缓解,便让她回班级了。

碰巧中午吃完饭遇到了班长,我和他边走边聊就到了一个人少的地方。我先问他了："××,你觉得我们班现在的课堂纪律怎么样？"他很轻松地回了句："比以前好多了！现在不吵了,同学们也很积极回答问题。""你觉得会不会是因为都想要积分,想少写作业？""有可能是因为这,但也不全是,还是有同学想好好学习的。"我随后问："你觉得×××是想要积分还是想好好学习呢？"他沉默了。"你想想,我们没设积分前她是不是也积极举手了？有次考试就比你低了几分。""嗯,是这样的。"他说。"那你知不知道今天因为课上你的一句话弄得大家嘲笑她,她都哭了,她感觉自己受打击了,自尊心有点受伤。""啊……我不知道她哭了,张老师我不该那么说她。""那你知道接下来应该怎么做了吗？""我知道了,我一会儿向她道歉,跟她说对不起。"看到他诚恳的样子,我和他又简单聊了两句后就分开了。

第二天早上到了办公室,我的桌子上多了一张纸和一袋糖。纸上工工整整写着：张老师,谢谢您！我以后会更加努力学习的。我认出了女生的字,我也明白了她这样表现的原因,我觉得此刻的我呵护了一个小女孩脆弱而敏感的心。

(崇明区正大中学张慧敏老师撰写)

故事《要走"进"学生》是从德育角度撰写的,也具备故事的五要素,时间、地点、人物、事件、经过,关键的教学智慧与反思也在其中。如果要故事吸引人,可读性强还需要斟酌字句以及表达方式。生活叙事型故事主要是叙述课堂教学之外所发生的"生活事件"。走近学生的心里,更要走进学生心里。毋庸置疑,学生阶段的他们总是渴望受到关注,希望自己是老师眼里"独特的那颗星"。抓住学生的这一心理,多多关注相对处于弱势的学生,以此激发他们内在的潜力和正确接受自己、悦纳自己的能力。通过深层分析,就抓住了故事撰写的意义,进一步提醒教师改进自己的教育教学行为,帮助教师成长。现在的班级管理已经不是传统上以班主任为主的班级管理的德育教育了,现在强调的是全员导师制的管理模式,在全员导师的管理过程中也会形成一些导师与学生之间的教学故事,在班级管理中也会形成班级管理的故事。上述故事是教师从德育角度撰写的故事,教师通过巧妙地与学生多次交流和接触,拉近师生关系,逐步走进学生心里。

三、自传叙事型

自传是人与自己对话,自传的写作过程是一个自我思考的过程。教师的自传型叙事,可以把自己在教育过程的整个思考与感受串接起来进行不同阶段的写作。自传叙事也包括撰写他人的成长故事,在他人的成长故事过程中获得一定的思考与激励。

勤勉执教爱心永驻

——记崇明中学副校长陆顺高

陆顺高副校长看着年轻时候的照片,往往感慨系之:"我那时也是一头乌发啊。"刚刚进入中年,已经霜染两鬓,岁月见证了他从一名普通教师到大新中学校长,又从大新中学校长到上海市实验性示范性高中崇明中学副校长的人生历程。虽然容颜易改,但他勤勤恳恳立足教坛的初衷没有改变,他对学生的爱心似玫瑰的芬芳历久弥香。

一

他是一名循循善诱的优秀导师。

在课堂上,陆顺高同志注重运用学科知识进行德育熏陶。在一次期中考试以后,同学们是"几家欢乐几家愁"。接下来的数学课上,他指着黑板上的正弦函数图像问大家:"从正弦函数图像中你们能领悟到什么样的人生道理?"在听了同学们的发言后,他深入课堂,了解教师的教学情况,设计出全方位记录教师教学情况后,他语重心长地总结:"人生就像函数曲线,难免有低谷和高峰,关键是调整好心态,接受下一次挑战。"就这样,他让学生们获得了知识,悟出了哲理。同学们说:他让课堂回归生活,他让生活升华为学问。

二

他是一位与时俱进的管理高手。

陆顺高同志自2003年调任上海市崇明中学副校长以来,一直分管全校的教学和德育工作,肩上的担子不可谓不重,但他始终乐观豁达地对待工作,勤勤恳恳、兢兢业业将管理工作做得实、做得细、做得新。他尽量抽出时间参加教研组和备课组活动,搜集第一线的教育资讯,给予宏观的指导;他在毕业班全体教师会议上,以详尽的数据分析,总结经验教训,下达任务指标,让大家心服口服;他深入课堂,了解教师的教学情况,针对性地提出教学建议;他设计出全方位记录教师教学情况的备课笔记本;他敦促教师搜集学生常见的解题错误,形成案例分析……

三

他是一位心系学子的爱心使者。

自从兼管学校新疆部的管理工作后,陆顺高同志就更忙了,但是他从来没有因为自己忙而耽误新疆部的工作,反而对新疆部的孩子倾注了更多的关爱:每个星期,他总会抽出空来,到学校的清真食堂与新疆孩子共同用餐;每天晚上,他总会走进新疆班的教室,关心他们的生活和学习情况;每到佳节,他总会放弃与家人欢聚的时间,与新疆班学生在一起,消解他们的思乡之情;每当有新疆孩子生病,他总会赶到生病孩子的床前,像亲人一样嘘寒问暖……因为他的真情付出,孩子们和他格外亲近,经常围着他问这问那,而他也非常享受这种融融欢乐。

"他凭着一以贯之的勤勤恳恳、兢兢业业的工作态度和卓有成效的工作成果,赢得师生的尊重,但是面对荣誉,他却一再推辞。只是当学生们连续几次推选他为'金爱心教师'时,他欣慰地接受了。为了教育,为了学生,纵然青丝变白发,他也无怨无悔。"

在人们心目中,他是一名当之无愧的"金爱心教师"。

(上海市崇明中学顾后荣老师撰写)

以上范文《勤勉执教爱心永驻——记崇明中学副校长陆顺高》,就是从他人成长的具有明显特征和影响力的几个方面进行故事的撰写。从他人成长具有的特点或者感染力的事件方面进行故事撰写,最终让读者感受到他的感人故事。"他凭着一以贯之的勤勤恳恳、兢兢业业的工作态度和卓有成效的工作成果,赢得师生的尊重,但是面对荣誉,他却一再推辞。只是当学生们连续几次推选他为'金爱心教师'时,他欣慰地接受了。为了教育,为了学生,纵然青丝变白发,他也无怨无悔。"脉络清晰,自然而流畅,对这篇他人的成长记事,能给人一种深切的感染力,能激起阅读者对教育的一种全新的认识,能激发教师对教育的热爱之情。

四、音频与视频故事

音频与视频故事又称之为数字故事。随着信息时代的不断发展与应用深化,教师除了采用传统的文本进行故事的表达之外,还可以采用饱满的情感口头叙述故事,用优美有感染力的语言或者采用与故事相契合的画面展现故事,从而形成了音频故事和视频故事,而且这一类型的教育教学故事被越来越多的教师所接受,简单方便,容易引起共鸣。

乡村守望者

采用 PPT 自动播放模式,外加低沉磁性的男低音播音"他坚守在最偏僻的土壤,默默地奉献着青春,为了孩子,他成为坚定的守望者"。播放第二张 PPT。整个视频故事只有 700 多文字的描述,但是讲述了一个长长的清晰的故事——讲的是刘老师与他的学生们一起走在教育的路上数十个年头。刘老师一心扑在对学生的教育中,而忽略了对妻子的照顾,妻子生病去世,他背负着沉痛继续教学。在短短的文字描述旁,有着刘老师与学生在一起的点点滴滴,有跑步、个别辅导、一起上课、一起讨论等图片展示。整个故事共使用了 25 张 PPT 和 20 张照片组成整个数字故事。

(河南省南阳市镇平县高丘镇黑虎庙小学张玉滚老师撰写)

以上《乡村守望者》数字视频故事,使用较短的文字描述、具有磁性的播报员声音、PPT 自动播放模式,构成了整个的故事,它是随着信息技术的不断发展而产生的新型故事展示模式,能从文字、声音和画面三个方面把一个故事展示在读者面前,从视觉、听觉两个方面抓住读者、感染读者,从而达到激发读者的模仿与借鉴,实现优秀故事传播的目的。

第二节　教育叙事撰写注意事项

教育叙事故事的撰写需要注意以下几点事项。

一、多项收集原始的故事资料

教育叙事的写作离不开丰富的日常教育教学生活的素材和详细的原始记录，离不开教师的细心观察与收集。在原始事件发生后资料的收集与整理的整个过程中，就会形成一个明确的行文思路等。我们在日常的教育教学中，与资料收集密切相关的各种研究方法常用的有这样几种：深入地介入式观察，有具体和明确目的的一对一或者一对多人的访谈，通过整体设计和规划好的问卷调查等。教育叙事研究作为一种最基本的教育教学研究方式，在教师收集各种事件资料中所使用的具体研究方法，主要是介入式观察和面对面地交流与访谈。在具体的教育教学故事研究中，教师可聚焦被观察者，分别从研究对象的行为动作、面部神情以及互动语言、深度交流访谈等方面，捕捉把握研究对象的各种层面的信息。在介入式观察和深度交流的基础上，教师可以及时地作一些笔记或者日记，而一旦教师形成了这种习惯，这些笔记或者日记就是教育教学故事撰写的重要素材。

线上学习，我也伴你左右

有一次线上教学进行中，随着学生掌控手机、平板或电脑时间的增长，网络安全变得越来越重要。我们的学生正处于好奇的年龄，面对网络上各种各样的诱惑，好奇心驱使下他们可能就不受控制——加入陌生聊天群的有之，组团打游戏的有之，刷抖音的有之，更甚的是有些学生还浏览不良网页。可以说，这部分学生把大多数的时间和精力，都放在了聊天交友和游戏娱乐等"旁枝末节"上了，他们不仅没有很好地、充分地利用网络这个工具增长知识、提高能力、开阔视野，为自己的学习服务，而且更多的是给自己和同学带来危险。

有一天，在我们班就发生了这样一件网络危险事件。

在那天晚上十点左右，作为班主任的我接到了一个陌生人的电话。电话中向我询问薛某某、徐某某和刘某某是不是我们学校初二(1)班的学生？当时我就反问他为什么会有我的电话？为什么会询问这些同学的情况？那个陌生来电义愤填膺地告诉我说，我们班有同学把他的微信拉到一个群里，然后在群里辱骂他！他要向我确认是不是我们的学生，并扬言要去教育局甚至还说要去公安局报案，状告这几位同学网络暴力。我没有当场答复，我说我会在调查之后给他一个答复的。

处理与学生有关的任何事情时,我一直都是遵循以学生安全为主的原则,不会偏信不确定方的言论,更不会不问青红皂白地去批评我的学生。我总是会和他们在一起,一起分析问题并帮助他们解决问题。所以,在虚拟的网络世界也一样,尽己之力,陪伴学生学习的同时,也守护他们的网络安全。

为了解决这件事情,我逐步展开解决问题。

第一阶段,了解具体情况,辨明是非。

据孩子说,因为有一个陌生的号码一直加他微信,出于好奇,后来他就加了这个陌生号码为好友,可是,这个新加的好友却一直问他要作业,他拒绝后,那个号码还是一直在骚扰他,在不胜其烦的情况下,他就把这个情况告诉了本班的同学,同时又了解到其他班的同学也有被这个相同的号码骚扰的情况。

第二阶段,群策群力,同解难题。

首先,安抚这个乱加同学微信的人。我们打电话向这个人求证他的个人信息及目的,通过反复询问获取了他的信息。这个电话号码的主人告诉我他叫鲍某某,自我介绍说是我们区政府的工作人员,加同学微信的目的只是为了自家孩子的学习。出于谨慎,我并没有说我们同学是怎样的,我只是告诉他,他们是无心的,并向他明确我已经就乱骂人的行为批评过学生,同时也指出了他的问题所在。

第三阶段,加强学生网络安全的教育。

第一,重点学生,特别对待。解决了这个陌生号码之后,第一时间,我和薛某某等这几位同学进行了进一步深入沟通,要求他们第一时间删除不认识人的微信号码,并且再次强调网络学习之时必须遵循网络使用准则。第二,抓住机会,扩大教育面。第一时间举行了班会,简单介绍了事情经过情况后,强调了网络使用的安全性。班会上再次强调了网络使用的准则,并要求同学们一定要做到"三不要和三准"。

通过这几步,我很好地解决了这件网络突发事件,不仅没有引起任何危害,更给了同学们一个警示,提高了他/她们的网络安全意识。

网络之中无小事。从小做起,一定要保证使用网络的安全。学生毕竟是不成熟的,我们必须要给他/她一个明确的指导。告诉他/她们一定要做到——不加不明微信,不说不好的言论,不干不符合年龄的事情。网络诱惑多,行为需谨慎!有问题,找老师!

(崇明区正大中学吴东梅老师撰写)

故事《线上学习,我也伴你左右》是通过一次对线上教学存在隐患问题的思考,而引发的教师智慧解决问题的故事。通过对整个事件的日常记录,在撰写时对资料经过删减,突出故事的整体性,展现出来的是故事中最精彩的部分,在故事的记录中还经历了几天的琢磨与思考等过程。但故事最终选择了解决问题的方法作为重点进行描述,给人留下了深刻的印象。

二、把握故事撰写主线

通过以日记等方式收集大量的原始素材之后,需要对收集的资料进行取舍、筛选、重组。按照一定明晰的线索对收集的各种资料与事件,从与教育教学理论相契合的角度去发现可用之材,根据教育教学故事内容安排的需要将收集的材料按照一定的线索连贯起来。每一个故事都有一个明确的主题,在这个主题的引导下,教师再围绕主题下的故事线索进行故事素材的串接,让故事有事可说,让故事娓娓而述。教师在讲一个有主线有主题的故事时,再加入自己的个性化的讲述方式与个性化的语言表达方式,这样才会使教师讲述的每一个不同的故事生动形象、富有感染力与新颖,才能紧紧地吸引读者的注意力,才能产生共鸣的效果。

白墙与涂鸦

"黑板很干净了,你快去座位上休息吧!"午睡时间,小华的同桌还在擦拭着黑板,磨磨蹭蹭地,不愿回到座位上。"怎么了?""老师,我……我想换座位!"班上的学生悄悄地把头抬起来,尖着耳朵听着我和她的谈话。

我刚刚接手这个班级,座位是我精心安排的,怎么可以由着学生想换座位就换座位呀!

"为什么要换?是想换到好朋友旁边好讲话吗?"我很严肃地望着她。"我……"她涨红了脸"哇"的一声哭了起来。

将小华的同桌带出教室,仔细询问,她告诉我小华不爱卫生,经常抠鼻屎!还四处弹。我虽略微吃惊,但仍板着脸训斥道:"小华就算有一些不太好的习惯,你作为她的同桌应该要帮助她改正,而不是嫌弃!同学之间,应该相互帮助、相互关心,你怎么可以这样说自己的同桌!"想到教室里那帮孩子那滴溜溜转着的眼睛,我强硬地拒绝了她的提议。

一气之下,我决定对小华实施"隔离化"的定向治疗,把她"照顾"到教室最后面的一个角落里,然后每天亲自检查她的个人卫生情况。但结果是"我的态度有多硬,她的怪味就有多浓"。

没办法,我决定对她进行家访,希望家校合作一起帮助小华养成讲卫生的习惯。听了我反馈小华不注意个人卫生的情况后,小华爸爸用长期浸泡在水中有点泛红的手擦了一把脸:"是我没做好!老师,是我没做好!"小华爸爸一脸懊悔地垂下头,原来小华妈妈很早就离开家了,从小到大都是爸爸在带,但为了养家,爸爸每天没日没夜地忙着,没有时间去照顾她。可能一直看着家里乱糟糟的,小华不懂也不在意如何去打理个人卫生。

午饭过后的一段休息时间,小华总喜欢独自一个人坐在教室的角落,盯着白墙边发呆。"在想什么呢?为什么不和同学一起去玩?"我走过去问道。对于我的靠近,小华眼睛一缩,下意识地移开了一步,面无表情地说:"没什么。"可我不离开,小华也只能和我有一搭没一搭地聊着。"你喜欢白色?"我问道。"嗯,你怎么知道呢?"小华眼中的惊讶一闪而过。"看你经常选择在白墙处待着,这附近也没什么其他东西了。"我又问道,"为什么喜欢白色?""干净吧!""干净?"我用手指了指墙上的一处涂鸦问道。"擦了就好了。"小华用手指轻轻地抹掉那处涂鸦。"明天,我们一起来清理一下,你来吗?"我问道。小华抬头看了我一眼说:"好。""那带点工具,尺子怎么样?用手容易受伤。""好。"

第二天中午,小华比我先到教室,已经开始清理白墙上的涂鸦,"这么快!"我马上拿出尺子开始干活。斑驳的阳光透过窗外的树叶洒下来,也许是中午的气温相对较高,也许是垫着脚尖的时间太长,小华的脸庞上挂着星星点点的汗水。"很干净了!你很棒哦!有耐心、不怕脏、不怕苦还细心!"我对小华竖起大拇指:"你看我们的教室因为你,变得真干净了!我替大家谢谢你啦。"小华羞涩一笑,抬起手准备擦擦脸上的汗。"等等,"我拉住她的手,"看!手上都灰灰白白的粉末,这要蹭到了脸上,就是小花猫啦!你看——"我抬手在自己脸上一擦,小华"扑哧"一声笑了出来。

这件事后小华开始注意个人卫生了。指甲剪得短短的,头发也越来越清爽,衣服越来越干净,抽屉里的纸屑越来越少,身边的朋友也逐渐增加……

在某节语文课的课前三分钟的展示上,小华站在讲台前进行了"白墙和涂鸦的故事"演讲,班上的学生看着讲台上干净的小华,看着教室里干净的白墙,教室里响起了雷鸣般的掌声。

那周,我们班召开了一次"白墙和涂鸦"的主题班会,课堂上学生积极发表自己的看法,有的学生说,白墙是自己,涂鸦是自己身上的缺点;有的同学说白墙是班级,涂鸦是班集体中每一个人的不良习惯;还有的同学说,有涂鸦不可怕,清除就好,我们都是粉刷匠。最后大家发出"清除涂鸦行动"的倡议。

一时间,每一位学生都开始积极自我纠正,那些曾经自己不愿面对的问题,都被提上日程来。渐渐地,作业拖沓的小帅积极了,爱说脏话的小豪文明了,小动作多的小煜安静了,逃值日的小衍得到了表扬……

班级的白墙上终于挂上了那面鲜艳的流动红旗。

(崇明区正大中学徐鑫老师撰写)

《白墙与涂鸦》是一个范围很大的题目,也有很多的可写内容,但是这位老师抓住了故事的主线,以解决问题学生的某个问题为点,展开了自我解决方法的反思与自省。从一面白墙出发,讲述一个完整的班级管理技巧的故事,有一个明确的主题,而且由这个"白墙与涂鸦"主题体现相关的教育教学理念,本故事是从众多的教育事件中梳理出线索。教师在讲"涂鸦"故事的时候展现真实的教育过程,展示出独特的、个性化的日常教育生活。上述故事抓住了故事的主线,以一名同学的事件为线索,以解决一名学生的某个问题为主,展开了反思与自省,最后推而广之。

三、要注重事件的细节

"细节决定成败",我们常说的这个道理也适用于故事的撰写方面。教育教学故事就是一系列的事件通过一定的线索串接而成的,但在每一个事件的收集过程中,要使事件更加精彩与新颖,就必须注重事件的细节描写。细节的描写就是教育教学生活事件中时刻发生而容易被忽略的细微之处,比如学生在被老师批评之后的难过表情以及以一系列的表情与语言等,学生在受表扬之后的一种与平常不一样的情绪与行为变化等。在第一手资料收集的时候就需要关注事件的细节,抓住细节进行事件的记录,能使后续故事的撰写收到事半功倍的效果。在故事撰写过程中需要再次筛选事件,可参考事件细节描写的部分,针对细节描写进行删减事件的引用。把细节描写转化为文章会说话的嘴巴,有了细节的描写,就不需要过多的理论阐述与说明,读者也能从中体会到作者所要表达的深层次的情感。

我看到了希望

今年我接任初三。开学报名那天,我看到坐在最后一排一位身高1米8左右的清秀男生——小乐,头发几乎遮住了眼睛和耳朵的一半,一副懒洋洋的神态。我提醒他放学后就理个短发。交流中我看出小乐性格比较腼腆。据原来的班主任介绍,小乐是单亲家庭孩子,六年级时各科都能及格,但七年级时妈妈到外省打工两年,外婆管不住小乐,他晚上打游戏,白天上课昏昏沉沉,导致成绩越来越差。初二期末考,小乐语文、物理低于班级平均分,数学只有8分,英语靠选择题多蒙到了15分,总分离毕业分都很远了。

开学两天了,小乐依然没去理头发,上学要迟到,各科作业都交不上来,数学和外语课趴在课桌上睡觉。

时不我待,我决心"唤醒"这个孩子。

周三晚上我去家访,看得出来小乐家庭条件较差。小乐妈妈愁眉苦脸,说现在自己虽然回来了,但是在服装厂工作,每天晚上8:30才回家,回家时小乐仍在玩游戏,叫他写作业,他半天不动笔。以前小乐跟妈妈很亲近,但现在跟妈妈一整天都说不上什么话。小乐的爸爸在孩子两岁时就离开了家,跟小乐和妈妈再无联系,她一个人撑着这个家,孩子又这么不争气。说到这些,小乐妈妈抹起了眼泪:"这个孩子没希望了,我们这个家没希望了。"

这两个"没希望了"扯得我心一疼。我鼓励小乐,作为家中的小小男子汉,要多听妈妈的话,多和妈妈交流,给妈妈支持。我和小乐约好,双休日我带他去理发。我告诉小乐妈妈,小乐六年级时是有点基础的,只要肯努力,毕业是有希望的,小乐的家庭也是有希望的。我希望妈妈多理解青春期的男生,多给小乐一些鼓励。临别时,小乐妈妈反复恳请老师"拉孩子一把""帮我家一把"。我告诉她,老师一定会尽力帮助小乐的。

双休日理完发,我请小乐吃了"肯德基"。我夸小乐理了短发精神帅气,小乐也不好意思地点头承认。聊天中,小乐说自己喜欢画画,希望将来有机会能从事这方面的工作。自己两年多没有背外语,英语是什么也不懂了,数学还愿意学一学。如何点亮小乐心头的希望之灯?我心中有了计划。

"伤十指不如断一指",通过跟家长、校领导、任课老师的协商,我们给小乐制定了"一对一"的辅导计划:利用英语课的时间,由数学老师给小乐从基础开始补习。我和物理、化学老师各利用一个晚托时间,也对他进行个别辅导。我提醒小乐,每天至少完成每科的 1/3 基础作业。每天晚上,我睡觉前都会打个电话,提醒小乐停止玩游戏,及时睡觉。早晨出门上班时,我也会给他打电话"叫早"。

我让小乐加入了班级的宣传小组,小乐很高兴地接下了任务。每一次出黑板报,小乐都格外卖力,画的图案也很漂亮,这成了他展示自我的机会。

小乐在数学老师的拼命救援下,期中考试取得了 47 分。数学成绩的大幅提高,让他看到了毕业的希望,他从被动变主动,开始有空就往数学老师那儿跑。12 月学校的"树叶贴画"比赛中,小乐的作品《鹦鹉》获得了校级一等奖。

这个学期,虽然小乐在家里每天仍然只完成小部分作业,虽然每晚还是要打游戏,但是时间有所控制,早晨上学也基本不迟到了。

这些孩子的"优点"比起多数孩子来说可能微不足道,成长的过程中还会出现反反复复,这就更需要老师的智慧与耐心,更需要老师的倾情付出。持之以恒的"一对一"辅导、作业直播室等形式,花费的是老师无数的时间与经历,但收获的是学生实实在在的进步。

用爱心栽培,用目标激励,用规章鞭策,用方法指导,激发孩子的信心,点燃家庭的希望。

(崇明区正大中学朱学高老师撰写)

故事《我看到了希望》中针对一个教育问题,即小乐的问题,用"多个小乐事件"来讲故事。注重对事件的细节描述,比如在"家访"事件中对小乐妈妈无奈的描写"小乐妈妈抹起了眼泪",让读者感受到身临其境的无奈。多处采用细节描写,来展现教师在转化问题学生时的挖空心思,在学生有进步时喜于言表。事件的细节与事件本身以及故事整体,被有层次有目的地展现在读者面前。

四、从点、线、面把握故事撰写的整体

教育教学叙事的写作以叙述为主,在叙事中讲述教育教学故事,否则,便不能称之为教育教学叙事。任何故事的撰写都是从收集到的一个个小事件出发,以一定的线索,把收集到的各个事件串接起来。在事件的收集中需要多观察,在事件的整理中需要多思考与筛选资料。再从故事的主题出发整体把握故事的撰写。把相对应的教育教学理论渗透在故事中,而不是简单的事件或者单个的教育教学理论的拼接。在教育教学故事撰写的整体把握上还需要考虑详略得当,要让读者耳目一新,喜闻乐见。

耐心一些,等一等

还记得一年前的她,由于家庭的意外变故,来到学校的她总是少言寡语,闷闷不乐。上课时,面对老师的提问,她大多也都以沉默回应。作为她的班主任,我很担心她的状态,于是我便试图通过组织班级活动使她做出改变。

看着她眉宇间隐约的愁绪,我知道是我太急了。我该更耐心一些,去了解郁结在她心里的苦楚与辛酸。于是,我特意把办公室整理了一番,并用电脑播放德彪西的《月光》叫上她一起来欣赏。也许是轻柔的音乐驱散了她心中的阴霾,或许是恰好她遇到了什么好的事情,总之她选择和我说起埋在她心里的种种。

办公室的桌子是三合板的,但是在她诉说经历的时候,仍然不时地发出咯吱咯吱的声响,那是她用力按压造成的。她说,爸爸妈妈离婚了,他们逼迫着让她选择跟其中一个,她很迷茫,也很难过。她一边说着一边用力攥着她的双手,就算两手的指骨发白了她也没有丝毫感受。我在她的对面,同样攥着手试了试——很疼。我无法想象,到底是什么让一个14岁的花季阳光女孩变成了如此模样!但是我看着她噙着泪水的眼眸,我感到的却是一种深深的无奈与哀伤……

于是,我分别约出了孩子的父母,再反复确认他们确定不能再维系婚姻的情况下,我与他们达成一个协定:既不要再逼迫孩子去做选择,同时,无论孩子最后跟哪一方一起生活,但每周至少要有一次与父母的吃饭或游玩的机会。

接着,我又在班级开展了"一个班级,一家人"的活动。这次不再是分享快乐或悲伤,而是以一个个情景剧的形式,让每一位学生认识到,不只是拥有父母的关心与呵护,还有身边的朋友、伙伴、师长的爱护与照顾。这一次,我终于发现了,角落里的她在一个"兄妹智斗"的情景剧中浅浅地翘起了嘴角。

由于之前她家庭的变故,对她的学业终究是产生了不小的影响。对于之前她最拿手的数学、英语,此时也变得困难了许多。我从两科课代表那里了解到,她学习上表现得十分吃力。面对老师的提问,往往是不知该如何回答,只能站起身孤零零地杵在那

里。尽管我与数学和英语老师多次沟通,也采取了很多方法,但渐渐的,她还是出现了厌学的情况。上课的时候,她开始把书本一立,便挡住了她看向黑板的眼睛,书本上的笔记也只有寥寥几笔。似乎她的世界暂停了,与我们都不同。

也许是她的话语被雨水打湿了的缘故,她所说的话深深地刺痛了我的内心,在那一刻我竟对教师的认知、对教书育人的理念产生一丝动摇。然而,我看向在雨中渐行渐远的她,恍然明白,拉回一个迷路的孩子不正是教书育人的意义吗?我振作起来,快速跑到她的身边撑起大伞。一路无言,将她送进了楼道。

放慢一些,等一等。凡事欲速则不达,教育也更是如此。为人师者,传道授业解惑也,传道与授业多是在技艺层次,而解惑才是最为关键的,解惑恰恰更需要耐心。教育是指向人的教育,学生的个体不同,教师采取的教育策略方法也就不同。我作为一名教师,要倾听、要包容,更要有一份与常人不同的耐心。有时,我们真的只是需要耐心一些,等一等学生,也许就会改变一个孩子的一生。

(崇明区实验中学范宏斌老师撰写)

故事《耐心一些,等一等》以一个问题学生的转变为追寻点,以问题学生为线索,展开对问题学生转变的整个过程。其中既有对故事细节的描述,又融有教育教学理念的应用,教师把对一个问题学生日常的教育现象详略得当地展现在读者面前,为读者创设一种身临其境的感觉。以小事件见大问题,从细节到线索,再从线索到整体的行文,展现出隐藏在教育现象中的教育本质,使平凡的教育教学故事蕴含不平凡的教育智慧。

问题探讨:

1. 您对教育教学故事撰写以及分类是如何认识的?有没有撰写过教育教学故事?通过阅读本文有哪些新的想法与收获?

2. 在教育叙述故事的分类中,您在日常教育教学中遇到过如何分类的难题吗?通过本文能得到哪些启示?

第五章　教育叙事故事的时态

教育叙述故事可分为完成时态、进行时态、将来时态。每个时态的教育叙事故事都具有不同的基本特征、发展过程、现实意义、问题改进。完成时态的教育叙事故事是指已完成的教育活动中有意义的生活事件、教育教学事件、教育行为和经验；进行时态的教育叙事故事是指正在发生的、还未完成的教育教学事件、生活事件、教育行为和经验；将来时态的教育叙事故事是指在预定计划内将要发生的、还未完成的教育教学事件、生活事件、教育行为和经验。本章要点为：

☑ 完成时态的教育叙事故事
☑ 进行时态的教育叙事故事
☑ 将来时态的教育叙事故事

第一节 完成时态的教育叙事故事

一、基本特征

完成时态的教育叙事故事,是指已完成的教育活动中有意义的生活事件、教育教学事件、教育行为和经验等,以"故事"的形式呈现,具有真实性、情境性、亲为性、及时性、主动性等特征。

二、发展过程

完成时态的教育叙事故事是对应完成的教育实践或教学冲突解决过程的描述与记录,一般会有"经历、回忆、记录、传递"等一系列发展过程(如下图所示)。

发展过程:	经历	回忆	记录	传递
关键因素:	对象 事件	细节 典型	撰写 修改	演说 宣讲
特征体现:	真实性	亲为性	及时性	主动性

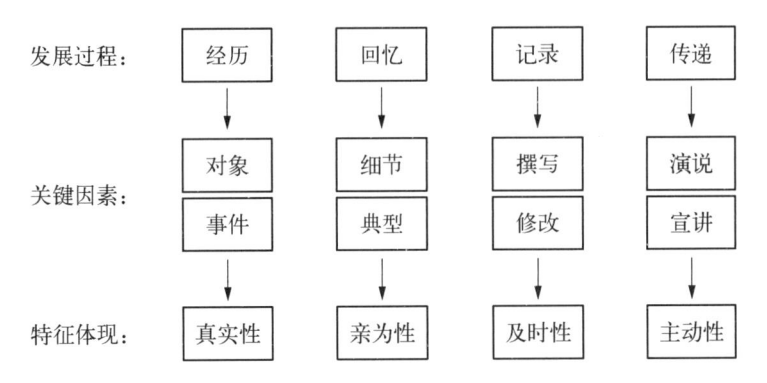

图 5-1 完成时态的教育叙事故事发展过程

经历:已完成的教育教学事件发生的时间、地点、人物等,构成故事发生时的关键因素,以体现教育叙事故事的真实性和情境性。

回忆:已完成的教育教学事件给经历者留下的深刻印象,经过记忆搜索,回想事件过程中的细节,且具有典型性和亲为性,而并非道听途说或杜撰。

记录:教育教学事件发生后,以文字、语音、视频、图片等方式将事件以"故事"这一体裁进行再现,通过修改、完善,及时反映事件的真实性和完整性。

传递:已完成的教育教学活动时间通过口口相传或文字、图片、视频等形式传播,由个体或团体将事件发生的过程及重点内容告知未参与事件者,以体现事件参与者的感受、心情等,反映教育叙事的意义与价值。

三、现实意义

完成时态的教育叙事故事已受到各界的关注,各类教书育人事迹的宣传与评选活动,都蕴含着"故事",也得到世人的传颂。

如:《于漪事迹》中,"凭着一身正气,1985 年于漪走上了几经变迁的上海第二师范学校校长的岗位。当时,那是一所伤痕累累的学校。踏进校门,于漪看到的是衰败的校舍、涣散的教师队伍。于漪做出一系列令当时社会震惊的决定:教师实行坐班制,学生一剪头发,二穿校服。并斩钉截铁地面对校内外的各种议论:社会上允许的,学校不能都允许;社会上流行的,学校不一定都提倡。于漪着手开展两代师德的教育,请离休干部作革命传统教育讲演,请盲人乐队用精彩的演奏诉说怎样做生活的强者,让教师、学生讨论当代教师和师范生的形象。规划兴建了图书实验楼、体育馆、艺术楼,开辟了大草坪,植树种花,让学校春有花、夏有荫、秋有果、冬有绿,硬是将学校营造成一块育人的净土。"

(一)完成时态的教育叙事故事具有真实性和典型性

完成时态的教育叙事故事所叙述的是已发生过的教育事件,是在特定的时间、人物、场所等众多因素下才发生的真实可信的教育故事。就如上述这个故事中,"1985 年""上海第二师范学校""于漪"等关键信息能够真实反映该事件发生的时间、地点、人物以及行为,且故事主人公是中国著名的"人民教育家",其事迹又具有一定的典型性,给已完成时态的教育叙事故事奠定了"可信性"基础。这意味着完成时态的教育叙事故事描述的是具有一定真实性和代表性的故事,并非是泛泛而谈。

(二)完成时态的教育叙事故事具有情境性和亲为性

完成时态的教育叙事故事是对教育事件或教学冲突解决过程的记录与呈现,叙事描述的不仅是特别的人、特别的事、特别的问题,还包括当时具体情况下解决问题的巧妙方法或没有解决问题的遗憾和感受,反映故事人物的行为与真情实感。

上述故事以"一身正气"为主题,将读者带入于漪老师决心改变学校风气的事件之中,问题的呈现具有极强的画面感和情景性,后续的问题解决过程通过人物的实际行动进行刻画,体现了完成时态的教育叙事故事的亲为性。

(三)完成时态的教育叙事故事具有意义性和辐射性

完成时态的教育叙事故事主要用来叙述教育过程中遇到的问题性事件,如:教师与学生之间、学生与学生之间、教师与教师之间、教师与家长之间等问题的冲突,它并非是简单的"镜像"记录教育活动与过程,而是包含观察与思考教育活动的结果,所记述的事件具有一定的研究价值与意义,可供同类事件的处理以作参考。

"于漪老师事迹"故事中描述的"于漪看到的是衰败的校舍、涣散的教师队伍"就是问题的核心,故事也是仅仅围绕这个问题进行展开,字字铿锵有力。"规划兴建了图书实验楼、体育馆、艺术楼,开辟了大草坪,植树种花,让学校春有花、夏有荫、秋有果、冬有绿,硬是将学校营造成一块育人的净土"则是故事阐述的意义与价值,充分体现了完成时态的教育叙事故事的意义性和辐射性,以引起广大教育同行的借鉴与参考。

四、问题与改进

（一）撰写记录形式过于单一，可多样化发展

综观完成时态的教育叙事故事，基本都是教师本人在反思教育过程的基础上，以第一人称或第三人称的语气撰写"教育事件"，难免逃不开"陈旧""老套"，记录的形式大致可分为"故事背景""故事过程""理性反思"等几个板块。

然则，教育叙事故事的记录形式可通过图文结合、数字信息、影像音响、科技手段等形式在教育时空里记录发生的各种故事，将各要素汇集到一起，构成具有多样化的教育叙事故事形式，不固定板块与格式，让其呈现"百花齐放"的状态。

（二）内容情节推动重于修饰，可还原化表达

完成时态的教育叙事故事即使同样是一件事，不同的人叙述，效果也不一样，但在内容与情节的处理关键中，还在于抓住"事件本质"，以各种手法与技巧进行绘声绘色的讲述，特别是有冲突的部分、问题症结所在的地方进行"艺术处理"，使故事具有可读性。

面对这些故事中的刻意问题，应予以重视与调整，将教育叙事故事"返璞归真"，还原故事，对真实的教育叙事做到轻微的修饰与加工，重视事件的本质特征与真实性，表达对教育实践的真实感受。

（三）演说传递过程偏于烦琐，可简易化操作

完成时态的教育叙事故事通常以宣讲、演说、展示、交流等形式将故事过程再次呈现，从文稿的撰写到修改，再到演讲者（宣讲者、交流者、笔者）的演绎，期间的演练、演说重复数遍，再加上现代信息技术的辅助，使得故事传递的过程既烦琐又累赘，大大增加了故事传递人的精神负担和行为负担。

完成时态的教育叙事故事的意义性和价值性都促使其具有较为广泛的传递性，但过程的烦琐却又使传递者"望而却步"。想要改善目前的困境，可将教育叙事故事的传递过程进行简易化处理，保留其主要部分，留给传递着自我发挥的空间，增强故事的效应最大化，拓宽已完成时态的教育叙事故事的延续性和发展性、持续性途径。

致敬"大先生"

人民教育家——于漪的故事

2019 年 9 月 29 日，90 岁高龄的于漪，在北京人民大会堂，接受习近平主席颁发的"人民教育家"国家荣誉称号。

从教 70 余载，于漪一直扎根讲坛，勤学不息，成为教坛不老松。她主张一切教育教学活动都要围绕育人的大目标，坚信"理想就在岗位上，信仰就在行动中"。上海教育电视台为于漪量身打造了大型系列专题片《大先生》，以彰显"教育是民族之脉；先生是教育之魂魄"。新时代,新征程,呼吁更多像于漪这样的"大先生"。

【教文育人】

于漪说,做老师要"目中有人"。她在接受采访时说,上课从来不重复自己,即使同一篇课文,绝不用同样的方法教第二遍,在她眼里"文章是旧的,但学生永远是新的"。原上海教育学院教授张撝之先生在评价于漪时,说她是"教育界的梅兰芳",因为她"博采众长,自成一家"。

于漪老师在上海市第二师范学校从教历史学科一年后,转教语文,当时她连"b、p、m、f"都不认识,也没有学过《现代汉语拼音方案》,但她认为:"党的需要就是我的志愿,再困难也要克服。"当时因为转教科目,语文教研组长还说她,"语文教学的大门在哪里,你还不知道呢!"可是,于漪老师并没有因此气馁,反而为她提供了恒久有力的鞭策。她用"明灯伴我行"的实际行动,埋头苦读三年,利用所有业务时间钻研语文教学,把口语转变为规范的书面用语,终于向所有人证明了她的教学能力,成为一名"真正的语文教师"。

1964年4月16日,《文汇报》上发表了于漪撰写的《胸中有书,目中有人》一文,文章提出了于漪的主张:教师要"心中有书,目中有人"。她还提出:教语文,既教文,又教人,思想内容与表达形式辩证统一的整体观念。她还说道:语文教师要运用语文课堂中生动美好的形象,以炽热的感情,晓畅的教学用语,把作者寄寓文中的思想情操淋漓尽致地传递到学生的心扉。

改革开放后,于漪强调工具性与思想性并重,思想政治教育融入语言文字的教学之中,竖起了"既教文,又教人"的大旗,弥补了以往过分重视工具性的不足。她不断反思,持续深化认识,又提出"人文性"的观点。

1995年,于漪在《弘扬人文,改革弊端——关于语文教育性质观的反思》一文中指出:"语文学科作为一门人文应用学科,应该是语言的工具训练与人文教育的结合。"她的"学语文就是学做人",推动了语文教育领域关于语言与语文、语文学科性质的新一轮讨论,并使讨论在"人文性"上达成共识。

2001年,教育部制定的《全日制义务教育语文课程标准(实验稿)》中指出:"语文是最重要的交际工具,是人类文化的重要组成部分。工具性与人文性的统一,是语文课程的基本特点。"于漪的教学主张得到了肯定,就连当代教育中的"语文核心素养"也与于漪的"工具性与人文性统一"的观点一脉相承。

从"目中有人"到"教文育人",于漪的教育思想逐渐系统而完整。每次在讲坛上,于漪总是呼吁教师们"要以教育的自信,创建自信的教育"。据不完全统计,截至2017年底,于漪共发表论文531篇,专著37部,还有100多部合著及主编的作品。但她却谦虚地说:"我做了一辈子老师,一辈子学做老师。"

【心怀家国】

2016年冬,87岁的于漪回到阔别多年的故乡——镇江,登镇江北固楼时,感慨道:"何处望神州,满眼风光北固楼。千古兴亡多少事,悠悠,不尽长江滚滚流。"作为一名教育家,于漪老师仍保持着一颗为国忧民的心,拥有着报答苍生的思想,这些一直根植在她的血液里。

于漪老师强调:语言的问题是一个文化认同的问题,是国家统一的问题。尤其谈到做人时,她觉得第一要善良,第二是要勤劳。"做人要表里俱澄澈,说的跟做的一样,想的跟说的一样,不能弄虚作假。"她还举了自己在教授李密的《陈情表》中"茕茕孑立"一词的例子,要教会学生懂得"再穷,脊梁骨要硬"的道理。于漪老师还强调了教师的责任与义务,那就是"撒播中华文化、撒播党的方针政策、救国救民的思想",呼吁所有为师者都应该牢牢树立"为党育人、为国育才"的理念。

1991年,于漪在《人民教育》发表《对学科教学渗透德育的探讨》一文,提出"学科德育"的命题,将"教文育人"发展为"教书育人"。其重点就是以本学科的智育为核心,融入德育,为提升学生科学文化素质和思想道德素质全面奠基。

2005年,《上海市学生民族精神教育指导纲要》和《上海市中小学生生命教育指导纲要》这两份文件纲要(以下简称《两纲》)的颁发,都彰显了于漪的教育观点,其目的就是为了启智青年的成长,全面落实"民族精神教育"和"生命教育"。教育部党组成员、副部长翁铁慧表示:"立德树人"就是要培养有中国心的现代文明人,让每个学生扎实民族精神之根,铸就爱国主义之魂。

于漪提出:将《两纲》教育和学科教育渗透融合,从而有了"德育融合,滴灌生命之魂"的教育教学。

2008—2018年,于漪连续三届担任上海市语文学科德育实训基地主持人,"从育人到培养育人的人",她对教师育人的能力提出了新的要求:首先是"政治认同";第二是"国家意识";第三是"文化自信";第四是"公民人格"。她告诉我们,所有的老师并不是一个教书匠,并不是一个工具,而是育人的人。她十余年带教100余名青年教师,把德育薪火传继后人。

于漪还强调:教育本身就是一个生命展开的过程,永远面向未来。新时代的教育必须传承和发扬中华民族优良传统,用德育铺就学生生命的底色。"教师一个肩膀挑着学生的现在,一个肩膀挑着国家的未来",只有培养心怀祖国的学生,中国人才能挺起脊梁,中华民族的伟大复兴更指日可待。

【红烛微光】

于漪老师的孙女黄音说:"奶奶的称呼,不如于老师来的有效,老师这个职业,对于于漪老师来说,是非常具有幸福感的。"于漪老师一直主张做教师,与学生之间要建立亦师亦友的师生关系。她常说:学生身上的事,都是我教师心上的事。

于漪老师用心去了解每一个孩子,真诚地尽己所能去帮助他们。她的杨浦中学77届毕业生顾力星说:于老师一方面人格魅力大,另一个方面以理服人。那是杨浦中学69届的一班学生,令于漪老师印象深刻,每每谈起,总是记忆犹新。她用对学习的重视和对学生的真诚,扭转了一个乱班,更在每一个学生的心里留下温暖,使他们能怀揣着满满的善意和温情,奔赴祖国的广袤天地。

上世纪70年代,于漪几乎成了治理乱班的"专业户"。上海市杨浦中学75届毕业班学生蒋志萍,被称为"皮大王",当时他只要犯错,父亲就会把他赶出家门,严重缺乏父爱和家庭教育。于漪老师多次上门,与其父亲谈话,形成了家校合作,用爱和真诚感化孩子,使其得以转变。于漪50年代的学生肖龙宝,由于扁桃腺发炎,不能进食,身体情况不容乐观。于老师在那段时间总是去医院进行照顾,用水蘸软了面包,喂给肖宝龙吃。作为学生,感动极了,更是感受到了可敬可亲的母爱!

于老师自己的儿子生病住院,但她却坚持带好高三毕业班,肩负两头重任。后来,儿子黄肃说自己的母亲爱学生,就是要在他最困难的时候,生命有诉求的时候,你帮助了他。

于漪老师总说:自己身上的担子有千斤重,一个肩膀挑着学生的现在,一个肩膀挑着祖国的未来。她将"师者"的责任与义务履行到了极致。翁铁慧这样评价于漪老师:"经师"和"人师"的高度统一,这就是"人民教育家"的崇高品格。于老师最早提出"知心才能教心",她用师者的大爱与大智,温暖和改变着一个个不同的生命。

现如今,于漪老师一家三代中有6人皆从事教育,接力育人,赓续师范,就如同红烛一般,莫问收获,但问耕耘。

【赓续师范】

1985年,于漪担任上海市第二师范学校校长,由于学校反复更名,教学秩序不乐观。这给于漪提出了一个全新的挑战。

于漪认为:师范类学生毕业将成为教师,于是她提出了"两代师表一起抓",既抓学风,又抓教风。首先要解决的就是风气问题。她说:一所学校一定要有精神支柱。精神支柱是无形的,但大家要跟着它,就能够建成良好的风气。这才有了于漪的金句"一身正气,为人师表"。其次,于漪在学校推行军事化管理,女生留短发,穿统一的校服,并鼓励女生参与校服的设计,大家做方案,投票解决。开展"什么是当代师范生真正的美"专题讨论,引导学生们树立正确的审美观、人生观。于漪说:爱美是人的天性。但怎么美?应该是大方美、庄重美、健康的美。第二师范的校服美观大方,增强了学生对学校、对教师这一职业的认同感、归属感和自豪感。

于漪的教育管理逐渐在业界内出了名,以至于当时形成了"二师现象":第一,责任感很强;第二基本功全面。学校的雕塑也都是由美术教师设计,体现了学生活泼、团结和蓬勃向上的精神。"一身正气,为人师表"潜移默化地根植在学生们的心中,深深地烙印在二师教师们的思想中。

于漪还说：校长是培养教师的第一责任人。她在当校长期间，提出了三个主张：一是教师要坐班制，冒天下之大不韪，创新了管理方式。二是校长室的大门敞开，背后的话一句不听，所有事情拿到桌面上谈，没有不可告人的秘密。三是提高教学质量。这三条制度让学校的发展迈上了极高的台阶，"坐班制"让老师能安心教学；"敞开校长室的大门"，不听小报告，培养了教职工以诚相待的良好风尚；"提高教学质量"则是从青年教师着手，让教师和学生一起成长。

于漪在培养教师方面，还创新了培养方式，建立了"三级网络"，一是师傅带教徒弟，二是教研组要集体培养，三是学校要有专门培养青年教师的教育教学评比或比赛。她强调：学校顶大的事情，就是一个心眼为学生，培养出国家放心、党组织放心、老百姓满意的小学教师，为启蒙教育能够有一个良好的乃至优秀的起点。

原上海市教育局局长袁采说：二师不仅仅是一所师范，于漪的理念、模式、管理经验、教育思想影响到了基础教育的其他方面。于漪老师带出来的队伍，培养出的学生更是长久地影响着上海的基础教育，上海的小学教育。

1999年，于漪主编的中国第一部现代化教师学理念著作《现代教师学概论》出版，指出教师职业和教师群体的规律特征，从理念和实践两个方面总结了提高小学教师素质的方法论，明确了教师学的研究方向和学术价值。

后来，于漪退休，拒绝了企业60万年薪的工作，去培养教师。2005年，上海市教委启动上海市普教系统名师培养工程于漪基地，在名师基地中，她屡屡说道："我老了，已经属于历史，青年人一定要顶起上海语文教学这片天。"

2020年9月，上海"于漪教育思想研究中心"揭牌，不断总结和丰富"教育家精神"，不断探索于漪教育教学思想的推广、转化和应用的路径，不断培养更多"于漪式"的好老师，助力上海乃至全国基础教育事业的发展。

习近平主席说：一个人遇到好老师是人生的幸运，一个学校拥有好老师是学校的光荣，一个民族源源不断涌现出一批又一批的好老师，则是民族的希望。于漪用自己的真诚、智慧、担当与奉献，写就了一部为党育人、为国育才的史诗。

（本故事来源于上海教育电视台大型系列专题片《大先生·于漪》）

第二节 进行时态的教育叙事故事

一、基本特征

进行时态的教育叙事故事，是指正在发生的、还未完成的教育活动中的教育教学事件、生活事件、教育行为和经验等,将以"故事"的形式呈现,具有体验性、可变性、可控性、随机性等特征。

二、发展过程

进行时态的教育叙事故事是对正在发生的教育实践或教学冲突解决的过程描述与记录,一般会有"经历、反思、调整、记录"等一系列发展过程(如下图所示)。

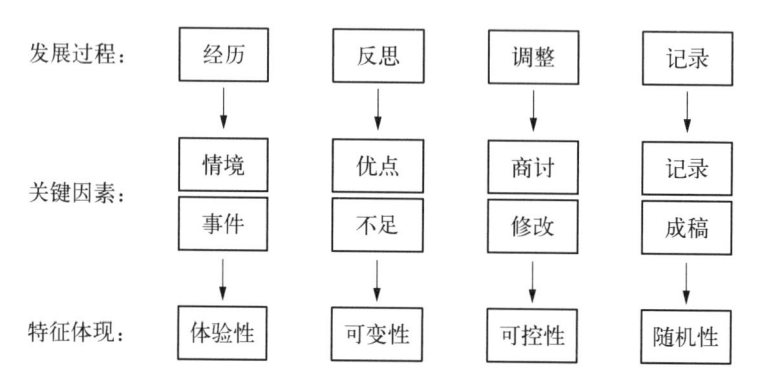

```
发展过程：  经历       反思       调整       记录
             ↓          ↓          ↓          ↓
关键因素：  情境       优点       商讨       记录
            事件       不足       修改       成稿
             ↓          ↓          ↓          ↓
特征体现：  体验性     可变性     可控性     随机性
```

图 5-2　进行时态的教育叙事故事发展过程

经历：正在进行的教育教学事件发生的时间、地点、人物等,构成故事发生时的关键因素,以体现教育叙事故事的自身体验性,具有真实的情境,拥有较为强烈的真情实感,能为"故事"的形成奠定基础。

反思：进行时的教育教学事件给经历者带来视觉、触觉、听觉等各感官方面的体验,经过思考、分析、辨别、决定等一系列思维活动,对事件作出决断后总结事件或问题的解决,优点与不足之处,以让事态走上良好的发展轨道。

调整：正在发生的事件存在可变性,既有可能让事件得以完美转型,也有可能带来不良的后果,需向有经验、有权威的同行与专家进行商讨,发现问题的关键所在,并采取针对性的措施进行方式调整,使事件的效应正面化。

记录：教育教学事件发生时,以文字、语音、视频、图片等方式将事件的主要因素进行及时保存,以让故事得以完整、真实、有效,再通过文字、视频等形式成稿,记录故事。

三、现实意义

由于进行时态的教育叙事故事正在发生,对教育者或被教育者有着较为密切的关系,周围任何因素的变化都将影响着"故事"的变化,因而对教育者的实施方式有着较高的要求。

（一）进行时态的经历,给予"故事"以体验性

比如,正在发生的"师生活动"中的"师生双向交流",它就是一个教育叙事故事的进行时

态。一般指老师与学生互相交流和沟通,从而有助于老师与同学相处,也是教育叙事的取材内容之一。

当然,进行时态的教育叙述故事形成的前提条件还要注重教育教学活动过程中的师生情感交流,这才是"故事"的重点,也就是情感体验。因为教育教学活动是教师向学生传递知识和道理的过程,这也是师生间进行情感交流的最佳时机。基于此,进行时态的教育叙述也就具有真实的体验,也是故事引人入胜的亮点之处。

(二)进行时态的反思,赋予"故事"以可变性

近代西方哲学中广泛使用的概念中对于"反思"解释为:回头、反过来思考的意思。"进行时态的教育叙事故事反思"指的是在进行教育教学活动时,教师对教育行为进行及时思考,包括交流方式的反思、行为表现的反思、处理方式的反思、情感态度的反思等。

随机应变的反思过程是施教者的即兴表现,与当前发生的事件息息相关,它的处理结果往往会根据被教者的变化而变化,使教育活动产生双向效应。当事件的处理结果符合施教者和被教者的需求时,教育活动随即完成,形成较为满意的结果表征;当事件的处理结果不符合施教者的需求或不满足被教者的需求时,施教者将更换处理问题的方式,采取符合被教者的教育行为,达到解决问题的目的,从而赋予进行时态的教育叙述故事以可变性。

(三)进行时态的调整,寄予"故事"以可控性

进行时态的教育教学活动,可以依据现场的具体情况进行方式方法的随机调整,而不影响"故事"的构成。

比如,事件发生时,由于行为者的问题处理方式没有达到理想状态,需要重新调整思路与行为,从而使行为者能适应新的情况和要求,使问题得以解决。当事件参与者意识到问题没有解决,将会产生较为严重的后果时,可以采取更为有效的方式进行调节,不至于事态发展到不可挽回的局面。

这就给进行时态的教育叙事故事营造了较为满意的结局,使得故事的发展形势具有一定的可控性,赋予故事具有研究的正面意义。

(四)进行时态的记录,委予"故事"以随机性

记录通常是指把所见、所闻、所思、所想等通过一定的手段保留下来,并作为信息传递开去。进行时态的教育叙事故事也可进行及时记录,如:以记忆或以文字、声音、视频、图片等形式将事件发生的过程进行保存,事后作为教育教学活动的信息进行传播。

但进行时态的教育教学活动具有灵活性和随机性,参与事件的对象在事件过程中的行为与表现无法精准地预测,这也就决定着教育叙事故事的可变性和随机性。

四、问题与改进

（一）事件处理过程影响"故事"发展，应理性对待

进行时态的教育事件因伴随着处理问题的过程而变化，存在不稳定性，给予"故事"形成的可变性，时刻影响着"故事"的发展。但教育教学活动都有着一定的解决路径和方式方法，采用科学的问题解决方式才符合教育理念。

一般而言，教育教学活动参与者在正常思维状态下为了获得预期结果，应拿出自信与勇气冷静地面对现状，并快速全面了解现实分析出多种可行性方案，再判断出最佳方案，以更好地解决问题。也就是说参与教育教学事件的对象，应理性分析事件的矛盾点和冲突点，切忌意气用事，以免造成不良后果，须知任何问题的结果都是"故事"的结局。

（二）事件解决方式影响"故事"结局，应遵循规律

进行时态的教育事件还未产生结果，但随着问题的解决一定会产生结果，它的结果也将影响着教育叙事故事的结果。

从哲学的角度来说，事物之间内在的必然联系，决定着事物发展的必然趋向。这就意味着规律是客观的，不以人的意志为转移。凡事正在进行中时，都有可能产生好与坏的结果。但作为教育教学活动，好有益处，坏也不一定是"坏事"，例如，挫折教育，就能使被教育者接受良好的思想启迪，只要恪守教育法规，符合常理，那么教育事件也能产生正面效应。

进行时态的教育事件处理方式理应遵守教育规律，无论是教育者，还是被教育者，都能为"故事"的解决画上圆满的句号。

（三）事件发展形势影响"故事"构成，应顺势而为

进行时的教育教学活动是不断前进的过程，它的发展形势可大可小，可繁可简，其根源就是解决事件内部的矛盾。

教育事件的发展可分三个阶段：

首先是事件发展的初级阶段。这是教育教学活动中各种发展要素（时间、地点、人物、起因、经过、结果）从整合到形成相对稳定的发展状态的时期。这个阶段对"故事"的形成奠定基础，起着引领"故事"发展的作用。

其次是发展阶段。这是事件发展状态各要素功能发挥充分、协同良好的时期，这个阶段对"故事"的发展起着推动作用，影响着"故事"的变式。

最后是高级阶段。这是教育教学活动发展状态各要素高度协同、稳健、快速的发展时期，也是"故事"的高潮部分。这个阶段对于"故事"的形成起着决定性作用，可以判断一个"故事"是否精彩，是否有亮点。

但无论哪个阶段的发展，都应该顺应教育对象的发展特点，可以通俗地理解为不要因"故事"的完整性和丰富性，改变原本可以解决问题的方式与方法。

我们通过下面的两篇文章,感悟写作者是如何经过思考、分析、辨别等一系列思维加工活动,将初稿打造成修改稿的。

一滴无助的泪(初稿)

"雌去雄飞万里天,云罗满眼泪潸然",这本是描写凄凉的爱情故事的诗句,却能形容一个孩子无助的心情;"慈母手中线,游子身上衣。临行密密缝,意恐迟迟归",这该是父母牵挂儿女的写照,却恰好地描述了师生之间的关系。"剪不断,理还乱,是离愁,别有一番滋味在心头。"这是我一个班主任老师的再次心酸……

【章一:"雌去雄飞万里天,云罗满眼泪潸然"】

今年的春天虽来得较早,却迟迟没有一丝暖意,三月的风中总夹杂着刺骨的清凉。作为一名教师,家访,是一条必经之路,虽然年年家访,但是今年的路途却异常遥远、艰辛。

他,一位11岁的男孩,天生口齿不清,说话时,嘴里永远都似乎含着一颗棒棒糖,听着让人觉得可爱又可怜。虽说性格有些内向,但活跃细胞却格外发达。说来也巧,他一年级时是我教的,那时的他各种情况良好,就是动作有些迟钝。转眼三年过去了,我从分校调到总校,又遇见了他。不得不说,这是一种缘分,也是师生情的延续。从本学期开学至今,已经有将近两个月的时间,每天都来学校学习,交作业的次数屈指可数。我与其他两门主课老师经常会讨论他的情况,每次都以叹息告终。

一天,他上课迟到了,并且在课堂上无精打采。趁下课,我便叫他来到办公室,询问究竟。还没等我开口,就看见他的眼眶湿润了,从不流泪的他,却表现反常。

"你今天怎么迟到了?是不舒服吗?跟老师聊聊吧?"我轻声地问道。

他拭了拭眼角的泪,有些抽噎:"我……我……我妈妈走了!"

顿时,我的心一紧,抚摸着他的头:"妈妈……走了?"

"是……是的。"他咧着嘴,身体有些颤抖:"可能,再……再也不,不……回来了!"

我握着他的手,问道:"去哪了?为什么不回来了?"

突然,他很流利地回答。"回老家了,要在那上班,可能再也不回来了!"

我松了一口气,安慰道:"那爸爸呢?"

"爸爸,爸爸……在上海上班,每年只,只……回来一两次!"

"哦,没关系,有老师在呢,咱们只要好好学习,长大了就能去找妈妈了,好吗?"我擦干他的眼泪,理了理他有些凌乱的衣服。

在聊天中,他的情绪慢慢地平静了下来,也回到教室上课去了。

听说这件事之后,我们三个主课老师召开临时会议,决定当天进行家访,对这孩子的家庭和生活进行更深入地了解。

【章二:"慈母手中线,游子身上衣。临行密密缝,意恐迟迟归"】

下班后,我们买了一些水果、营养品,英语老师顾不上怀孕6个月的个人身体情况,毅然决然地跟着我们踏上了家访的路。

经过电话联系,我们终于来到了孩子的家。一进门,眼前的一切,让我们惊讶了:两位70多岁的老人家,一位腿脚不便,拄着拐杖;一位忙活着家务,走路都是晃晃悠悠的。孩子在墙角写作业,漫不经心地拿着笔。家里有些凌乱,老人家看见我们三个老师来,收拾出三张凳子。我连忙赶过去,劝他别忙活了,我们自己来拿凳子。

谈话中,我们了解到,孩子的爸妈在今年6月份离婚了,爸爸是本地人,妈妈是外地人,上学期妈妈没有走,担心孩子的学习跟不上,瞒着孩子实际情况一直陪着。但暑假时,孩子的妈妈说要回老家找工作,开始没找着,前不久已经找好了工作,所以就离开了。孩子的爸爸,在上海市区上班,一年也难得回来一次,孩子只能由二老看护。爷爷已经年迈,几年前脑梗过,行动不是很利索,奶奶前几天还把腿摔骨折了……

听着这些,我心里百感交集,既能理解作为父母的无奈,又能懂得孩子的无辜。跟孩子的爷爷交谈了一番之后,也能看出,孩子的母亲其实在这个家庭的地位是不高的。不知从什么时候开始,这里流行外地媳妇无家庭地位的说法,不懂!孩子出现了学习或行为上的错误只能是婆家人管,作为妈妈,却不能多言半句,否则就要被指责。而孩子的父亲从未尽到过一个父亲的责任与义务,我也明白了一些作为孩子母亲的无奈与无助。

家访结束后,我不禁回想:父爱本应是一缕阳光,让孩子的心灵即使在寒冷的冬天也能感到温暖如春;父爱本应是一泓清泉,让孩子的情感即使蒙上岁月的风尘依然纯洁明净。在这个孩子身上,却什么都感受不到。

一个孩子,才小学四年级,却得不到父母的关爱,即使爷爷奶奶再多的疼惜,也弥补不了心灵的创伤。教育家苏霍姆林斯基曾说过一句耐人寻味的话:"在每个孩子心中最隐秘的一角,都有一根独特的琴弦,拨动它就会发出特有的音响,要使孩子的心同我讲的话发生共鸣,我自身就需要同孩子的心弦对准音调。"我决定给予这孩子更多的关怀。

接下来的一段时间至今,我几乎每天都会与他交流,让他感受老师的关心和人间的温暖。在学习上,也向他提出一些具体的要求,每天的学习如果时间允许,由我们老师陪着他完成,生活上有什么需要或困难都可以来找老师。他都答应了,并且承诺一定会按照老师的要求去做,还主动提出让我监督。

于是,经过与班主任老师的协商,安排他与成绩较好的同学同桌,让同桌事事督促他,每天放学后和老师一起在学校写完作业再走。就这样,他的作业只要按时写完,我就及时表扬鼓励他的进步。

在生活上,我们更加关注,问他需要什么帮助,从生活的点滴多关心他,有事没事就找他聊天,密切地关注着他,让他感到原来老师是很喜欢他的。有一段时间,不管是生活习惯还是学习习惯他都有了很大的进步。

看着孩子的进步,我的心痛并没有减少,因为我知道他更需要的是爸爸妈妈的爱,我只能用微薄之力去弥补他缺失的爱。

【章三:"剪不断,理还乱,是离愁,别有一番滋味在心头"】

本以为,这孩子能继续健康地成长下去,可是,好景不长。一个月之后他又出现了三番五次不带作业的情况,经过与爷爷的面谈,发现他的作业不是没带,而是根本就没写。

我把他叫到办公室跟他谈心,询问他不写作业的原因。刚开始,他总是打马虎眼,一会说忘记了,一会又说时间太晚,来不及写……我好说歹说了很久,动之以情,晓之以理,他才说出了实话。他一边流着泪,一边诉说,每次回家写作业的时候总是想到妈妈,可是每次回头,发现妈妈不在了,只有一堵冰冷的墙。

作为一位男教师,我听到这话,心里的滋味真是无法形容,眼眶也湿润了起来。对于这样的孩子,我们应该怎么办?

通过多次的家访,我们与孩子的爷爷的想法达成一致:以后的作业尽量都在学校由我们老师陪着完成,让孩子的父亲多抽时间回家陪陪孩子。希望在多方面的努力下使孩子感受到更多的关爱。

一连十几天,我每天都陪着这个孩子写作业到傍晚6点多,望着爷孙俩步履蹒跚的样子,感慨良多。为人师者,我不能替代其父母,但凡我能给予的,也绝不会吝啬。每次看见孩子流下无助的眼泪,我更多的怜悯便泛上心头。

这件事对我触动很大。作为老师,教育孩子并不是例行公事,更不是向家长告状的代名词,而应该带着一颗关爱的心,走进更多学生的家庭,走进学生的心灵,与家长、与学生面对面地交流。

每个孩子都拥有不同的家庭,导致孩子各方面出错,绝不仅仅是孩子个人的原因,还在于其他很多方面的因素:家庭、学校、社会……对于每一位孩子我们都应该给予更多的爱心、耐心、恒心去帮助他们,予以疏导。

也许不可能每一个孩子都优秀,也不可能每个孩子都能成才,但起码他能成人,这也是我们每一位老师最初的期望。作为教师,要培养孩子学习的能力,更要培养孩子的承受能力和责任意识,而这一些都需要深入地走进学生的心里,做学生真正的朋友,他才会向你敞开心扉。

教学中的事情虽千头万绪,剪不断,理不清,但只要爱的恒心永不改变,终究能擦干许多无助的泪花。

一滴无助的泪(修改稿)

【智慧看点】

留守儿童的教育问题,一直以来都是焦点话题,尤其是特殊的留守儿童,更需要得到关爱与帮助。关注他们学习上的表现,走进他们的家庭给予关怀与慰问等,教师尽最大的努力去呵护每一颗留守儿童的心灵,使他们更加健康地成长。但对待学习与行为反复无常的留守儿童,则需要持之以恒的耐心和温情。

【问题导向】

"雌去雄飞万里天,云罗满眼泪潸然",这本是描写凄凉的爱情故事的诗句,却能形容一个孩子无助的心情;"慈母手中线,游子身上衣。临行密密缝,意恐迟迟归",这该是父母牵挂儿女的写照,却恰好描述了师生之间的关系。"剪不断,理还乱,是离愁,别有一番滋味在心头",这是我一个班主任老师的再次心酸……心酸一个年幼的孩子,在童真时光享受不到父母的爱;心酸一颗孤独的心灵,在童年岁月得不到亲情的陪伴。

【情景再现】

【章一:"雌去雄飞万里天,云罗满眼泪潸然"】

他,一位11岁的男孩,天生口齿不清,说话时,嘴里永远都似乎含着一颗棒棒糖,听着让人觉得可爱又可怜。从本学期开学至今,已经有将近两个月的时间,他每天都来学校学习,交作业的次数却屈指可数。

一天,他上课迟到了,并且在课堂上无精打采。趁下课,我便叫他来到办公室,询问究竟。还没等我开口,他的眼眶就湿润了,从不流泪的他,却表现异常。

"你今天怎么迟到了?是不舒服吗?跟老师聊聊吧?"我轻声地问道。

他拭了拭眼角的泪,有些抽噎:"我……我……我妈妈走了!"

顿时,我的心一紧,抚摸着他的头:"妈妈……走了?"

"是……是的。"他咧着嘴,身体有些颤抖:"可能,再……再也不,不……回来了!"

我握着他的手,问道:"去哪了?为什么不回来了?"

突然,他很流利地回答。"回老家了,要在那上班,可能再也不回来了!"

我松了一口气,安慰道:"那爸爸呢?"

"爸爸,爸爸……在上海上班,每年只,只……回来一两次!"

"哦,没关系,有老师在呢,咱们只要好好学习,长大了就能去找妈妈了,好吗?"我擦干他的眼泪,理了理他有些凌乱的衣服。

在聊天中,他的情绪慢慢地平静了下来,也回到教室上课去了。

听说这件事之后,我们三个主课老师召开临时会议,决定当天进行家访,对这孩子的家庭和生活进行更深入的了解。

【章二:"慈母手中线,游子身上衣。临行密密缝,意恐迟迟归"】

下班后,我们买了一些水果、营养品,英语老师顾不上怀孕6个月的个人身体情况,毅然决然地跟着我们踏上了家访的路。

一进门,眼前的一切,让我们惊讶了:两位70多岁的老人家,一位腿脚不便,挂着拐杖;一位忙活着家务,走路都是晃晃悠悠的。孩子在墙角写作业,漫不经心地拿着笔。家里有些凌乱,老人家看见我们三个老师来,收拾出三张凳子。我连忙赶过去,劝他别忙活了,我们自己来拿凳子。

谈话中,我们了解到,孩子的爸妈在今年6月份离婚了,爸爸是本地人,妈妈是外地人,上学期妈妈没有走,担心孩子的学习跟不上,瞒着孩子实际情况一直陪着。但暑假时,孩子的妈妈说要回老家找工作,开始没找着,前不久已经找好了工作,所以就离开了。孩子的爸爸,在上海市区上班,一年也难得回来一次,孩子只能由二老看护。爷爷已经年迈,几年前脑梗过,行动不是很利索,奶奶前几天还把腿摔骨折了⋯⋯

听着这些,我心里百感交集,既能理解作为父母的无奈,又能懂得孩子的无辜。跟孩子的爷爷交谈了一番之后,也能看出,孩子的母亲其实在这个家庭的地位并不高。孩子出现了学习或行为上的错误只能是婆家人管,作为妈妈,却不能多言半句,否则就要被指责。而孩子的父亲从未尽到过一个父亲的责任与义务,我也明白了一些作为孩子母亲的无奈与无助。

接下来的一段时间至今,我几乎每天都会与他交流,让他感受老师的关心和人间的温暖。在学习上,也向他提出一些具体的要求,每天的学习如果时间允许,由我们老师陪着他完成,生活上有什么需要或困难都可以来找老师。他都答应了,并且承诺一定会按照老师的要求去做,还主动提出让我监督。有一段时间,不管是生活习惯还是学习习惯他都有了很大的进步。

看着孩子的进步,我的心痛并没有减少,因为我知道他更需要的是爸爸妈妈的爱,我只能用微薄之力去弥补他缺失的爱。

【章三:"剪不断,理还乱,是离愁,别有一番滋味在心头"】

本以为,这孩子能继续健康地成长下去,可是,好景不长。一个月之后他又出现了三番五次不带作业的情况,经过与他爷爷的面谈,发现他的作业不是没带,而是根本就没写。

我把他叫到办公室跟他谈心,询问他不写作业的原因。刚开始,他总是打马虎眼,一会说忘记了,一会又说时间太晚,来不及写⋯⋯我好说歹说了很久,动之以情,晓之以理,他才说出了实话。他一边流着泪,一边诉说,每次回家写作业的时候总是想到妈妈,可是每次回头,发现妈妈不在了,只有一堵冰冷的墙。

作为一位男教师,我听到这话,心里的滋味真是无法形容,眼眶也湿润了起来。对于这样的孩子,我们应该怎么办?

通过多次的家访,我们与孩子的爷爷的想法达成一致:以后的作业尽量都在学校由我们老师陪着完成,让孩子的父亲多抽时间回家陪陪孩子。希望在多方面的努力下使孩子感受到更多的关爱。

一连十几天,我每天都陪着这个孩子写作业到傍晚6点多。望着爷孙俩步履蹒跚的样子,感慨良多。为人师者,我不能替代其父母,但凡我能给予的,也绝不会吝啬。每次看见孩子流下无助的眼泪,我更多的怜悯便泛上心头。

【分析与反思】

这件事对我触动很大。作为老师,教育孩子并不是例行公事,更不是向家长告状的代名词,而应该带着一颗关爱的心,走进更多学生的家庭,走进学生的心灵,与家长、与学生面对面地交流。

每个孩子都拥有不同的家庭,导致孩子各方面出错,绝不仅仅是孩子个人的原因,还在于其他很多方面的因素:家庭、学校、社会……对于每一位孩子我们都应该给予更多的爱心、耐心、恒心去帮助他们,予以疏导。

也许不可能每一个孩子都优秀,也不可能每个孩子都能成才,但起码他能成人,这也是我们每一位老师最初的期望。作为教师,要培养孩子学习的能力,更要培养孩子的承受能力和责任意识,尤其是特殊的留守儿童需要深入地走进学生的心里,做学生真正的朋友,他才会向你敞开心扉。

教学中的事情虽千头万绪,剪不断,理不清,但只要爱的恒心永不改变,终究能擦干许多无助的泪花。

(崇明区长兴小学熊健老师撰写)

第三节 将来时态的教育叙事故事

一、基本特征

将来时态的教育叙事故事,是指在预定计划内将要发生的、还未完成的教育活动中的教育教学事件、生活事件、教育行为和经验等,将以"故事"的形式呈现,具有规划性、预测性、假设性、可瞻性等特征。

二、构建过程

将来时态的教育叙事故事是对即将发生的教育实践或教学冲突解决的过程计划与联想,一般会有"规划、预设、想象、准备"等一系列发展过程(如下图所示)。

构建过程:	规划	预设	想象	准备
关键因素:	问题 成因	措施 途径	处理 调整	思想 行为
特征体现:	规划性	预测性	假设性	可瞻性

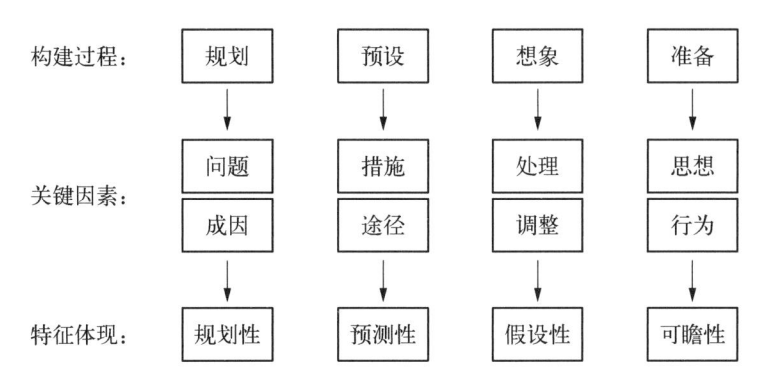

图 5-3 将来时态的教育叙事故事构建过程

规划：将来时态的教育事件中的个人或组织制定比较全面而长远的发展计划，是对未来教育事件发展整体性、长期性、基本性问题的思考和考量，将问题的形成与成因通过设计，形成的整套行动方案。

预设：还未发生、将要发生的教育事件的前提、先设或前设，指的是教育活动参与者为解决某个问题或矛盾时所做的假设，包括解决问题的措施和解决问题的途径，即教育活动参与者为保证问题或矛盾解决的合适性而必须满足的前提条件。

想象：对未来时态教育事件的一种特殊的思维形式。它是指参与教育事件者在头脑里对已储存的表象进行加工改造形成新形象的心理过程。它能突破时间和空间的束缚，对未来教育事件的想象，能对事件的处理和调整起到调节作用，还能起到预见未来教育事件的作用。

准备：具体指的是对未来教育教学事件做好预先安排或筹划，可以是思想准备，也可以是行为准备，其目的就是为了达成问题的解决。

三、现实意义

（一）未来时态的规划，为"故事"的形成奠定可行基础

未来教育事件的发生规划具有综合性、系统性、时间性、强制性等特点，需要教育参与者运用科学的教育方法进行整体到细节的设计，依照教育规范及标准制定有目的、有意义、有价值的问题解决行动方案，其目标具有较强的针对性，理论依据具有翔实及充分性。

其作用能有效促进"故事"的形成，也是"故事"后续的实际行动指导，因此，未来时态的教育事件规划还将具备确定性、合理性、有效性及可行性。作为"故事"形成的基础，更应充分考虑事件解决过程中的多向可能情况，以及对未知的可能情况作具体的预防措施，以降低规划存在的漏洞或实际行动中的可能情况的发生所产生的不可挽回的后果或影响，为"故事"的形成打下扎实可行的基础。

（二）未来时态的预设，为"故事"的发展提供解决途径

未来时态的教育教学活动预设与生成是辩证的对立统一体，教育教学活动既需要预设，也需要生成，预设与生成是课堂教学的两翼，缺一不可。预设体现对事件的尊重，生成体现对教育参与者的尊重。预设体现事件中问题解决的计划性和封闭性，生成体现事件的动态性和开放性，两者具有互补性。

未来时态的教育事件预设能为"故事"的发展提供解决途径，以达到问题解决的最优化，促使"故事"呈现良好的发展趋势。

（三）未来时态的想象，为"故事"的矛盾优化处理方式

当对未来教育事件进行了规划与预设后，教育事件参与者（问题解决者）需要对将要发生的事件在脑海里进行加工改造，运用所学过的知识与理论进行事件解决推演，形成问题解决过程。

如果能换位思考，想象问题解决时对方的感受和接受程度，一旦出现问题没有被解决或矛盾被激发的状况，能作出判断与分析，寻找解决问题的办法。这能为后续"故事"的呈现提供最优的处理方式，避免真实事件中矛盾与问题的恶化，也能形成"故事"的亮点。

（四）未来时态的准备，为"故事"的进行勾勒美好蓝图

未来时态的教育事件存在一定的变化与不可测性，作为参与教育事件的对象，应从心理和行为上做好充分准备。

当问题没有得到解决时，心理的承受范围要得以延伸和拓展，并辅以行动的准备，控制好言行；当问题得到解决时，心理的负担和顾虑得以释放，准备好相应的言行与表现。这是为即将形成的教育叙事故事构建一幅绚丽多彩的画，至于画笔的浓淡，取决于参与解决问题对象的准备是否到位。

四、问题与改进

（一）规划影响未来时态教育叙事故事的整体发展，应全面规划

教育教学活动的规划应充分考虑事件的时间、地点、人物对象、环境等有可能出现的各类状况，并对问题的产生进行原因分析，做好相应的措施及应对办法。但这些因素中一旦出现规划不全面或过于片面时，就会导致事件的发展出乎事件处理者的预料，偏离原计划的轨道，从而影响教育叙事故事的整体发展，对"故事"的形成起到了指导性作用。

因此，对教育事件理应进行全面规划。首先是时间的规划：做到准时，就能给参与事件的对象预留充分的时间；做到控制事件处理的时长，根据事件对象的特点和事件的具体内容进行时间的合理安排，确保在一定的时间内起到最大的问题解决作用。其次是地点的规划：保护隐私，可以拟定私密性较好、隔音效果强等较为合适的地点；符合需求，不同的事件商讨与解决可以确定不同的点，具体因事件的性质和内容而变。还有事件处理的方式与方法等

规划,都直接影响着未来时态的教育叙事故事。

(二)预设影响未来时态教育叙事故事的情节推动,应据实预设

未来时态的教育叙事故事中较为主要的就是情节,它是教育叙事性内容构成的要素之一,但如若对于未来事件的预设不现实,则会直接影响"故事"的情节推动。

因此,在对未来时态的教育事件进行预设时,应考虑到现实的具体情况。如:问题的关键,生生矛盾、师生矛盾、亲子矛盾等,再根据问题与矛盾的具体情况预设解决方法,包括说话交流的方式、情感的传递、表情的体现等,切不可天马行空、自说自话。这就能给教育叙事故事的情节推动做好相应的措施预设,"故事"也就能根据现实的情况而进行。

(三)未来事件的准备不充分,影响"故事"的传播效应

通常而论,任何事情没有做好准备,很有可能会出现临时的状况无法快速做出相应的判断和针对性的措施。未来时态的教育叙事同样也应该具备"准备"这一重要环节,它能影响到"故事"的形成与传播的效应。

第一是做好教育事件处理的思想准备。在教育教学活动中,每当问题产生后,先要厘清问题产生的原因,分析解决问题的办法,在心理上承认问题的存在,不逃避、不敷衍。根据事件的严重程度,给予内心不同程度上的心理暗示和自我劝慰,做好处理问题的准备。不然,一旦没有做好准备,突如其来的事件处理极有可能会造成不良的传播效应,带来不必要的麻烦。

第二是做好接受教育事件的行为准备。也就是说,事件经历对象要做好相应的能解决问题的预估行为准备,包括:沟通的语言、态度、表情等,能反映参与者的思想和打算。

其实,教育事件的一系列发生过程就是一个"故事",从问题的隐性痕迹到问题的爆发,再到问题的解决以及问题解决的后续,构成了"教育叙事故事"的发展。无论是哪个时态的教育叙事故事,都有相应的特点与具体操作流程,只要能把握住事件的关键,采取针对性的措施,就能成为一个"精彩的故事"。

我们通过下面的文章,来让读者知晓未来时态的教育叙事故事,写作者是如何为"故事"进行勾勒出美好蓝图的。

破茧成蝶,飞向"小语"的蓝天(文本框架)

【智慧看点】简要阐述故事的背景与教育改革的有关理念。

【问题导向】分析青年教师成长过程中的问题:1. 缺乏教学经验;2. 课堂驾驭能力不足;3. 教学设计没有亮点;4. 难以运用课堂生成资源;5. 无法全面顾及学生……

【情景再现】第一篇章:主题词"作蛹"(阐述青年教师寻求帮助的情景);第二篇章:主题词"破茧"(具体描述助力青年教师磨课的过程);第三篇章:主题词"成蝶"(简要阐述成功展示的那一刻)。

【理性反思】总结并分析在助力青年教师成长过程中的有效途径与方法,以及需要避免的事项或问题。

破茧成蝶,飞向"小语"的蓝天

【智慧看点】

随着教育体制改革的深入,各校都在积极探索国家课程校本化的实施途径。但就从目前的状况来看,实施过程中出现了课程意识不强、整体设计不够、教育目标实现的层次质量不高等问题。本故事通过探索国家课程校本化的有效实施途径,激发学生的语文学习积极性,提升新教师参与教研活动的能力,提高语文课堂的教学效率,落实学科德育的育人目标。

【问题导向】

每一次教研活动结束,我们总有这样的感受:尽管教研活动有很大的进步与发展,但问题也有不少。尤其是在青年教师占比较多的学校,教龄在5年以内的新教师很想参与课堂的教研,却因自身经验不足缺乏自信心,导致每每在教研活动中只能成为"观众"。

在本学期初的开学工作会议上,教学副校长提出了"学科德育"这一教学研究,要求每一门学科都要开展一次深度的教研活动,最好是能做一次展示活动。会议一结束,回到办公室,我们三年级的语文老师就展开了积极的讨论。但是,由于6个班级的语文教师中只有我有教过中高段的经验,其余5位都是第一次任教三年级。他们虽然有想法,但也有不少顾虑:首先是这样的活动怎么开展?毫无头绪!其次是公开课要是上不好,那多丢人啊!还有就是内心的矛盾——很想积极参与到这样的教研活动中去,又因缺乏经验而望而却步。

我知道,这样的问题都只是在于缺少锻炼的机会,缺乏自信心而已,只要勇敢地迈出这一步,谁都不只是"观众"!于是,决定牵头引领开展一次教研活动,给予新教师公开展示的机会。

【情景再现】

作　蛹

第三周周四的语文组会议上,学科负责人吴老师提出了本学期的语文教学活动要求。其中最主要的是"学科德育"这一活动的展示。会议上,吴老师还向所有语文教师解读了《上海市小学语文单元教学设计指南》,学习了多个德育渗透的语文教学案例。但会议一结束,整个会议的内容只在我脑海里存留了30%……

本以为,这件事会落在需要机会锻炼的青年教师身上。但是,没想到,第五周的周四语文学科负责人吴老师找到了我,一起商讨学科德育教研活动的工作事宜。最终商榷的结果是,因吴老师擅长低年级的语文教学研究,整个活动由我来指导。还立即决定了由我结对的三年级组室中的青年教师阮老师和俞老师执教,同年级的其他几位教师进行单元备课设计。

对于我而言,要上一堂课是可以的,但是要指导别人上课,我始终觉得能力还不够,正式带教也是去年才开始的,指导经验实在不足,内心着实有些忐忑。可我们学校现在的状况是三至五年教龄的青年教师居多,总不能一直都是由我来上公开课,于是便硬下头皮答应了。这件事就像一只"蛹",慢慢地在我心里蠕动,越想越感觉压力倍增。

破　　茧

眼看时间一周一周地过去了,我因没把这件事放在心上,便也没时时叮嘱上课的两位老师。第七周,清明假期的最后一天,阮老师在微信上呼叫我,发给了我一份《他从火里跑出来》的教学设计,让我帮忙参谋一下。我知道,该来的总会来! 不知怎的,一下子就想起当年自己上公开课的情景,这种心情只有同样经历过的人才能体会,对于上课的老师来说,这是出于对我的信任,也是他们的希望和寄托。

想到这些,我怀着忐忑不安的心,拿起了《单元教学设计指南》和语文书,仔细地看起了这份教案。说来也奇怪,看完之后,竟也有了自己的想法,便拿起电话回了过去。45分钟过后,我回过神来惊呆了,从什么时候起,我竟也能学着前辈们的样子给青年教师讲该怎样上课了? 真是奇事一桩! 假期回来第二天,俞老师也带着打印的《不知疲倦的人》这一课教案来找我了,同样也是一顿交流,说了一通之后,我决定让她们开始第一次试教。

第八周的周三,学科负责人吴老师带着我和教研组长一起听了两位老师的试教。两节课下来,都有同样的感受:单元教学设计的知识内容很细,但过于零碎,缺乏主线设计,情感体验不足,德育元素体现不明显。可说得容易,要想落实,又谈何容易? 国家课程校本化,不就是要根据自己学校的实际情况进行内容重组和设计吗? 于是,灵感一来,找了两位执教老师说起了单元设计和德育渗透的想法,决定将之前的设计推翻,重新再来!

第八周的周五,我们进行了第二次试教。这次试教结束后,给人的感觉是单元设计的理念有所进步,但在人物品质和情感的体验上还是不够充分,主线条依然不够清晰,学生的反应似懂非懂。当天下午三点下班后,我召集了语文组中高段的骨干教师,就这两堂课和整个活动流程进行了逐字逐句的研磨。不知不觉,天色渐渐暗下来,带着疲惫的身心回到家,脑海里一直想着问题究竟出在哪儿? 对于教材,可挖掘的地方都已经关注到了,每个词语、每个句子都充分解读了,应该没什么问题了,只待下次试教的转变了!

第九周的周一,两位青年教师一脸疲惫,我知道,她们上个周末肯定付出了很大的努力,将我们整个教研组的意见进行了消化和重组。第三次试教结束后,教学效果进步了很多,已经达到了预期的80%,可以看得出来,这两位青年教师很努力,也很上进。眼看正式活动的时间逼近,她们也承受不住重新再来的压力了。可是,我们的教研活动仅仅只是为了完成任务吗?我不甘心,找到学科负责人吴老师进行沟通商讨。我们的眼界应该放得远一些,何不多找些经验丰富的老师进行"把脉"呢!当机立断,决定下次去平安小学试教!第九周的周三,我们带着两位执教老师来到平安小学进行了第四次试教,受到了兄弟学校语文学科负责人和教研组长的热烈欢迎。听完两堂课后,他们高度表扬了我们两位青年教师的基本素养和教学设计,也向两位教师提出了几点修改意见,听完之后,我们一行人犹如破茧待出的虫蛹,兴奋至极!之前的瓶颈找到了解决的方法突破!不得不感叹,学习永无止境!

带着跨校教研的成果,我们满心欢喜地进行了梳理,将之前的大板块进行了细节性填充与组合,内容一步步得到了完善。第十周,我们一边准备着单元整体设计的说课和德育渗透说课,一边准备第五次试教。第五次试教结束,教学效果果然大有改善,学生的表现让我们的心得到了释怀。只需要在细节上进行再次修改,巩固教学环节和流程就可以了。当天下班后,我们就把详案备好了,一颗悬着的心总算落了地。4月25日,我邀请了学科负责人吴老师和教研组内的老师进行最后一次试教把关。教学结束后,他们都惊叹于两位青年教师的突飞猛进!两位执教老师由行动缓慢的"毛毛虫"已逐渐现出了"茧蛹"的雏形,我的内心也激动不已!

成　　蝶

4月29日,正式公开亮相的时间到了。早上出门前,吴老师还在群里嘱咐大家要注意着装,注意不要忘记教具等。看得出来,大家都十分重视每一次的教研活动。真是无巧不成书。当天早上我接到工会主席的通知,要代表学校去参加崇明区第三届青年教师爱岗敬业竞赛,正好就是两位教师上课的时间段,我的心再一次纠结起来。学科负责人吴老师说:"你放心去吧,活动交给我们!"

下午比完赛,我带着急切的心情,争分夺秒地奔走在回程的路上,时间一分一秒地过去,微信群里不时发来两位教师课堂教学的实时报道。看得出来,她们的课上得很好。等我赶回学校,活动的第一环节上课已经结束了,教研活动的第二个环节正式开始。由三年级组的欧阳老师进行单元说课,她从单元教学内容、单元教学目标、单元德育目标、单元教学课时等方面把整个单元的设计和理念进行了详细的介绍。紧接着,两位执教老师就本次执教的内容进行了说课,她们从容不迫,娓娓道来。最后,由我来进行单元德育说课,将五篇课文的育人价值和内容的关联进行了阐述。学科负责人吴老师在评课时,对两位执教的青年教师进行了高度表扬和赞赏,真是太让人欣慰了!活动的最后,副校长对我们语文的学科德育活动进行了点评,他表示:本次活动不仅仅是两位执教老师的成长,更是我们整个团队的成长!能受到校长室的高度肯定,无疑给了我们莫大的动力,这次活动的过程虽然有些艰难,但是我们收获亦很多!

看着两位执教老师破茧成蝶,我相信,我们的语文教研活动一定会越来越好,也能越来越凝心聚力,一路奋发向上!

【分析与反思】

一、充分相信,提供平台

我们的青年教师在教研活动方面之所以会畏首畏尾,不是因为他们不思进取,也不是因为他们能力不行,而是缺乏锻炼的机会。我们在平时的教学中要充分相信他们,鼓励他们,可以先模仿后创新。一次次的磨课与研讨中,教会他们先有规范,后有亮点,继而又在反复教材解读的过程中进行重组与设计,不断提供展示和亮相的舞台,一定能收获意想不到的效果。这就是根据实际情况开展真实的教研活动,也就是国家课程校本化的真实写照。

二、鼎力相助,给予信心

通过团队的力量共同研究,将所有人的智慧拧成一股绳,这股力量是强大的。无论是青年教师也好,还是经验丰富的老教师也好,我们都需要鼓励,更需要帮助。一个人的强大不是真正的强大,只有带动一群人强大起来,那才是皆大欢喜。在每一次教研活动中,鼓励老师们发挥自己的优势和特长,那么他们的潜能将会得到充分挖掘,信心越来越足,教学能力也就会逐渐提升,这不就是在为国家课程校本化提供源源不断的新能源吗?

三、教学相长,携手进步

回顾这一次活动的历程,尽管是我第一次指导青年教师正式公开亮相教研活动,但是不仅参与活动的老师们在经历锻炼,我也是受益匪浅。我们从教学中的一条条笨拙的蛹,在不断挣扎和奋勇向前的过程中慢慢变成了一只只翩翩起舞的蝴蝶,在语文教学研究的道路上振翅高飞,飞向"小语"的蓝天,追寻着初心的梦想……

(崇明区长兴小学熊健老师撰写)

问题探讨:

1. 您对教育叙事故事的时态有哪些新的看法和认识?
2. 您在教育事件的发展过程中是否有过与读者类似的经历或体会?请举例说明。

第六章 教育叙事的情境

教育叙事作为科学的研究方法之一,所叙事情需在一定的教育语境中开展。教育叙事的情境构建是通过叙述一个教育故事或设置一个情境为素材来源,以事件深描性、事件问题性、事件关键性的叙事情境原则为引导,以教育叙事情境构建的问题发现与文本转化、视角选择与素材处理、语言风格和叙事结构为路径,以构建真实的、创设的、预设的教育叙事情境为方向。由此来直面教育问题、研究教育现象、揭示教育经验,能够逼近现实的教育本相,有助于教育实践智慧的传递。本章要点为:
- ☑ 教育叙事情境撰写的原则
- ☑ 教育叙事情境构建的路径
- ☑ 教育叙事情境构建的选择

第一节 教育叙事情境撰写的原则

布朗、柯林斯与杜吉德都曾提出,知识产生于活动和情境,也是情境中的认知产物。知识只有在一定的情境中才有意义,才能够被理解。离开了具体情境,则很难形成对知识的准确理解。[①] 教育叙事的情境指的是教育主体讲述教育故事中具体的教育场合情形和景象部分,即客观的教育事件、事实,不包括主观的揣测、阐释、思辨。教育叙事情境的描述是指教育者在自己的经验基础上,在他人的交往、与环境相处的相互作用过程中,具有主观能动性,通过顺同建构来获取教育科学知识,还原隐含教育科学的具体场合情形、景象。所以,撰写教育情境时,若想吸引其他教师的关注与获得共鸣,将自己的所思所得真正传递给他人,就需要给自己的故事创设一种情境,将日常的教育教学科学、艺术、情感融合情境之中,让阅读者进入当时的教育场合,了解有意义的教育事件及其带来教育启发。

一、教育叙事情境撰写的主要问题

教育叙事情境是教育者运用、捕捉或创设一些日常教育教学中发生的故事,通过有目的的描述来传达某种特定的教学理念、教学观点或教育价值观。然而,在撰写教育叙事情境时,普遍存在情境描述理性思考缺乏、情境问题零散等问题。这种问题可能会导致叙事情境的内容不准确、结构混乱或缺乏说服力。

(一)理性思考缺乏

面对日复一日、年复一年的教育教学工作,教育者每天都要经历数不清的事情。由于教育者缺乏信息捕捉的敏锐度,或是事件隐藏的教育意义的处理能力薄弱等,面对或令人感慨万千或令人兴奋激动或令人悔恨不安的一些深刻印象的事情,[②]忽视了事件的某种矛盾或问题背后产生的原因及其教育研究价值,只是简单地"镜像"记录事件,缺乏观察与思考。

1. 着重事件还原描述。有的教育叙事情境按照事件发展的事件顺序,通过采用生动的场景和角色、引入适当的对话和对白以及注重细节描写等方法进行形象的描述,着重还原了事件,原原本本地展现了事件本身,增加故事的真实感和吸引力。忽略了事件核心、问题的关键,没有为描述的情境所要传达的信息提供充分的支持和证据,或是透过故事很难发现情境背后的教育价值,缺乏说服力。

2. 流水记录日常事件。有的教育叙事情境可能存在描写不足或缺乏细节的问题,只是

[①] 王文静.理解实践:活动与情境的观点[J].全球教育展望,2001(5).
[②] 孙启民.教海探航:教育叙事叙何事[J].江苏教育,2004(3A).

对所描述事件做一些简单的"流水账",把一段时间内或一天内的事情简简单单、面面俱到、流水性记录,对活动只是笼统描述,缺乏有情节、有意义的相对完整的情境,这些有价值的教育叙事情境只是成了一些教育故事的简单描述,没有任何教育哲理的含量,这样做没有必要,也没有意义。

(二)情境问题零散

教育叙事是讲事件、讲事实,最终目的是为了或显白、或隐晦的教诲,是为了最后揭示的教育教学逻辑。教育叙事情境撰写时,教育者要将教师在教育教学中所遇到的问题,以及解决问题的整个过程说清楚、讲明白。然而,很多教师在撰写情境时,思维零散,用笔过度自由,写了很多,却让人不知目的所在。

1. 情境关键问题把握不准。教育叙事情境撰写中,情境关键问题把握不准,导致缺乏对情境的充分把握,没有把重点放在关键的环节,把不重要的细节过度强调,而忽视了重要的内容。或是把关注点放在无关紧要的环节上,使得情境叙事缺乏明确的焦点,从而使叙述混乱不清,难以把握叙述的重点,叙述的问题不能得到充分的呈现。

2. 情境具体问题没有聚焦。教育叙事情境撰写时,具体情境问题没有聚焦,或是在问题链中,没有形成纵向的主问题和子问题逻辑链关系。叙事比较笼统和抽象,无法激发读者的共鸣和情感反响,也无法引发人们的思考和深度思索。叙事内容和表述也将变得模糊,缺乏具体细节,无法让阅读者厘清思路,直击问题,深入理解教育的目的、意义和作用。叙事不能清晰地描绘出情境问题,无法起到警示作用,影响教育的有效性和可持续性。

《植物角又恢复了生机》片段二:植物角千篇一律怎么办?

三楼会议室中——组长招呼大家:"来、来、来,看看我收集的植物角创设样本,看看大家可以用吗?"组长打开了PPT,大家仔细地阅读着。

施老师看好后轻轻敲了敲桌子说:"我觉得这些植物角都不错,但我有几点思考,例如,用植物的种子进行粘贴是否合理?与其种子贴画还不如将种子发芽,让孩子观察记录岂不是更好?还有蔬菜宝宝的想法很好,但我认为比较适合中小班的孩子们。而树叶贴画和植物标本则比较适合大班的孩子们,因为这需要一定的想象力和动手能力。"

施老师这番话给大家打开了新的思路。植物角是为孩子服务的,所以必须要符合不同年龄幼儿的兴趣和需要……

(崇明区江口幼儿园陈庆老师撰写)

(三)关键事件模糊

教育者在撰写教育叙事情境过程中,能将所遇到一个教育事件描述出来,有一点感觉,但抓不住重点。所谓"抓不住重点",其实就是确定不了"关键点",从丰富的故事情境素材中不能发现并确定有价值的情境隐含主题,这正是教师撰写叙事情境时普遍存在的问题。

1. 基于认知和解读的影响。教育叙事情境撰写时,对于具体事件的认知和解读的过程可能存在着主观因素的影响,导致在叙述中强调了某些事件或忽略了某些事件,从而使得关键事件的描述变得模糊不清。此外,叙事人物的文化背景、价值观等也会影响撰写一些关键事件。总之,教育叙事撰写时,关键事件模糊的现象是可能出现的,因此在撰写教育叙事情境时,笔者要谨慎认知和解读,以避免因主观因素的影响而使得关键事件变得模糊不清。

2. 忽视事件和背景的联系。教育叙事情境撰写时,往往为了情境的完整描述或是某一情境片段的精彩表述,忽略了将叙事事件和情境背景环境联系起来,从而不能很好地把握情境的主旨。

二、教育叙事情境撰写的原则

(一)事件深描性

撰写教育叙事的情境时,要重视捕捉到的教育事件的形象性、生动性、丰富性和波折性,常常需要采用"深描"的方式。"深描"即详细地介绍教育问题或教育事件的发生与解决的整个过程。留意一些有意义的具体细节和情境,在教育叙事情境中引入一些"原汁原味"的资料。比如,学生的作品、学生的日记、教师对这位学生的评价、隐藏在学校建筑中的语言等。这种"深描"使叙事显得真实、可信且富有"情趣"。[①]

1. 突出事件的核心:在撰写教育叙事情境时,需要突出事件的核心,即事件的重要性和影响。这可以通过突出事件的主题、目的、影响等方面来实现。

2. 详细描述事件的发生过程:在深描事件时,需要详细描述事件的发生过程,包括事件的起因、经过和结果。这有助于读者更好地理解事件的背景和内涵。

3. 刻画人物形象:人物形象是故事情境中非常重要的元素。在深描事件时,需要刻画事件中的人物形象,包括他们的性格、行为、言语等方面。

4. 体现情感和思考:教育叙事情境中,情感和思考是非常重要的元素。在深描事件时,需要体现出人物的情感和思考,以及事件对他们的影响。这有助于读者更好地理解事件的内涵和意义。

5. 引导读者思考:教育叙事情境的目的是带给读者一些启示和思考。在深描事件时,需要通过事件的描写和人物的思考引导读者思考,反思自己的生活和成长。

爱要转几个弯才到

午餐时间是师生忙碌的一天中最休闲的时间。一天午餐后刚回到办公室,班级里几个学生急匆匆地冲到办公室,七嘴八舌地抢着说:"方老师,不好了,小 A 把小 B 打哭

[①] 刘良华.论教育"叙事研究"[J].现代教育论丛,2002(4).

了。""先用脚踹他肚子,后来又用拖把……"虽然这件事发生在小A身上不足为奇,但是令人生气和失望的是前两天才处理过他与同学的打架事件,并语重心长地与之交谈过。我在奔向教室的路上询问学生打架有没有停止,受伤学生如何,急忙赶到教室安慰受伤学生,查看伤情,并详查原因,犯事的小A早已经逃之夭夭。我猜想也许他意识到自己的冲动无颜面对才逃开,于是让学生帮我看他在外面做什么,然而我得到的结果却是小A在跟别班学生谈笑风生。我抑制住自己的怒火让学生把他请到办公室,看到毫不在乎此事的小A,我也试图用平和的语气询问他刚才的打架事件,然而他却振振有词、理直气壮,甚至在办公室暴跳如雷。我知道此刻谈话是没法进行的,于是平静地对他说,"你冷静之后再跟我谈吧。"令人诧异的是他居然摔门而出!

留下一脸惊愕的我又羞又怒,回想开学以来我对他的教育和关爱远超过其他学生,一次又一次的谈话,一次又一次的鼓励,我们多数是相谈甚欢,也相信他曾经感受过老师对他的关爱。"我以后还是听话一点好,方老师很辛苦,不能总是让方老师为我操心。"他妈妈转达给我的感人话语犹在耳旁心间。对他失望透顶的我于是找到几位有经验的班主任请教,总结下来,各位老师的观点分为两类,一种认为班主任慢点继续处理;另一种认为该生已经表现出不尊重班主任的行为,可以借助家长和德育室教育,防止该生继续与班主任关系恶化。针对这两种观点,双方进行深入探讨可行性和可能带来的后果。如果班主任直接把问题反映给家长和德育室,问题自然也能解决,但是可能会消减师生之前的情感;如果继续坚持以爱感之,也许会是深化师生情感的一个转折点。半个小时的讨论一致决定试一试第一个方案,但是在处理之前必须抓住合适的时机。

合适的时机,这是能否走进学生心里的关键。带着这个问题我走进教室,试图创造这个合适时机。平静的我先过去继续安慰受伤的同学,表扬刚才拉架、勇于作证、及时报告老师的学生,对他们的勇敢、乐于助人、集体荣誉感表示赞赏。这一过程中我注意观察小A的表情,原来他也在观察我,这一点让我意识到第一个方案的可行性,于是我继续若无其事与其他同学谈笑风生,假装不在意他,更不在意他刚才在办公室的无理行为。慢慢我发现他已经有些错愕,我的无视好像让他吃醋了,我观察到他试图用委屈的表情吸引我的关注,这是那个合适的时机吗?"不是!再等等。"直觉这样告诉我,于是我只是抬眼看他一下,眼神对视的那一刻让我更加确信刚才的直觉。于是我继续与学生谈笑风生,显然醉翁之意不在酒。不一会见他起身离开座位,然后慢慢踱到我这边,这次我是带着询问的眼光看他一下,他并不开口,只是委屈地看着我,但是此刻看得到他的眼光里多了一些生气的情绪,这时我意识到也许这就是那个合适的时机。于是在目光交错后的几秒钟我开口问道:"什么事?""你怎么不管我(关心)我?"他嘟囔着。我用微微不满的口气反问道:"我不管你?刚才在办公室我不管你吗?可是你的表现说明你并不需要啊。"说完,我继续与其他学生交谈。他沉默了几秒钟,低声地说道:"我现在想让你管了。"在学生意识到老师的伤心和失望后,冷静下来的他也有些许的愧疚和自责吧。后面经过谈话,小A虚心地接受了老师针对打架事件的教育,而且也意识到刚才对老师不尊重的行为。

(崇明区实验中学方灵敏老师撰写)

(二)事件问题性

教育叙事情境应是教育者解决教育教学问题的故事,要把故事定位在教育教学问题解决的关注点上。一段完整的教育叙事情境需要有引人注目的主题或点亮全文的、引人关注的教育或教学的"问题"。这个"问题"通常是曾在某一教学理论中谈起,或是讨论过的问题,或是所叙情境事件中产生、蕴含的。

1. 问题的隐藏性。教育叙事情境的主题或问题不是直接呈现出来的,而是巧妙地将其隐藏在教育叙事情境之中。每一个教育叙事都有一个非常鲜明的问题或直观的矛盾。描述叙事情境时,需对实际情节有所选择、有所取舍,目的要凸显出来。描叙的问题细节生动,要栩栩如生,引人入胜。

2. 问题的逻辑性。一个教育叙事如果解答一个教育问题,那么,叙述教育情境的撰写时,每一句话、每一个细节都应指向教育问题,或是为了讲清问题,或是为了问题解决做的铺垫。当出现若干个问题时,需厘清主问题和子问题之间的关系,表述的主次。

(三)事件关键性

撰写教育叙事情境时,要注意尽可能清晰地描述关键事件,以便让读者能够更好地理解和记住这些事。关键事件既可是那深藏不露的,或躲藏在某个或某些情境中的"蛛丝马迹",也可是隐含着剧烈的"矛盾冲突"的重大事件。

1. 系统反思,全面建构。教育叙事情境撰写时把整件事情完完整整地写出来,将关键事件分解成若干小段,并以此为基础来构建教育叙事情境,提高叙事的连贯性和清晰度。还可从不同的角度尝试反思,梳理后提出系统的、全面的主张。

2. 关注一点,深耕一隅。教育叙事情境撰写时抓住事件中的某一个切入点,聚焦关键,深度思考,从而提出更加具体、富有针对性的观点和见解。从具体问题入手,加强细节描述,把握关键事件之间的联系,让叙事情境更加流畅明了,更容易探讨出关键焦点,让读者更容易理解和记住关键事件。

3. 丰富形式,直观形象。教育叙事情境撰写时可采用图表或表格的方式,通过视觉化形式让阅读者更易理解和把握关键事件的情况;采用对话或纪实的方式,通过内化于心的形式让阅读者更易体会和感悟关键事件的状况。还有"想象情境""表演情境""实物情境"等,需根据叙述的事件实际来选择最佳的关键事件呈现方式,以便能更好地呈现故事背后的教学科学、教育艺术、教育情感等。

4. 善剥洋葱，正向导入。教育叙事情境撰写的核心思维就是聚焦情境事件问题的核心，从正面展开情境描述，一层层递进式地拨开表象，把问题还原到本质，找到关键事件，然后再进行推理论证、寻求答案。①

5. 逆向思维，反向推导。教育叙事情境撰写时把已经描述的事实事件或主张用逆向方式进行思考的思维方式，也就是善于"反其道而思之"，从问题的另一面进行深入探索，形成新的感悟和认识，在体验中把握关键事件。

根据建构主义认知心理学，教育者在进行教育叙事情境撰写时，需在描述叙事情境、透视情境的过程中，能提炼情境中的关键问题，诠释教育科学，获得自我成长。

第二节 教育叙事情境构建的路径

教育叙事情境构建所运用的问题发现与文本转化、视角选择与素材处理、语言风格和叙事结构都应凸显其具体、客观、朴素、真实的特点，从而透过教育现象，直视逼近现实的教育本相。

一、教育叙事情境构建的问题发现与文本转化②

情境应该是解决问题的情境，教育叙事情境应是解决教育教学问题的事件，具有其特定的价值和意义。撰写教育叙事情境中对应构建教育问题的情境，需将实际实践中的教育问题转化为教育叙事文本。发现教育情境中的问题是开展教育叙事情境建构的前提，在教育教学情境中发现问题并总结是教育叙事情境产生意义的关键。

奥勒莱萨提出的组织故事元素成为问题解决的叙事结构，将故事所包含的基本要素分解为：背景、人物、活动、问题和解答五个方面（见表6-1）。③

表6-1 组织故事元素成为问题解决的叙事结构

背景	人物	活动	问题	解答
故事背景、环境、地点条件、时间、地点位置、年代和纪元	故事中描述的个体的原型、个性，他们的行为、风格和做事模式	贯穿在故事中的个体的动作，说明人物的思维或者行为	要回答的问题，或者要描述或解释的现象	对问题的回答，对引起人物发生变化的原因的解释

---

① 王维审.走向教育故事的更深处[J].中国教师报，2021(8).
② 李玉明.教育叙事情境的构建[J].教学与管理(小学版)，2020(8).
③ Creswell, J. W. Educational Research: Planning, Conducting, and Evaluating Quantitative and Qualitative Research[M]. London: Pearson Education Ltd., 2020.

二、教育叙事情境构建的视角选择与素材处理

教育叙事情境撰写的视角是开展叙事、构建情境的角度和立足点。叙事情境视角的不同决定了叙事者在叙事素材处理方式上的不同,从而教育叙事情境的构建也会产生不同效果。教育叙事情境的构建是以描述现实教学情境、阐述现实教育问题、传达教育理念为目的。教育叙事情境构建的视角更具直接性。

克莱丁宁和康纳利提出的三维空间叙事结构:相互作用、连续性和情境。[1](见表6-2)

表6-2 三维空间的叙事结构

相互作用		连续性			情境
个人	社会	过去	现在	将来	地点
注意内部的内在条件、感觉、期望、审美反映、精神调整	注意外部的环境条件,其他人的打算、意图、设想和观点	看过去的、回忆的故事和早些时候的经验	看当前的故事和处置事件时的经验	看隐含的期望、可能的经验和情节线索	看处在自然情境或者在有个体打算、意图、不同观点情境之中的背景、时间、地点

此外,某一个教育事件中的各种素材都可能成为影响教育结果的因素,以不同的叙事情境视角和不同的情境素材处理方式开展叙事,阅读者对于叙述的教育教学问题会有自己的理解。为了保证教育叙事情境的真实性和达到逼近教育本相的目的,教育叙事情境的构建除了视角的直接性之外,在素材的处理上要尊重事件本身的事实性并且进行深入的描写。在教育叙事的情境构建中以具体的教育环节中的人和事为叙述主体,以教育主体间的关系为叙事发展的动因,并非只是单纯地描述教学事件或者只是记录人物和其行为,而是对教育事件中的情境、情感、冲突、矛盾等要素进行深入的、生动的、真实的描写和剖析,做到有理有情,在教育情境素材的情节描写过程中阐释教育事件的问题性和意义性,深入地、客观地描述教育事件中的素材,从而更好地唤醒受众内心的情感与对教育问题的思考。

三、教育叙事情境性构建的语言风格和叙事结构

教育叙事情境表述的语言和结构是教育叙事者拉近与读者间距离最为直接的手段,是叙述者传达教育信息和理念的直接载体,通过叙事过程中的语言和结构构建教育叙事的情境,语言和结构便成为教育叙事情境构建的直接因素。教育叙事的情境就是通过叙事语言和叙事结构进行直接体现。

---

[1] Creswell, J. W. Educational Research: Planning, Conducting, and Evaluating Quantitative and Qualitative Research[M]. London: Pearson Education Ltd., 2020.

叙事情境强调对选用的典型情节用形象、生动、优美的文笔进行完整而深刻的描述,描述越详细,越能完整再现事件发生的时间、地点、人物以及事件发生的前后因果,使阅读者产生"身临其境"的感受。

一方面,叙事过程中使用的语言、结构需具有文本的艺术性。另一方面,在不同教育情境的构建中,也会因叙事者的目的、教育思想、教育事件素材等不同呈现出不同的叙述语言风格和情境结构。教育叙事情境的构建是以具体的教育情境为现实来源,以较为直白的、朴素的语言风格和叙事结构对教育现象进行阐述和研究。

丁刚教授曾经对好的教育叙事给出过最高标准,他说:如果叙事可以达到这样的境界,即不仅在讲述某个人物的教育生活故事的过程中揭示了一系列复杂的教育场景与行为关系,而且"照亮"了某个人物在此教育场景中的"心灵颤动",可以给读者一种精神震撼,那么这就是非常好的叙事了。[1]

第三节 教育叙事情境构建的选择

教育叙事情境构建须立足于现实教育情境,选择有意义的教育事件,真实地构建叙事情境。有意义表现在事件本身含有教育意义,包含以下几层意思:其一,事件本来就隐藏着某种教学道理,或暗示着某种教育规律;其二,事件体现了实践者的实践价值、值得他人学习和推广的经验;其三,事件可能是某一失败的做法,但对他人有借鉴意义;其四,事件看起来很平凡、细小,但能真实反映某种教育现象,客观揭示教育问题的。

有意义的教育事件,可以是正面的,也可以是反面的;可以是成功的,也可以是失败的;可以是有重大影响的,也可以是平凡而细小的。事件可以描述一个课题实践、一次课堂教学、一个操作实验或一次实践探究、一次拓展活动等;也可以描述教育活动的一个场景、一个特写,甚至是一句话、一个表情、一个动作等;还可以通过描述教师在设定知识与技能、过程与方法、情感态度与价值观三维目标时的所思所想,或是一定的课堂纪律等方面的事件,依据情境事件,准确地瞄准并剖析教育现象,提出并解决教育问题,探索并提炼教育教学规律。

一、真实的教育叙事情境

教育叙事情境构建以真实的教育教学故事为媒介。情境被选入教育叙事视野的先决条件是真实。情境越真实、越生动、越地道,就越能规避先前形成的体验。真实情境是"做出来",而非"编出来"的,从真实情境中探索到教育教学活动内在的逻辑关系,使经验与意义互

---

[1] 陈月芳.叙事疗法在小学心理健康教育课上的应用[J].中小学心理健康教育,2020(7).

相关联,从而获得对情境本质的理解。

(一)真实的教育叙事情境的基本要求

真实的教育叙事情境必须是直面真实的教育情境,表述的内容是已然发生的有意义的教育事件,并非是因叙事需要而进行设计的主观想象。描述者描述一个真实的情境时必须考虑多个因素,包括情境的主题性、代表性等,并确保这些元素能够彼此协调。

1. 情境的主题性。情境的主题性指在教育叙事情境中,通过设置某一主题或主题相关的事件,来引导读者思考和探讨这一主题。面对日常的教育教学诸多情境,应在教育叙事情境的主题统摄下,有针对、有目的地根据内容对资料进行选择,整合教育教学活动情境素材,使其连贯。

2. 情境的代表性。情境撰写者不仅要走进教育教学生活的"现场",对情境的情节进行搜集,依据情境主题,选择有代表性的情境或片段进行整体性、形象性和动态性的呈现,实录整个心路历程,并以"诠释"性思维,对事件蕴含的认知观、价值观等进行多维度反思,逼近教育真相,提炼出客观真实的理论视角和立场。

(二)真实的教育叙事情境的基本步骤

1. 确定主题:首先需要根据教育教学直面的问题,提炼在事件发展中形成的个性化的某种教育教学经验或失败的成因分析,从而确定教育叙事情境探讨的主题。

2. 选择情境:根据教育叙事情境探讨的主题,通过对情境中的事件和人物,对主题进行深入探讨和分析,有重点地选择符合主题的教育情境,用生动、有趣的语言进行描述。通过情境中的语言、环境、人物等细节,营造出符合主题的氛围和情感,让阅读者更好地沉浸在情境中,可以是整个故事,也可以是某一精彩片段。

3. 引导思考:教育叙事情境的最终目的是引导阅读者的思考和探讨,因此需要通过情境中的问题、对话、反思等方式,引导读者进行思考和探讨。最后,结合实际情况,促使阅读者将情境中的主题和内涵与自己的生活和成长相结合,形成自己的思考和理解。

二、创设的教育叙事情境

创设的教育叙事情境必须是正在开展着的教育情境,所述内容是正在发生的教育事件,是即时生成的问题。描述者描述一个创设的情境时必须要有敏锐的感觉,善于发现捕捉有价值的事件。

(一)创设教育叙事情境的基本要求

创设教育叙事情境表述的是特别的人、特殊的冲突、突出的问题或使原本平淡教学变得复杂而有挑战性的任何东西,具有一定的"情节性"。"情节性"意味着教育教学中突遇某种"波折"、引起"变化"、生成"起伏"、事件"转折"和"节外生枝",突出了情境的戏剧性变化,人物的语言、内心活动刻画细腻,揭示故事中人物的内心世界。

1. 情境的生成性。情境的生成性指在教育叙事情境中,通过搜集某一主题或与主题相关的事件时,发现其事件衍生出的另一更值得关注的有意义的教育教学情境,能更好地解决某一教学问题,或解释某种教学经验。

2. 情境的生动性。教育叙事情境的生动性指的是叙事情境的形象和具体程度,使阅读者身临其境一样感受到情境中的人物、事件和环境,从而更加深入地理解情境所要传达的教育含义。

(二)创设教育叙事情境的基本步骤

1. 情节信息捕捉:处理加工情境时,敏锐发现现有情境背后隐藏的更具特点的情境内容,及时调整情境内容,进行合理描绘,构思出新的情境和故事,以吸引读者的注意力和兴趣。

2. 生成情境描述:在生成情境的过程中,通过语言、环境、人物等细节描写,进行创意构思,通过想象和创造力增加情境的趣味性和想象力,增加奇幻元素、幽默元素等,让情境更加吸引人。

3. 实际问题解决:生成情境时,需要保证情境的独特性和创新性,避免故事和情境的雷同和单调,最后需要结合教育教学的实际情况,情境所蕴含的经验能指导阅读者获得解决教育教学实际问题的方法。

预期的"暴风雨"没有来临
——让爱走进"特殊"孩子心灵

我们班的 A 同学是单亲家庭的孩子,父母离异后,他一直跟着爸爸生活。他各门课的基础不是很差,但是学习态度不是很端正,而且也没有养成好的学习习惯,课上经常开小差,做作业拖拖拉拉,有时甚至还不及时完成,所以导致学习成绩一直没有什么起色。他的爸爸脾气暴躁,对他动不动就打呀、骂呀。面对这样的孩子,我真是看在眼里,急在心里。怎么办?从哪里着手?我不止一次地问自己。

经过反复思考,我决定双管齐下。一方面,我隔三岔五地找他谈心;另一方面,我决定好好利用假期家访的机会,跟他爸爸当面好好聊聊。那天,我冒着酷暑如约来到了 A 同学的家。一走进他家,首先映入我眼帘的是桌上摊放着一堆乱七八糟的书本和作业,可他在迎我进门的时候手里却拿着手机。我暗暗地想:知道我今天来家访,作业是摆样子给我看的吧。我按捺住内心的一丝不满,先去翻看了他已完成的一部分假期作业。看着他歪歪扭扭的字迹,我不禁皱起了眉头,接着我又仔细查看了他的英语作业,简直错误连篇,我的眉头皱得更紧了。A 同学尴尬地站在一旁,又斜眼看了看他那一向粗暴的爸爸,神情越发紧张了,也许他以为一场"暴风雨"就要来临了……

我又故意翻看了他的其他作业,其实我是在考虑如何开口。一番思索后,我先是对他爸爸称赞孩子：比如你的孩子在期末考试前一段时间每天都能及时完成作业了，英语默写能默到 60 分了（其实作业完成得还是很马虎，默写也就一两次及格，但这些我暂时没跟他爸爸说）；寝室里的值日做得很好，打扫得非常干净；人很热心，争着帮老师把作业拿到办公室；也非常有礼貌，遇见老师总能大声地问好……然后又委婉地告诉家长：其实你的孩子还可以做得更好，如果双休日在家做作业时，你能经常性地督促他，孩子一定会有出色的表现；如果字写得稍微工整些，那就为老师减轻了不少负担——不用再费时费力地去辨认了，到时老师还得感谢他呢……他爸爸的脸渐渐舒展开，孩子也没那么紧张了。接着，我跟 A 同学聊了起来：你把作业都摆在桌上，说明你并没有只想到玩，你还是想做的，这点令老师很欣慰。要是你比平时稍微认真一点，那老师就更满意了。现在你愿意让手机休息一会儿，去做会儿英语作业吗？不懂的题目趁老师在，你可以问老师啊。他不好意思地笑了笑，赶紧把手机给他爸爸，开始做作业了。我和他爸爸则在一旁又轻声聊了起来。我说：孩子大了，都比较逆反，其实我儿子也一样（跟他拉近距离），但是你靠打骂是解决不了问题的。你不妨在孩子做作业的时候陪在他旁边，当然你也不要玩手机，让孩子感觉你是关心他的。而且你也要给孩子机会，他一次考得不尽如人意，那你可以跟他说"爸爸希望你下次能稍微提高几分"，骂他、打他都无济于事，只能让他有破罐子破摔的心理。

"老师，这部分我做好了。"孩子的话打断了我和他爸爸的聊天。我过去给孩子检查作业……"嗯，今天是你做得最认真的一次，而且错的题目也不多，老师知道你是最棒的。来，这几个错的，老师给你讲讲。"这时孩子早已开心不已，他又看了看他爸爸，他爸爸也面露微笑了。就这样，这场孩子预期的"暴风雨"不经意间与之擦肩而过……

新学期开学了，我发现 A 同学的学习习惯在逐渐好转：上课认真听的时间长了，字迹比以前工整了，基础题目的正确率在慢慢提高……A 同学和我的师生关系也越来越和谐，当然，他的学习也有所进步，这就是所谓的"亲其师而信其道"吧。A 同学的爸爸也一直跟我保持联系，我们也会讨论一些对于孩子某些表现的教育方法。真心希望 A 同学能持之以恒，当然我的工作还得继续。

试想一下，如果当时我不采用先称赞他的方式，而是劈头盖脸一阵"机关枪"，那是不是真会有一场"暴风雨"降临？那后果会怎样呢？也许 A 同学会一直记恨我，那他的学习……

（崇明区凌云中学龚丹老师撰写）

三、教育叙事情境的预设性

预设的教育叙事情境表述的情境是根据情境主题的需要，描述的内容既可是应用或改编前的真实存在的某一教育事件或某种教育现象，也可是叙述者因为指出某种教学现象，揭示某种教育规律而想象出的虚构的教育事件或教育现象。

（一）预设的教育叙事情境的基本要求

预设的教育叙事情境是描述者在教育故事或叙事情境中，提前设计好一个特定的故事背景或情境，以便达到特定的教育目的，或是解决某一教育问题。

1. 情境的预设性。情境的预设性指在教育叙事情境中，聚焦预设目标时，运用已有的经验，有选择地整合利用相关案例，或通过自己的想象，创新一个新的事件，更好地解决预设目标下的问题。

2. 情境的指向性。教育叙事情境的生动性指的是叙事情境的形象和具体程度，使阅读者身临其境一样感受到情境中的人物、事件和环境，从而更加深入地理解情境所要传达的教育含义。

（二）预设的教育叙事情境的基本步骤

1. 预设目标：针对解决某一教学问题，或聚焦一个问题的解决，预设可能通过教育情境的演绎，呈现明确的故事或情境的教育目标，并依据目标，选定适切的情境。根据预设目标，确定故事或情境的主题。

2. 设计情境和人物：基于主题和目标，在预设的教育叙事情境中，设计解决问题的故事或情境的背景，通过人物的语言、行为、思想、经历等方面塑造出具有鲜明的个性特点和生动人物形象，使其符合教育目标和主题。

3. 情感共鸣和问题解决：通过情感元素的加入，如友情、亲情、爱情等，使情境更加感人和鼓舞人心，更容易引起读者的共鸣和情感共振。在情境展开的生动描述中，解决某一教学问题。

画画应该是快乐的

故事要从七年级美术《椅子的设计》一课说起。这节课是初中阶段学生从基础绘画走向创意设计的关键性的一节课，学生在之前的点、线、面、色西方绘画以及工笔、写意为主的中国画的学习中，积累了绘画的基础理论学习和技法的实践，设计单元的学习主要是让学生走出固有知识的束缚，走向美学自我觉悟与实践的开始。

在课前我做了大量的准备工作，根据生情以及自身对这节课产生的新的认识，重新制作了课件，课堂环节较以前也作了调整，很自信对这节课的把握。果然，"为未来自己的书房选一把合适的椅子"的情境导入的安排，成功调动起了学生参与教学的积极性；古代中外椅子的欣赏和近现代椅子设计的发展等授课环节也极大引起了学生的兴趣。接下来我图文结合、声情并茂地从椅子的造型、用途、材质几个方面解析了椅子设计的关键因素。看着学生认真而有效的讨论，思维敏捷地回答问题，我感觉一堂美术课进行到这里已经算是成功了，作为这堂课的组织者，剩下的环节我只需要布置好练习任务，就可以像一个"局外人"一样"袖手旁观"地等待孩子们的杰作呈现在我面前了。

果然，前面几组的孩子们已经用娴熟的笔法飞快地勾勒出了自己想象中椅子的外形，还配上了具有装饰效果的靠背、扶手，尤其是郑玉月、贾梦珂几个女孩子，想象力和绘画的功底都不错，我略加指导，一组组款式新颖、造型立体的椅子已经悄然立于纸上。"大概其他老师看到这些作品也会频频点头吧。"看着孩子们出色的作品，我也怡然自得。

等等，"陈孝兵、刘李、孟袁、李武……你们几个人怎么没有画画?!"沉浸在喜悦中的我这才发现另一个角落的不对劲。他们几个男孩子，一个埋头装睡，一个右手托住额头做"沉思"状，俨然一尊"思想者"，更为"可气"的是孟袁和李武，他们两个估计是"讨论"到了什么有意思的事情，来不及遮掩的笑容和洁白的牙齿"暴露"了他们，正是他俩的笑声吸引了我的注意力，才让我及时发现了情况。看着几张空白的画纸，真是气不打一处来。

"你们怎么都没有画画?"没有表现出不悦，我略带严肃地问他们。

"老师，我画了一会了，感觉画不像，画画真的很痛苦！让我很烦躁。""装睡的"陈孝兵一脸的苦恼，我翻开他画纸的背面，看到他画过又揉擦过的"椅子"，情况果然如他所说。

"老师，我还没想出来要画什么样的椅子。""思想者"刘李说。

"老师，这个太难了，我们不会画。""我们就不会画画。"孟袁和李武一副无所谓的样子。

画画"很痛苦"？"不会画"？画画不应该是快乐的吗？我反复思考着这几个问题。

课后，我把七年级学生两年来学过的美术基础课分析了一遍，结论是学生不应该存在"不会画"的问题，最大的可能是兼带设计性的作业确实比较"费脑筋"，因为要画一个自己都没有见过的东西，学生不愿意开动脑筋，再加上有的学生绘画功底相对弱一些，导致无从下手，害怕画画，他们感受不到画画带来的美感、愉悦感、成就感，反而经受着"画不出"的"痛苦"。

我在崇中片微信群询问了几位美术老师，老师们都说美术课上确实存在这样的问题，尝试采取过一些措施总是收效甚微。陈老师提议以此为主题开展一次片级网络教研，讨论制定一个解决方案。大家分析了问题的原因：一是美术功底薄弱的学生，对于描绘想象出来的物品困难重重，常常无从下手；二是有的学生没有想去画画的主观意愿，缺少动力。

傅老师说，"首先要培养学生对画画的热爱，感受到美术课的乐趣，解决兴趣问题。"

朱老师认为学生"会不会画"是最重要的，"小班化教学的优势是教师有更多的精力照顾到学困生，要给不愿意画画的同学个别讲解、示范绘画步骤，帮助他们理解物体塑造的过程。"

陈老师说，"可以先带学生去室外写生，走出教室画一些生活中常见的事物，既能增加乐趣，又能练习学生的塑造能力。"

"我们的学校背靠农村,周边都是郊野风光,现在油菜花开了,春光明媚,出去写生,画画远处的房子近处的油菜花,孩子们肯定喜欢。"

接下来的几节课,我调整了教学内容,让学生坐在校园里用钢笔画花木楼台、雕塑灯柱、假山亭廊,又来到田地里,用水彩画绿的麦苗、黄的菜花。孩子们围坐在我的身边,听我讲解一个灯柱的透视和光影,示范远灰近纯、亮暖暗冷的颜色变化,并对绘画基础薄弱的几个学生多加指导。课上孩子们表现得特别积极,尤其是"不会画画"的几位,表现最为明显。

很快我就收到了反馈:总有学生关心今天的美术课没有调过吧?也有老师感慨,某学生在课间不出去嬉闹了,一直拿支圆珠笔画画。

有了绘画的兴趣,掌握了绘画的方法,我继续引导学生画一些想象出来的物品,孩子们都不再觉得困难了。

"画画真是一件开心的事情!"有一次遇到陈孝兵同学,他这么跟我说。

(崇明区教育学院高华老师撰写)

综上,教育叙事是将教育研究拉近或者放低到具体的、动态的教育教学情境中,对教学情境进行理论性剖析,从而以叙事的形式对教育事件本身进行深入的研究。因此,教育叙事情境的构建应该直面教学现实情境,以客观的、真实的、朴素的教育叙事情境的描述方式,对教育现象和教育问题进行有意义的叙事。

问题探讨:

1. 根据您的教育教学经验,教育叙事情境撰写时,还存在哪些主要问题?他们对应的原则是怎样的?

2. 教育叙事情境构建的选择上,为大家提供了叙事情境的真实的(已经发生的)、创设的(正在发生的)和预设的(将要发生的)三种方向。您认为合理吗?为什么?

参考文献:

[1] 王文静.理解实践:活动与情境的观点[J].全球教育展望,2001(5).

[2] 孙启民.教海探航:教育叙事叙何事[J].江苏教育,2004(3A).

[3] 刘良华.论教育"叙事研究"[J].现代教育论丛,2002(4).

[4] 王维审.走向教育故事的更深处[J].中国教师报,2021(8).

[5] 李玉明.教育叙事情境的构建[J].教学与管理(小学版),2020(8).

[6] Creswell, J. W. Educational Research: Planning, Conducting, and Evaluating Quantitative and Qualitative Research[M]. London: Pearson Education Ltd., 2020.

[7] 陈月芳.叙事疗法在小学心理健康教育课上的应用[J].中小学心理健康教育,2020(7).

第七章　教育叙事的反思与重构

教师进行教育叙事反思：一是要筑牢叙事的根基，让真实成为教育叙事的本色；二是要明白教育叙事的根本目的是指向叙事背后教育意义，让价值成为教育叙事的底色；三是要关注叙事的表达方式，使故事生动而深刻，能引起读者的共鸣，让可读性成为教育叙事的亮色；四是要注意教育叙事的结构，叙事和反思要相得益彰，让反思显现出教育叙事的成色。同时我们也探索出教师重构教育叙事的路径，即寻找叙事材料—确定叙事主题—形成叙事文本—审视叙事过程—传播叙事理念。本章要点为：

☑ 教育叙事的反思
☑ 教育叙事的重构

第一节 教育叙事的反思

从一线教师日常生活的实际情况看,多数教育叙事都不是内源性自发产生,而是任务式临时创作,所以我们很有必要把教育叙事的一些关键要素摆到"放大镜"下,去反思一下是否还真的像我们当初想象的那样"美丽"。

一、对教育叙事真实性的反思

教育故事是教师进行教育叙事的载体,也是其研究反思的对象。故事的真实与否,直接关系到中小学老师教育叙事的价值意义所在。所以,教师教育叙事中所叙述的教育故事必须是真实的,不可随意编造。

真实的故事一般具备以下特点:一是故事必须相对完整,必须有时间、地点、人物、事件这几个要素,包含开端、发展、高潮、结局等,让人听起来像真的;二是能引起大家的反思和讨论,并应用于教育实践;三是能被合理解释,故事可读性强,并能成为教育研究的重要资料;另外,故事有力,能引起读者共鸣。教育叙事的真实性还需要考虑故事中的一些主观感受的真伪,比如教师讲述自己的经历时,不愿意反映自己的主观感受,而是刻意迎合人们对教师的职业期望,选取一些让人感觉更有责任感的语言或者故事来描述自己的经历。

清晨的阳光温拂过脸颊,又是一个批改作业的早上。批改到小琦的作业时,我十分期待,小姑娘练习字母书写有一段时间了,不知道写得有没有比之前进步呢?可是翻开小琦的作业本,却让我十分惊讶。本子上的每个字母都写得歪歪扭扭,有的甚至"调皮"地跑出了四线三格,本子纸张也不平整,被揉得凌乱不堪。我脑海中想起小琦课堂上乖巧文静的样子,这真的是她写出来的作业吗?难道我之前发给她的字母书写表她在家里并没有练习,还是有别的情况?一时之间,我在心里打了好几个问号。

英语课后我找到小琦询问情况。

"孩子,这是你写的英语作业吗?"我面带微笑地看着她,问道。

"刘老师,我……"小琦支支吾吾的。

"小琦,你觉得自己写的英语作业怎么样呀?如果让你评价的话,你给你自己打几颗星?"我打开作业本,指着那些"歪歪扭扭"的字母。

"刘老师,我觉得……我觉得我写得并不好。"小琦难为情地说道。

"小琦,老师并没有责怪你哦。万事开头难,刚开始学习写字母一定会需要很多时间去练习,老师只是想问问你在家里练习了吗?"我蹲下身子,看向小琦的眼睛。

"我,我有时候作业写得有点晚了,就没有练习了。"小琦红着脸说。

"原来如此呀,不过老师觉得如果你多加练习的话,以你的实力,应该可以写得比这个好,你愿不愿意和老师一起再努力一次?"我摸了摸小琦的头,鼓励地看着她并向她伸出手。

"我愿意。"小琦握住我的手,我们达成一致。

第二天,刚刚下课,走廊里就看到小琦拿着本子和铅笔来找我的身影。从那以后,每到下课时间,小琦就会来找我练习字母。我们一起伏在桌子上,我先写一个示范,然后小琦模仿着我的样子写完一整行。我还拿出其他孩子刚开始写字母时候的作业,告诉小琦其实大家都是一样的,一开始一定很难,经过努力都可以很流畅地写出漂亮的句子。只要你不放弃练习,不自暴自弃,就一定可以写得很好。慢慢地,小琦的书写越来越规范,写得越来越好了。我批改小琦同学的作业时,也越来越舒心。

一个月后,班级英语书写比赛如期举办。孩子们自己书写,自己做小评委选择喜欢的书写作品投票。当评选到小琦的书写作品时,小评委们都发出了"哇"的惊叹声。经过一个月的努力,现在小琦的书写和以前完全不一样了。不仅认真规范,而且写出了自己独有的风格,一眼看上去舒服又大方。最后经过大家的一致投票决定,小琦获得了"书写小能手"称号。讲台上的小琦开心地拿着小奖状,激动的小脸都红了。我在心里由衷地为她感到开心!

【分析与反思】

(一) 和孩子一起坚持做

小琦同学的改变和进步让我思考很多。教育不是要说给孩子听,而是要做给孩子看。在小琦英语基础比其他孩子落下很多的紧要关头,和小琦一起做便是最好的鼓励。作为教师,在日常的教学过程中将榜样力量融入、贯彻十分重要。相信这次的"书写"课不仅给小琦同学,也再次给我自己带来了启发。想让学生做好一件事,便要放低姿态,做学生的榜样,和学生一起做。学会克服眼前的困难,学会和困难做斗争,学会积极主动地去面对困难,最后坚持到底,品尝坚持的胜利果实。

(二) 营造良好的伙伴氛围

新的氛围和新的环境给小琦带来了不安和自卑。在这种环境下,帮助小琦获得同伴的支持十分重要。于是,我组织孩子们自发举办书写比赛。在比赛过程中,小琦用自己的努力获得了同伴们的肯定和赞美,孩子们的相处也更加融洽。课后,我看到小琦和孩子们一起手拉手去洗手间,一起谈天说地。我看到小琦不会系红领巾,别的孩子们主动帮助小琦系上红领巾。良好的伙伴氛围帮助小琦更好更快地融入班集体,也为学习带来了自信。别怕,有我们陪着你!

(崇明区××学校××老师撰写)

教师在叙事时,总是朝着人们期望的方向发展,那么真实性就有待探究,不仅要故事真实,还需要许多元素的真实。

二、对教育叙事价值的反思

教育叙事就是要有鲜明的目的指向,要体现故事中蕴涵的教育意义,能够给人以启发。在叙事研究中,那个真实可感的、鲜活的故事只不过是教育意义披在身上的一件漂亮外衣,叙事研究的价值不在于为讲故事而讲故事,而在于故事背后的意义。这意味着故事必须要体现作者对该教育事件的思考和理解,反映作者的教育价值观和教学哲学。教育叙事的价值的反思,我们可以从以下几方面进行反思。

（一）是否能促进学生的德性培养以及学生的发展

有些教师在叙说教育故事时,并没有了解到学生真正的需要。这样,学生对教育故事蕴含的德育价值也就无法理解和内化,也就弱化了教育故事的德性,从而阻碍学生的发展。

（二）是否能促进教师的"教育叙事"思维养成

教育叙事所需要及所展现的思维是一种独特的叙事思维,是对鲜活的事件进行直接的描述,并巧妙地介入叙述者的主观意图、情感和立场。教育叙事主体正是在这种思维的引导下,通过具体的描述和解释来达成某种理想的形式。具体性、情境性和反思性特性的教育叙事思维可以有效地促进教育主体思维结构的改善,进而催生其教育智慧。

（三）是否能提升教师课程理念或意识

教育叙事是教师教学生活的写真,它把教师的课程理念和意识引入到活生生的教育生活之中,并通过教育生活经验的叙述来促进教师对于教育及其意义的理解,从而引发教师课程理念的变迁。教育叙事往往是叙述者深思熟虑的结果和产物。它有助于揭示日常教育教学生活所蕴藏的意义,可以用来改进并重建教师的教育生活,使教师认识到个体课程理念或意识的价值以及与权威观点的区别,从而促进教师课程理念的变革。

（四）是否能促进教师深刻认识工作中的重难点

教育叙事中的一些问题往往是教师工作中的难点,教师在叙事过程中进行一定的梳理反思,能够将问题的根本性抓住,也能够认识到自己的某些能力的欠缺并进行补足。

（五）能否加强教师的专业理论知识与实践的联系

教育叙事需要教师具备丰富扎实的理论知识,他们在教育叙事的过程中,必须更新知识理论。通过教育叙事,教师更加明确教育理论与教育实践的联系,从而将叙事作为更新教师专业实践的途径。

三、对教育叙事表达方式的反思

生动而优美的表达往往更能吸引读者,打动他们的心灵,引发他们的共鸣。一篇优秀的教育叙事一定是可读性和深刻性兼备的,所以我们关注教育叙事的表达方式。目前教师在写教育叙事时,在表达方式上往往会有以下问题。

(一) 套用固定模式

许多教师的叙事套用了固定模式,套用固定的文本结构,甚至是固定的句式。固定模式主要有通讯报道式、悔过书式和"事例理论"生搬硬套式。具体来说,有些教师将教育叙事研究当成了炫耀自己"先进事迹"的通讯报道,叙说自己良好的职业道德、对教育事业的热爱、高尚的品德或是自己做出的奉献等。还有一些教师将叙事研究看成是写检讨,就把自己在教育生涯中曾经犯过的错误重新拾掇起来,上纲上线地自我批评一番。

这样就很难从中得到更有意义的启发,无法身临其境般感受叙事者在当下所面临的教育冲突与困惑,很难发现它的研究价值所在。从根本上说,这种套用"固定模式"的叙事文本实际上是教师思维定式化、重复化在写作中的一种表现。

比如在很多教育叙事中都可以读到的"雷同"元素——忏悔,教师的叙事就像是忏悔书。

在随后的教学中,总是还没有等我讲完,就会听到"为什么啊?""不懂",还看见沈晨在那摇头,总有少部分同学跟风,嚷嚷着。碰到这种情况,我心里总是有一种说不出的挫折感和失败感,感觉不舒服,认为他干扰了我的正常教学工作,但我一直忍着,认真地解答。有一次,又出现这种情况,我终于忍不住,于是对他发火了,"以后不允许你习惯性地说不懂,为什么之类的话。"他红着脸,低下了头,不说话。随后的教学中,再也没有听见"为什么""不懂"之类的声音,沈晨回到从前的状态:不说话,只是在那认真地听着,记着。其他的同学也不像原来那样敢于提出质疑。难道这是我想要的结果吗?

(崇明区××学校××老师撰写)

这种简单的悔过书式的叙事,只是流于文字形式的反思,并非真正的教师反思,而是套用固定的模式。还有一些固定模式是这样的,比如总是将教师"好"的一面展示出来:

英语作为第二语言的学习,对于接受能力较差的学生来讲,其难度本来就比较大,并且需要大量的死记硬背。小秦同学的个性十分内向,却也是个懂事的孩子,她每天回家首先是帮助爷爷奶奶做些自己力所能及的家务,然后才开始做作业。显然她做作业的时间要比同学们少,那么,我何不尝试把她的作业减掉一部分,也许……

于是,当天教完课文后,我把她叫到身边,帮她在书上画了些重点的词组、句子,让她就默写画到的内容。她瞪大了眼睛不敢相信,我微笑着点头:"老师给你的作业做个减法,减掉一部分,但剩下的你必须认真完成,可以吗?"她使劲地点了点头。

第二天课代表告诉我:"张老师,张老师,今天小秦交作业了,难得呀!"我笑了笑:"小秦是个好孩子,只是和你们的处境有点不一样,以后她学习上有困难,你要多帮帮她哦。"

课上别人默写课文时,我只让她默写所画的内容,虽然还是错了一点点,但我还是当众表扬了她。从来都是眉头紧锁的她,露出了发自心底的甜美醉人的笑容。

初见成效后,我就一直给她的作业做减法。从此她对学习英语的态度转变了,成绩也逐步提高了,期中考试她得了七十多分。我也不再吝啬对她的表扬,及时肯定她取得的好成绩,并希望她再接再厉,继续努力。平时也经常跟她聊聊天,关心她的生活,她也对我十分信赖,不管开心不开心的事都愿意和我分享。亲其师,信其道。她越来越爱学习英语了,到小学毕业考试她竟然破天荒得了87分。

(崇明区××学校××老师撰写)

别人看来教师很容易就解决了问题,但实际上调皮捣蛋的学生以及后进生的问题哪有那么容易就解决了的,成绩也不可能一次谈心几次补习就提升了,其实教师工作并不轻松。

(二)叙事随意散乱

有些叙事看起来比较散乱,就像是记流水账,把一些简单的事情记录下来。他们的教育叙事实际上只是浮于表象,既没有完整的故事情节,也没有吸引人的故事矛盾点,又没有对教育事件的意义进行深思,不能引发别人共鸣和思考,完全缺乏研究深度。

2020年初,疫情导致迟迟无法开学,教师和学生的沟通方式从直接沟通变成了线上交流:如晓黑板以及QQ学习小组。每节自然课上课时候我看不到学生,只能听到他们的声音。或许是距离产生美吧,孩子们变得那么可爱。

组建蚕宝宝兴趣小组的第一天,我收到许多组员的消息:

"老师,蚕宝宝喜欢晒太阳吗?"

"老师,今天我在小区里面发现了一棵桑树,我的蚕宝宝有吃的了。"

"我的蚕卵颜色变深了。"

……

当我在查看消息时,突然发现班里从来不回答问题,"口碑"也不太好的×××同学发了一条消息:"老师,我也想养蚕,可我怎么获得蚕卵呢?"

我很欣喜,这位同学在学校的时候几乎不和我交流也不发言,同学们对他的印象也不太好,今天的确值得表扬。于是我就赶紧回复他,我可以送一些蚕卵给他。他发送了一个大大的笑脸和一句谢谢。接下来的每一天他都会在小组群中汇报蚕宝宝的生长情况。我还调侃,这还是那个我认识的学生吗?但同时,我也开始对他刮目相看。

有一次,我录制了制作微课,布置任务让学生自主学习制作。没过多久,他第一个上传制作视频,视频中他边做边讲解,俨然一个小老师。他让我明白,原来每个孩子都那么可爱,只是我还没有发现他们身上的闪光点。

(崇明区××学校××老师撰写)

这位老师的叙事只是记录了教育教学中的一些片段,很像流水账,读者没有看到完整的情节,更不要说引人入胜的故事情节了。

（三）教育叙事论述头重脚轻

有些叙述故事大量篇幅对自己所经历的教育故事进行叙述,叙述完了故事便草草结尾,有些故事尽管很吸引人,但在叙述中没有融入自己的理解与反思,而且结局就以一段教育名言或者理论收尾,让人感觉"头重脚轻"。

某日抬脚准备走进办公室的时候,突然感觉有什么东西不对劲。倒回去两步一看,"灭人"？北教学楼四楼楼梯口灭火器箱正面"灭火器箱"四个字果真变成了"灭人器箱",大吃一惊的我赶紧蹲下看看怎么回事,原来"火"字上面的两点没有了,"灭火器箱"俨然变成了"灭人器箱",为什么单单是那两点白色"消失"了呢？难道是被哪个学生用手抠掉了吗？我暗暗心想：这孩子也是够"聪明"的,抠掉了两个点就完全变成了相反的意思。我立刻拍了照片发到学校中层群,不久总务主任郁老师就发现北楼二楼和三楼楼梯口的"灭火器箱"也变成了"灭人器箱",立刻要求班主任在班级里排摸是谁做的,很快"嫌疑人"小航浮出水面。

小航是个四年级的学生,在班级里是个"捣蛋鬼",总爱做一些不守规矩的事情,这次被揭发也"得益"于班主任对他的深刻了解。在办公室里见到小航一点也不意外,用班主任的话来说："我就知道是他！"接下来就是我与小航的谈话时间。长期贯彻"善于认错,永不悔改"政策的小航非常坦白地交代了自己抠掉三层楼灭火器箱"火"字上面两点的过程,并直言就是无聊而为之。当我询问他既然知道自己破坏了学校公共财物应该怎么弥补的时候,他说不知道。我给了他两个选择：一是下周一在全校面前做检讨,以儆效尤；二是尝试做一个学期的学校灭火器箱管理员,弥补自己的错误。他毫不犹豫地选择了第二个选项,我知道小航是个要面子的人,但平时懒散惯了且缺乏责任心,我想这不正是个帮助他树立责任感和集体意识的机会吗？于是我跟他商量,要做好学校灭火器管理员首先要了解学校总共有多少个灭火器箱,要求他下周一对校园内的灭火器箱进行调查：校园里有多少灭火器箱？分别在什么位置？

周一上午,见小航并没有开展调查,我提醒他时他还不耐烦地反复说："知道了！知道了！"我只好对他说："这个调查今天必须完成,你答应我的！完成不了那就放学后留下来完成！"可能他终于意识到我来真的,所以利用午休时间拿着纸笔穿梭在校园里。下午三点,我终于在办公室里等到了他。他磨磨蹭蹭地走到我办公桌旁,说道："王老师,我调查好了。""好的,那你来跟我说一说吧,我还不清楚呢！"我说。只见他翻开手中红黑笔穿梭其中的皱巴巴的纸向我说道："这是我画的平面图,这是北楼,这是南楼。""好,那我们先从北楼四楼开始吧！"他一边用手指着纸上只有他自己看得懂的标记,一边讲述学校两栋教学楼、两个停车场、总务处、门岗、操场、食堂等地的调查结果,中间还穿插着："电脑房里应该有一个灭火器箱,我看见过,但门锁着我没能再确认一下。""北楼三楼为什么一个灭火器箱都没有？""停电瓶车的场地有一个灭火器箱放在里面,不容易看见。""总务处的灭火器箱里面只有一瓶。""操场一个灭火器箱都没有,有安全问题。"我听着他详细地总结自己的调查结果,心里想着下一步。见他说完了,我假装好奇地问他:"那你查看到的全校21个灭火器箱,它们干净整洁吗?"他立刻摇了摇头说:"不干净,而且有些上面都锈了!""那怎么办啊?我们能为这些灭火器箱做些什么吗?""我明天带湿巾纸来擦!""湿巾纸估计不是最好的选择,本来上面就是锈的,而且灭火器箱应保持干燥,不如明天带个干抹布擦一擦,明天我也带一个,咱俩一起擦!""好的!"见他愉快地答应了,我也为因此能激发到他的一点主动性而暗暗高兴。

可惜第二天,我原本脑补的教育情景并未发生,小航忘记带抹布了,我本着耐心教育的原则,多给他一次机会。到了第三天,他说他又忘记了。感觉到他懒散的性格不容易改变,我又跟他严肃地交谈了一次,并让他自己想想如何弥补这一次说话不算数的错误,他想了想说:"我要保护灭火器箱一整年!"我想也只好这样,因此不得不再次给了他机会。到了第四天,抹布终于带过来了,按照我跟小航约好的午休时间,我们一起清洁了校园里的灭火器箱。过程中他出乎意料地积极主动。擦完灭火器箱之后,把抹布洗干净晾在教室外的栏杆上,虽然动作不熟练但很仔细,这让我看到了他热爱劳动的优秀品质。善于抓住学生身上的闪光点也是教育契机,我借此机会对他进行表扬。可能因为他长时间没有机会受到老师的表扬,当下表现得更加积极主动。从调查学校灭火器箱画平面图到义务擦拭灭火器箱,接下来就是日常维护了。小航作为班级里的"捣蛋鬼",自然没有尝试过"当官"的滋味,借此机会我给他安排了一个"灭火器箱管理员"的重任,脖子上的挂牌俨然和红领巾一起成为他身上的亮点。在"授牌"之前,我与他"约法三章":1. 每周巡视至少一次整个校园的灭火器箱,并做好清洁工作;2. 对于未按照要求放置的灭火器箱与总务主任郁老师(正好是他的体育老师)沟通解决;3. 遇到任何损坏灭火器箱的行为,如乱涂乱画、任意踩踏等要及时提醒,有困难与老师共同解决。他坚定地点了点头,表示自己一定能完成任务。见他一边爱不释手地摸着挂牌,一边昂首挺胸地走出办公室,我心里也有了从未有过的充实感、成就感。

刚开始几天,小航天天中午吃完饭就去巡视,时间久了他发现似乎除了曾经的他,没有学生破坏灭火器箱,这让他有些沮丧,毕竟"新官上任三把火",他还一把火都没烧呢!一个星期后的一个中午,小航急匆匆地奔进我的办公室,边跑边喊:"王老师,有人破坏灭火器箱!"我好奇地看着他说:"别着急,慢慢说!""就是有一个老师,我不知道她姓什么,她把脚踩在灭火器箱上,把灭火器箱都踩脏了!""啊!怎么会这样啊?!那作为灭火器箱管理员,你做了什么没有?""我不敢!"小航瑟瑟地说道。"那可不行啊!这是你的职责,无论是老师还是学生都有责任保护好学校的公共财产,对吗?""是的,可是那是老师啊,万一她说我怎么办?""小航,坚持正确的事,纠正错误的事,有错吗?""没有啊!可我还是有些不敢!""那这样,需要王老师陪你一起去吗?"我感受到作为"差生"的他在老师面前还是比较胆小的,就想去"帮他一把",谁知他说:"那我还是自己去吧!我可以悄悄地跟她说!"我想这孩子自尊心还是比较强的,就想给他这个机会。"好的,我尊重你的想法,那王老师就在办公室里等你!"

小航一溜烟地跑出了办公室,几分钟之后,他笑嘻嘻地跑了回来,说道:"王老师,我跟那位老师说了,她说她下次注意,不会再踩灭火器箱了。""真的吗?小航,你可真厉害!不仅保护了灭火器箱,更是战胜了自己的胆怯,而且还能帮助老师进步呢。真了不起!"他难得含羞地低下了头,说:"王老师,我知道自己错了!从第一次你找我,我就知道了,但是我没想过改正,我以后肯定也不会再犯了。""小航,你看,任何人都会犯错误,不管是学生还是老师,知错就改就还是好孩子!从这件事你学习到了很多,也成长了很多,希望以后的你能够严格要求自己,坚持做正确的事,也要敢于纠正错误的事。好吗?""嗯嗯!"小航边点头边眼神坚定地说道。

从没想过灭火器箱会变成"灭人"器箱,也从没想过这件事会成为一个教育契机,改变一位学生的行为规范和思想。这让我想起曾经一位专家说的话:任何一件小事都可能成为教育契机,而我们老师要做的就是善于发现。在平时烦琐的教学工作中,我们难免顾此失彼,忽略学生的言行,但在当今素质教育大背景和当代学生的价值观层面下,我们应该时刻关注学生的五育并举和健康发展,"身正为师,德高为范。"帮助他们成为祖国需要和自己想要成为的人。

(崇明区××学校××老师撰写)

这位老师抓住学校日常生活中"灭火 or 灭人"这样一件虽小但是却很有趣也很有意义的事件,但是事件的反思过于肤浅,让人觉得意犹未尽。

四、对教育叙事反思的反思

教育叙事是教师进行教育教学反思的重要方式。杜威指出:"反思是对经验进行重构或重组,使之增加经验的意义并增强指导后续经验方向的能力。教学经验并不会自然地成为学习资源,只有经过反思的经验才是教师的自我财富。相反,如果一个教师仅仅满足于获得经验而不对经验进行深入的思考,那么即使是有 20 年的教学经验,也许只是一年工作的 20 次重复。除非善于从经验反思中吸取教益,否则就不可能有什么改进。"他提出,教师成长=经验+反思,其实,"反思"的形式有很多种,写教育故事(日记、随笔等)就是其中的一种,好的教育叙事必须包含精彩的反思并加以深度研究,才能用以指导今后的实践。我们可以从以下几点来反思教育叙事的反思。

(一)是否偏重叙事,忽略反思

在研究过程中,有许多教师的教育叙事内容很精彩,引人入胜,但是总给人虎头蛇尾的感觉,比如,一个老师的叙事中这样描述:

认识"小邋遢"

一年级的英语周课时只有两节,只能从他们最简单的 Hello! Hi! Good morning! 中找寻蛛丝马迹,发掘孩子们的特点。没做班主任之前,我多么渴望孩子们能经常来找我提问,但当上班主任之后,没有我所期盼的学科提问,而是源源不断的小报告,×××拿我橡皮;×××欺负我,把我按在地上;老师,我的铅笔不见了……不仅要当福尔摩斯,还要做班级的清洁工。虽然我很喜欢整理,但我不喜欢不停的整理啊!当你清洁完地面的纸屑之后,要不了一刻钟,纸屑又会离奇出现,就好像让人头疼不已的头皮屑,如漫天鹅毛大雪,撒在我的教室中。

在我们班级中,有一个长得白白净净的、戴着小眼镜,讲起话来细声细气的小姑娘——小朱。如果我不做她的班主任,我会非常非常爱她。可是,就是这样一个完全长在我的审美上的小姑娘,她竟然就是那些离奇纸屑的主要制造者!这个发现让我难以置信,这样一个白白净净的小姑娘,竟然可以容忍自己的座位附近布满纸屑,而且这些纸屑隐隐有蔓延之势,如落叶般铺撒在她的前后左右。附近的邻居们忍不了了,纷纷来告状。初为班主任的我,没有很强的洗脑功力,只能简单地告诉她,这样不对,你不应该这样做。很显然,我高估了我的影响力。你永远叫不醒一个装睡的人,而小朱就是这样一个沉浸在自己的世界中,忽略外界一切干扰,依旧我行我素的人。不仅如此,语文、数学老师都来诉说心酸,这个孩子上课根本不听讲,聪明的小脑袋不知道在想什么!面对这样的一个"小邋遢",相信没有一个班主任会真心喜爱她。老师也不是圣人,老师心中的天平也总会有倾斜啊。于是乎,最初让我惊鸿一瞥的"小邋遢"成了我心中的意难平。

走近"小邋遢"

正好,班主任需要完成家访任务,利用休息时间,我联系了小朱的家长,前往她家,实地考察,争取出成绩。终于,热情好客的小朱妈妈,把路盲症晚期患者——我本人,领进了家门。

一进小朱家,就有一个大大的客厅,里面放着她的古筝,对面是一整排书架,中间有一个非常宽阔的场地,小朱可以肆意遨游在知识的海洋中。再进小朱的房间,小小的,但不失干净整洁。她的学习环境还是十分舒服的。那么,到底是什么原因,让小朱融不进班级这样一个大家庭呢?

在和小朱妈妈的交谈中,我了解到,这个孩子自我意识很强,很有主见。这和妈妈的教育是离不开的。妈妈对孩子从来不打骂,以鼓励为主,当孩子做错事时,也会耐心地跟孩子讲道理,小朱很幸福,有这样一个爱她的妈妈。而爸爸的教育理念和妈妈其实是不一致的,但是爸爸敢怒而不敢言。有时候,爸爸看见倔强的小朱,也会萌生质疑的种子,妈妈的教养方式对不对?但总体而言,小朱父母的家庭教育方式还是可取的。而小朱在和我的交谈过程中,娓娓道来,思维能力可见一斑。而且,我发现这个孩子很有探究意识,喜欢追根溯源,这点发生在这个年龄的孩子身上是十分难能可贵的。我诧异于我的肤浅,怎么就被区区纸屑蒙住了双眼呢?看来,第一印象还是非常可靠的。有了这样的认知,我决定加强对小朱的观察,用更大的耐心和爱心来改变她。

了解"小邋遢"

这一次家访,让我对小朱有了新的认识。这是一只绝对的"潜力股"啊!但改变的仅仅是我的认识,小朱依旧是那个不爱听讲、不爱干净的小朱。语文老师、数学老师还是经常来找我告状、诉苦。隐隐约约,我相信,小朱现在就宛如一个虫蛹,终有破茧的一日。

这是一节数字教学课,我诧异于空中课堂的精妙设计,竟然将形状和数字合二为一,用不同数量、不同种类的文具,拼凑成一个具体的事物!妙哉!妙哉!于是乎,这节课,孩子们生动的想象力完全被激发出来了,他们纷纷在课上发表自己的看法。但他们说出来的都是课中出现过的房子、花朵之物,要进一步拓展他们的语言思维,看来要到第二课时了。

"老师,一条鱼!"一个害羞的声音闯入我的耳中,似曾相识的感觉,是谁?我回头一看,是小朱在跟我说话。反反复复,她一直重复着这句话。而我竟天真地以为,哪位小朋友真的带来了一条鱼!谁把鱼带进了教室里?小朱也不生气,她指指桌上她用铅笔、橡皮做成的一条鱼,笑嘻嘻地看着我。老天!我的机会来了!于是乎,我用力地表扬了她,与此同时,指导她用英语进行表达,说说自己这个智慧的作品。小朱果然没让我失望,三两句地就流利表达了。之后的晨会、班会上,我把小朱的例子拿出来,鼓励孩子们充分发挥自己的想象力,而那次的家作,孩子们的作品百花齐放,语言表达也令我十分满意。当然,最让我满意的还是小朱,她不仅创作出了一条鱼,家作中她又创作出了一个跷跷板,她的思维敏捷度让我惊讶。我仿佛看见她冲出虫蛹,振翅而飞的美丽身影了。

"小邋遢"变了

这次的事件是一个契机,但我不认为,仅仅一次的让同学们刮目相看能够让她完全改变。火候不够,需要再添一把柴。就从交朋友开始吧。

午间、课间休息时,小朱习惯性地坐在座位里,不吵不闹也不和别人玩。为了让她融入集体,我挖空心思,又将教学与课间游戏做了一次融整。我让孩子们玩起了"食物小火车"游戏,我来当火车头,后面跟着41个孩子,每个孩子就是一节车厢,要紧紧拽着前面小朋友的衣服不撒手,嘴里还要唱着课上学的歌谣。就这样,午间休息时,如果你路过实验小学的校门口,你会发现一个已经不太年轻的班主任,带着整班的孩子,围着教室门口的那片空地,一圈一圈地转圈圈,而且可能会被那首英语歌谣成功洗脑。小朱很喜欢这个小游戏,渐渐地,我发现她开始主动跟我说话,当我经过教室回办公室时,她会扒着栏杆,望着我的背影笑嘻嘻的。

有一次,应该是体育课后,我看见小朱披散着头发,颜值大打折扣。作为生了一个宝贝闺女的资深宝妈,扎头发那都不叫事儿。我为小朱设计了一个发型,让她改头换面。等我扎完头发,欣赏自己成果的同时,再一次感叹,真可爱的小女孩啊!顺便又给她洗了洗脑:"你看!这么漂亮这么干净的你,座位却是一团糟,不符合你的形象和气质啦!"终于,小朱羞涩地回到座位,开始慢慢整理自己的小天地了!

在我的英语课上,小朱还会积极举手,回答问题。她的解答还是令我最满意的!

慢慢来,教育本来就不能急功近利。润物细无声的教育才最令人心旷神怡。如果不是这一条"小鱼",我不会改变对小朱的认识,更不会直面我的肤浅。我坚信,小朱会蜕变成为越来越美的蝶,翱翔在广阔的思维空间中,解读语言的奇妙之美!

(崇明区××学校××老师撰写)

这位教师的故事很长很生动,但反思仅有几句话,叙事主体偏重内容的叙述,反思内容太少,很难让读者在教育实践上得到什么实质性的启示。

(二)反思是否过于随意、自以为是,脱离教育理论

有些中小学教师在教育叙事过程中确实对自己的教育教学行为产生了反思,但却是自以为正确而实际上错误的观点,这反而阻碍了其教育理念的更新,阻碍了其教育行为的改进。教育叙事并不是不需要理论学习,反而要求更高。教师不仅要深入教育实践对个案作深入的研究,更须具有独特的理论视角去关注经验叙述的代表性、合理性等。

(三)反思是否深刻

离开反思,教师就不能在叙事中深化对问题或事件的认识,不能找寻行为或事件背后所隐含的意义、理念和思想,不能深入总结已有的经验。

比如,教育叙事中的一些片段如下:

我们终于等到重回校园的时刻。再次站在讲台上,看着×××偶尔的调皮,我竟然没那么着急,而能够坦然地提醒他坐好,认真听讲。想必×××同学也能感受到老师善意的提醒,逐渐地他的发言多了,还会在下课之后提出一些独到的见解和疑问。

其实在线上教学过程中,有许多孩子都令我刮目相看,也许是长大了,我想更重要的是我发现了他们身上的闪光点。作为教师,应该有足够的耐心和信心去发现他们的优点。

(崇明区××学校××老师撰写)

在故事中的反思没有提炼出解决同类问题的一般教育策略,故事很难从感性上升到理

性,很难达到其期望的目的。

当然,人人都能反思不是一朝一夕或者一蹴而就的事情,具有长期性,但是这通过教师的努力是确切可以得到提升的,具有可行性,其关键在于要形成反思的程序、态度与内容。

第二节　教育叙事的重构

尽管当前的教育叙事存在着一些问题,但是在千千万万的莘莘学子和一线教师身边,每时每刻有无数的"故事"在上演,这其中大多数"故事"只是点缀了他们学习工作的日常,但是不能忽视的是其中也有一些"故事"或揭示了复杂的教育现象,或反映了科学的教育规律,或体现了深刻的教育思想。对这些"故事"进行积累和反思,既能解决教育教学中出现的问题,有益于学生的健康成长。同时教师化身为叙事者和研究者,也提升了自身的专业发展水平。那么面对繁杂琐碎的日常生活,教师的教育叙事之路究竟该怎么走呢?

一、寻找叙事材料

教育叙事中的"事"的范畴是非常宽泛的,它可以是自己教育教学中成功的经验的分享,也可以是挫折或教训的吸取;它可以是自己实践过程中某段心路历程的描述,也可以是对过去教育生活的感慨;它可以是课堂上某件突发的教育事件,也可以是间断但是有关联的几件教育事件的融合……然而过去发生的事情包罗万象,不可能事事都是教师教育叙事的对象,我们必须去寻找、梳理、回顾那些发生在我们身边的有意义的"事件"。我们不是为了叙事而叙事,简单地将发生的事件记录表达出来,我们叙事的目的是非常明确的——那就是从过去发生过的教育实践生活中寻找现在或者未来的教育实践可以借鉴、利用的东西。是为"现在"再现过去教育时空所发生的那个确切的"教育故事",倾听过去那个情境之所以这样或那样发展变化的细节或原因,实现从过去那个"实践现场"到现在这个"叙述现场"的呈现。所以教育叙事的第一步就是要找到已经发生的那些对现在和未来的教育有意义的事件,预见到事件背后蕴藏的宝贵教育"矿藏"。

"吵"出来的学习兴趣和语文素养
——从一次课堂意外到一条学科的学习路径

前两天学习每周一诗《过松源,晨炊漆公店》,在学生不能准确翻出大意时,我请大家讨论:"上山容易还是下山容易?"

班级一下子"火"了,虽已八年级,可差不多要吵起来:"老话就有'上山容易下山难'","上楼梯费体力肯定上山难"……一时间,谁也说服不了谁。

我请了一位胆子较小的同学,他不断咂舌,觉得"赚"和"空"字很有味道,却说不清楚。

"请大家结合生活中的实例(比如,体育课蛙跳后上楼梯和下楼梯的感觉)来反驳或证明自己的观点。"

很快,大家争先恐后地用"证据"支撑自己的观点,得出了"山多、下山难、不能掉以轻心"等意思,把每周一诗学得深刻难忘。我也很兴奋。有同学在周记里提到了此事。

A同学:杰同学虽是"学霸",可爬山这事儿我比他在行,我爬佘山时,一心往山顶上,提着气就上去了;下山的话,早累得腿软脚酸,一不留神就滑步。"赚得行人空喜欢",那就是说爬下了一座山也不要懈怠,后面那么多还得提着劲儿才行。"空"不就是"白白""空欢喜"一场么!相比之下,我理解得更透彻嘛。

B同学:新的方法带来了新的课堂——"莫言下岭便无难,赚得行人空喜欢。正入万山圈子里,一山放过一山拦。"理解大意时,有同学引用老话"上山容易下山难";有同学提出了体育课蛙跳之后,上楼梯时的痛苦感觉,得出了"下山难"或"上山难"的结论。虽然我对上楼梯的感觉深有同感,但别有看法:学习一首诗要结合通篇语境和作者的思想感情来理解,作者是因为难以走出崇山峻岭的包围圈而感慨胜利的有限,并非想比较"上山"还是"下山"难。

不过,这一"架"下来,平时不太说话的同学也分享了很多自己的经历,气氛很好,挺有意思。

这节课的意外"争吵",却给了我一种设想:"课上的讨论点,本质上是抓住了生活逻辑中的某一个点,才撬开了愿意表达的嘴巴,提升了课堂参与度。课上'动口说'是好现象,能不能在思考和欢笑声中带动学生在课后'动笔写',最终'爱上语文',培养良好的语文素养?"

我重新设计了周记的题目(二选一),供各层次学生选择:

1. 记录本周语文课中,你印象深刻的一次"争吵"过程。
2. 用自己的真实经历回答老师课上提出的讨论题目。

且有意识地在课堂上制造"争吵"点。很快,C同学写出了对李汉荣一系列关于生命体悟的散文感受:

"《外婆的手纹》课上,大家争论不休,虽然我不懂李汉荣的哲学,却想起《山中访友》开头'一大早,与清风撞了个满怀,好清爽'的句子。因为那种感觉我也深有体会:比如在洗好头发,满心轻快地搂着爷爷撒娇的一刻,在晨读时聆听走廊里琅琅书声的一刹那,在踩着铃声刚好踏进教室的一瞬间……都有与美好相遇的感觉,似那'露水和栀子花的气息'般美好。这种人人相通的感受,以及字里行间的深情,让我喜欢上了李汉荣作品里的体悟,我想他的写作风格是不会随意改变的。同样,他对外婆的情感就藏在鞋垫里,那双手中。我想,这篇文章要表达的,是怀念,是不舍,是痛的眷恋吧。这种感觉复杂,终归也是一种爱的美好。"

我在课前分享了这篇小文,因为学生形成了一个明晰的思考方向:在不断的训练后,自觉唤起真实的生活情感,迁移、消化了教材中《山中访友》隐藏的生命体悟。不仅如此,这种思考方式成为学生处理同类文章(《外婆的手纹》)的一种依据,有了自己的思维路径("写作风格不会随意改变");迁移能力在提升,语文素养在提高。

这是在生活逻辑基础上,思维品质的提升。随着思维品质的提高,不同层次同学的素养都提高了吗？要检验。

我拿出进步较大的 D 同学之前的一段文字,请大家修改:

"周三一放学,我就去枢纽站,搭乘申崇五线去宝山的姨妈家玩。妈妈让我路上小心,很快七点多了,路上没什么行人,路旁皑皑大雪,一排排卫兵树,很精神。好不容易排到我,糟糕,我忘了带钱,一个阿姨好心地帮我投了币,我上了车,终于在茫茫人海中找到一个座位。车停了,姨妈走上来,拉着我的手上楼。"

我请大家挑一处修改,十分钟后分享。刚发下单子,D 同学"噌"地站起来:

"老师,我可以补救一下吗？"

"先听听其他同学的,你汇总吧。"

十分钟后。

E 同学:"D 啊,你能'在茫茫人海中找到一个座位',厉害！我要拜你为师,下次放学乘车就不用站了,哈哈哈……"其他同学也笑得直不起腰。

"他是想说车上人多,不代表有错误啊,"我"引导"道。

"老师,你看上面啊。'七点多''皑皑大雪''没什么行人',这个时间点,这种鬼天气,'茫茫人海'不成立啊……除非读的人傻","而且,我们学校就算步行去公交站,慢一点 40 分钟也走得到。他四点放学走到了七点多,大冬天的,一个人漫步三个多小时去车站,这是拿生命在搞笑啊……"笑声一浪压过一浪,班里炸开了锅,E 同学的诙谐毒舌功力十足。

F 同学迫不及待:"老师,七点多,又黑又冷,还下着雪,他妈妈不会让他一个人去市区的,严重失真。"

"他妈妈或许想锻炼一下他,也有可能啊？"

"老师啊,'周三放学后,他去宝山姨妈家里玩儿',第二天是周四,还要上学呢","而且他姨妈家怎么下了公交车,就能直接上楼呢？要先进入小区,或者走上一段吧。假,造作！"直白的点评,D 同学的脸更红了。有同学又在修改单上动笔了。

D 同学忍不住了:"老师,还是我自己说吧,申崇五线不接受投币的,买好票才能上车,这一点也有问题,"说完自己也笑了。见他"自毁形象",大家的笑声渐止,一边点头,一边给他竖大拇指。

"你写的时候怎么想的?现在要怎么改?"

"我以前不喜欢语文啊,想哪儿写哪儿,都差不多嘛。那时上课不带脑子的,是个傻子。好后悔啊!现在动笔,先想一下前因后果,往真实里写,表达真实想法和感受。"

"表达随意,不真实,会伤害学习语文的积极性。尊重生活原貌,在其中融入自己的一些看法和感受,既尊重自己的内心世界,又提高了母语素养,你看你现在进步多大。总之,这个锅不能甩给傻子,你汇总一下同学们的修改,明天给我。"

"同学们,尊重生活真实,深入讨论和持续总结,真实地书写自己的感受和想法,训练的是深入思考的能力;'我手写我心',是语文学科作为母语,对大家的逻辑品质的根本要求。请大家将修改单汇总交给D同学,也尽量在口头表达、书面书写中避免失真的问题,尊重生活逻辑,提升思维品质。"

第二天,D同学一大早拿出修改稿:

"周五一放学,我就去了枢纽站,照妈妈交代的:乘申崇五线去宝山的姨妈家玩。见时间绰绰有余,我索性步行,也欣赏一下难得的雪景。雪后,空气清新宜人,满目清爽。路上没有什么行人,倒是路旁的两排树,披上零星的白装,似卫兵般精神。

走进枢纽站,才发现乘车的人很多。好不容易排到我,糟糕,钱包忘在学校了,一个阿姨好心地帮我买了票,我千恩万谢地上了车,想把车费转给她。她笑了:'我也有一个你这般年龄的马大哈儿子,能帮就帮,不用给了。'虽然难为情,但我心里热乎乎的,以后真得改改这毛病,也要帮助他人渡过难关呐。

雪停了,车也停了,我和阿姨告别。带着满心的温暖,向姨妈家的小区走去。"

虚虚实实,在真实素材的基础上,感受丰富了,写出了内心的感谢。这个检测题目,是对D同学,也是对班级不同层次学生语文素养的检测。抛开课上和周记中的固定题目,面对陌生题型,他们敏感了,有自己的判断标准。如果之前是围绕真实的思维点,串联自己的生命真实,感受逻辑;这一次的汇文,是一个革命性的变化:源于生活,高于生活的整理、提升、内化的一种思维品质。我称之为"语文素养"。

读着学生富有思想火花、灵动文采的笔调,我想:这些"争吵",是我们师生新一轮的启航。

【分析与反思】

课堂上一次意外的"争吵",点燃了学生先"动口",再"动手"的星星火苗;在课后作业的反复训练中,学习兴趣浓厚,思维习惯改进,带动了语文素养的提高、学科能力的提升,这是一个层层展开的过程。尊重生活逻辑,提升思维品质。

一、笑一笑,学习更有效

课上,笑语欢声,讨论气氛热烈。在一片笑声中,放松的状态下,抓住课堂环节贯通生活常识的思维点,促进班级内不同声音"打架",鼓励学生以真实经历"动口"说,调动个性化体悟;课后,再"动手"记录这个思维过程,用文字呈现;即:"吵"完了趁热打铁,动笔写下来,借助课上"文字—经历—逻辑—文字"的过程,实现课后"课堂讨论—生活逻辑—文字表达"的写作过程。

这种学习状态和效果,贴合学生的表达诉求,激发进一步的学习欲望。

二、想一想,笑里有良方

"好分数是一个结果,背后一定有一个好的学习性过程。"

怕语文、不知道怎么学好语文的孩子,日常生活中可能是一个认真观察和投入者,抓住课堂环节和日常生活逻辑的贯通点,引导其在课堂情境中"吵"出表达意愿,巩固为深入表达的写作习惯,不仅打破了学生怕语文的心理,而且在"争吵"中形成了自己表达风格,提升了思维品质和学科能力。

笑语欢声中的思考,意外成为提高学习兴趣,提升语文素养的良方。

三、读一读,乐学又满足

不管基础如何,一个表达亲身经历、想法的学生,语言或许贫乏,但一定是真实的内心感受和深入的分享;当他在同学面前读出来时,采用的语言,一定是他惯用的语言方式,是一直在体验的那种语言表达,在与同学们的互动和磨合中,逐渐确立了自己的风格。这种"碰撞"后的深思、共读,培养了表达的敏感性,持续地沉浸在语文学习的乐趣中。

思维发掘和表达的过程,变成了提高素养的经历,无疑是令人愉悦的。

四、写一写,学习结硕果

随着思维习惯的改变,班里越来越多的同学,从课内走向课外。期中考试满分作文?登上学校的报刊?征文获奖?在《全国中学生优秀作文选》、上海市《新读写》上发表作品,领取稿费……课代表小敏,甚至模仿《陋室铭》为自己写了一篇初中小传,风格独特。这些快乐难以言表。我想,这得益于学生从课堂讨论,到课后作业巩固中,将教材中情感的共鸣,结合生活体验,内化为自己的生命体悟;借助作业实践,在文字中反复书写、呈现这种"思维碰撞",形成了个性化的表达方式,提升思维品质。

课堂上的每一次意外都是惊心动魄的成长,而尊重生活逻辑,让我和学生一同探知母语的过程趣味横生。意外,成了一双最美丽的翅膀。

(崇明区长兴中学夏艳丽老师撰写)

上面的教育叙事中,教师寻找了自己课堂中的一次有意义的"事故",再现当时的情境,并对整个过程进行了复盘反思,形成了一个精彩而深刻的故事。

二、确定叙事主题

寻找到有意义的叙事事件并不意味着一定会撰写出有价值的叙事故事。只要经过教师认真去梳理搜寻过的事件,应该来说事件本身的教育"意义"是确切无疑的。但是比较遗憾的是,我们经常看到一些教师的叙事是松散浅显式的,他们将整个事件用"流水账"的形式记录下来,缺乏对事件进行条理清楚、深入透彻、立体全面的叙述,这使得叙事的价值大打折扣。我们要明白:教育叙事不是简简单单把教育事件用文字记录下来,而是要指向隐藏在教育事件背后的教育经验、教育规律、教育思想。我们在寻找到合适的叙事事件的时候,也需要在内心预先思考到事件背后的教育经验、教育规律、教育思想,并把它们确定为叙事的主题,有了确切的主题会让叙事的思路和逻辑更加清楚。

辩课,让教研更有深度

第一次"辩课",组内王老师上完《优雅的"请假条"》一课,照例,课后组内老师对这节课进行评课。评课老师温和有礼地表达着自己对这节课的看法。有的老师说,这节课给人美的享受,老师各个环节衔接紧凑,值得我们大家学习。还有的老师说,这节课上理解词语的方法多样化,比如:理解"美妙绝伦"这一个词语,老师展示了图片并将词语放入文中读,使得学生在视觉、听觉多方面对这个词语有深入的理解。听课的老师频频点头,表示同意。"王老师围绕着请假条'优雅'在哪里展开,体会情感,借助文本进行想象说话训练,课堂活跃,学生乐于表达,我觉得这节课很成功!"

眼看着评课就要到总结环节了,我却说:"对于刚才老师的点评,我不太同意!"听惯了表扬的同仁们,面面相觑,不知道今天我的葫芦里卖的是什么药。在大家诧异的目光中,我不紧不慢地说:"这节课的确是主要解决请假条'优雅'在哪里,可是直到最后学生都说不上究竟'优雅'在哪。有没有想过是教学中哪个环节出问题了?"听我这么一说,执教的年轻老师略显尴尬,一声不吭地坐在那儿。终于有老师为王老师打抱不平了,"其实,这节课王老师很注重关注学生经历,整节课围绕着'乐曲优美''形式新颖'展开。""是的,是的,王老师在上乐曲优美时先画线再交流最后品读,我也觉得很扎实呀!"这时,沉思良久的施老师说:"虽然很多老师觉得小王课上得很扎实,但是学生为何在课末却说不出请假条'优雅'在哪里呢?有没有想过老师的执教环节?教学环节出问题了,老师首先反思自己。"

这时,更多的老师加入进来了,"我觉得最终导致学生说不出请假条优雅在哪里的主要原因是教师在教学时脱离了问题。""是的,是的,一开始老师让学生画'乐曲优美'的句子,在交流、学习过程中,变得只是交流句子了,我觉得在环节小结时,老师应该点一点,这优雅的请假条优雅在乐曲优美,还优雅在哪里?这样也更好地过渡到下一个环节。"……真没有想到,面对我的一个质疑,大家也都有话要说,看来,平日里教研评课不是大家无话可说,是不想说啊!

评课结束后,我特意解释了自己的想法,尤其提出了评课的要求,不只是夸大执教者课堂的优点,也要提出一些问题或改进的建议,那样大家才能共同进步。同时,希望大家能像今天的教研活动一样,能畅所欲言,将"辩课"融入我们的教研活动中来。

因为我们学校年轻老师比较多,这样说开后,大家也慢慢开始接受这种实话实说的"辩课"教研了,也都敢说敢辩,把以前不敢说的、闷在心里的想法大胆地说出来,反倒也不拘束了。每次"辩课"我们都积极地探讨,虽然不一定有胜负,但在教学中获得了不同的思路,有了深入的思考。

"辩课"进日常

渐渐地,大家不光在教研活动上"辩课",在平日教学中也"辩"出味道来。某次,刚刚踏上工作岗位的小张老师上完课,垂头丧气地回到办公室。"哎……低年级的语文课究竟该怎么上呢?为了上好《王冕学画》这一课,我都画了一幅荷花图……"她边说边把课前准备的图展示出来给我们看。不得不说,这幅画肯定花了她不少的时间。看着这幅让人称赞的图画,我忍不住问起小张的困惑来。她苦恼地说:"每节课我都很认真地备课,课上学生很活跃,可一到读读、写写,学生就都闷了……"听小张这么一说,大家七嘴八舌议论开了。"小张的困惑是大部分年轻老师的问题啊,想当年我刚毕业,我也不知道语文课该怎么上,热热闹闹一节课又一节课,学生什么都没有学到。""可是,现在很多老师的课都追求课堂活跃啊!""我就喜欢听热闹的课,谁喜欢死气沉沉的课呀!""这就是为何我们的语文课越来越不像语文课的原因了,"一位老教师语重心长地说,"现在的语文课堂,有太多不恰当的'活跃',动辄游戏、画画、表演、歌舞,欢声雷动,语文素养究竟提升了多少?"我忍不住补充道:"我现在听课也发现了一个奇怪的现象,有老师教《黄山奇石》,大半节课学生都在用肢体'塑造'黄山的怪模样;教《鸟的天堂》,半节课都在欣赏制作精美的鸟声鸟影;教《晏子使楚》,表演三个故事用了35分钟……我们的语文课需要生动活泼的读、写、说,更需要文文静静地思考、揣摩……"大家你一言我一语,纷纷发表了自己的见解,在大家畅所欲言中,我们都有了各自的收获。

【分析与反思】

通过这一年的实践,我们把"辩课"从原本的教研活动延伸到日常的教学中去。大家在"辩"中分享了积累的经验,分享了成功,分享了每个人的智慧。

我们从中也深刻认识到,"辩"的精彩也不是某一方的胜利,而是比比谁对问题看得准、看得清,谁有更深入的思考,谁有更多的措施等。"辩"贵在坦诚以待,对"课"不对"人",开诚布公地交流。只有大家共识增多了,策略拓展了,才是真正地取得了"辩"的实效。同时,我们也关注到,教学并非纸上谈兵随便说说,更重要的是在实践中反思。

现今,我们组内的"辩"课略显随意性,如果能结合"课堂观察量表"明确辩论的主题,关注观课的亮点,我想在后续的"辩"课环节会激发更多的思维火花!

(上海实验小学长兴分校张璐老师撰写)

上面的教育叙事中,教师从一开始确定了叙事主题就是"辩课",后面的情景再现和分析反思也是一脉相承、有的放矢,让读者也一目了然。

三、形成叙事文本

事件和主题的确立让我们的叙事变得顺理成章,目前比较流行的叙事模式是"情境"＋"反思"或者是"材料"＋"观点"。无论哪一种模式,都对文字的可读性有一定的要求。基于真实这个大背景,如果能描绘出让人身临其境的情境、个性鲜明的角色和引人入胜的情节,当然也就能抓住读者的眼球,为叙事添光加彩。同时,基于主题的"反思"或者"观点"是教师对教育事件的深度思考,是将感性认识上升到理性认识,是触动叙事者进行教育实践转变的关键,也是叙事的点睛之笔。

四、审视叙事过程

教育叙事的真实性是它存在的基础,教育叙事的形成是叙事者有选择有主题的产物,带有比较浓烈的主观色彩。就算是教育事件亲历者,不同的人来叙事过程和感受也极可能不同。因为就表达本身来说,并不自然倾向真实的记录,而是天然存在着"二次加工"的痕迹。不管是自我视角还是他者视角的教育叙事,叙事者本身可能会有自己不愿或不能揭示的私人领域,使其或许不能真实地讲述故事。还有的叙事者出于叙事框架的需要,可能会弱化叙事中的问题或者美化叙事中的角色。这些真实性异化的倾向,是我们的叙事中一定要避免的,所以在叙事故事的形成过程中,我们一定要紧绷"真实"这根弦,它是叙事故事的价值底线。

五、传播叙事理念

叙事只是手段而不是目的,我们是希望通过教育叙事,回顾当时特定的那个教育情境,通过叙事者对自我的经历的深入剖析,对真情实感的自然流露,用反思和追问认真审视自己的教育生活,触动到自己的心灵,完善自我教育实践,同时为他人提供借鉴和参考。所以教育叙事完成不是终点,而是一个起点,我们还要为教育叙事的分享提供平台,让有"意义"的故事在最大范围内得到传播。无论是讲自己的"故事",还是听别人的"故事",都会让教育叙事更富有生命力。

问题探讨:

1. 怎样让教师能出于自身的需求去自觉地、常态化地进行叙事呢?
2. 如何避免教育叙事中真实性异化的倾向?
3. 有人认为教育叙事都是针对个案的微观叙事,不具备普遍的解释性和推广性,对此您如何看?

参考文献：

［1］张肇丰.从实践到文本：中小学教师科研写作方法导论(第三版)［M］.上海：华东师范大学出版社,2021.

［2］邹小英.教育叙事研究在中国——我国教育叙事研究之研究［D］.重庆：西南大学,2008.

［3］张俊.教师叙事研究的问题反思［D］.重庆：西南大学,2010.

［4］姜勇.叙事研究与教师专业发展［J］.外国中小学教育,2004(12).

［5］张爽,吴黛舒.教育叙事研究的是与非［J］.宁波大学学报(教育科学版),2015(5).

［6］谌启标.基于教师专业成长的叙事研究［J］.沙洋师范高等专科学校学报,2005(3).

［7］万丹.国内外教师叙事研究综述［J］.中国人民大学教育学刊,2019(1).

［8］谌凤山.教师叙事的局限与重构［J］.教学月刊(中学版下),2011(4).

第八章　教育叙事的评价

教育叙事故事的评价，旨在通过教育叙事故事评价，发掘内隐于日常事件和行为背后的意义，助力教师实践智慧的持续生长。其评价采用多元评价激励法，帮助教师养成问题意识习惯、问题解决习惯、智慧整理习惯。教育叙事故事在叙事中育人，在叙事中成长。教育叙事故事评价的指标有故事标题、问题导向、情景再现、分析反思、整体要求五个方面；评价主体由学科专家、区域教育行政领导、教师代表和学生组成；评价步骤包括区级布置、校级申报、区级评选三个方面。本章要点为：
- ☑ 教育叙事评价目的与理念
- ☑ 教育叙事评价指标与方法
- ☑ 教育叙事评价步骤与要点

第一节　教育叙事评价目的与理念

一、教育叙事评价目的

（一）教育叙事特别有助于我们教师平时养成三个好习惯。问题意识习惯，也就是捕捉日常教学活动中有价值问题的习惯，找到问题，就是找到生长空间；养成问题解决习惯，即通过文献学习、专家咨询、经验迁移、实验求证等综合方式去探寻问题的答案；养成智慧整理习惯，即去梳理变革行动与问题得以解决中的内在逻辑，把问题得以解决中的智慧创意经验找出来。

（二）教育叙事特别有助于教育理论的可持续发展。我们在面对同一教育理论时，不同学段、不同学科、不同地域的教师会演绎成形态各异的新实践。教师真正的智慧创造通常不仅仅是形成新理论，而是把相关的教育科学的原理与自我教育教学实际结合成最适合的实践新形态的全过程。这种新形态是根植于实践的肥沃土壤，同时吸收了教师新的"教学艺术"与"教学情感"的营养，使得教育理论生动鲜活起来。同时，基于问题解决的实践智慧又为教育科学理论的持续发展，提供了宝贵的理论研究素材资源。

（三）教育叙事不仅仅是我们用来记载这种实践智慧，更是通过"讲""演"等方式实践着智慧的传递。我们老师平时在"听"故事中所得到问题求解的启发，平时在"观"故事中感知问题解决如何去行动，在"演"故事中尝试与验证故事经验对自我问题解决的有效性。这是我们优秀教师实践智慧的崭新的生成、发展与传播的全过程，也是区域教师实现叙事方法创新和变革的重要形式。

二、教育叙事评价原则

（一）坚持发展性原则

评价教育叙事要坚持促进师生的全面发展，注重师生发展过程记录，提高教师的专业素养与学生综合素质，培养师生创新精神。

（二）坚持过程性原则

评价教育叙事要关注师生成长的整个历程，把日常评价、成长记录与师生终身成长结合起来，记录师生成长的每一个瞬间，实现评价方式多样化。

（三）坚持激励性原则

评价教育叙事就是要最大程度调动师生的积极性与参与性，肯定以往成绩、表彰先进、树立榜样，使师生全方位地发扬优点、改正缺点，从而使教育叙事故事评价真正成为一种激励师生不断发展的源源不绝的新动力。

三、教育叙事评价的理念

（一）在叙事中育人

教育叙事中，叙述事件本身是我们人类以语言作为基本的手段，通过叙述具体事件或故事来表达自我思想、体验自我世界和理解自我生活的方式。这种方式普遍应用于文学艺术作品和人际活动之中。把叙事应用于教育教学，就自然派生出了教育叙事。教育叙事正日渐成为广大一线教师进行教育教学活动和促进自我学科专业成长的一种新方式。作为新时代的教师，在叙事过程中头脑始终要保持目的意识，叙事不只是记录事件或讲述故事，叙事的目的和任务是育人——通过叙事育人，在叙事中育人和让叙事来育人，道德内化和品德形成过程需要情感感动、体验和感悟的环节，所以我们要在教育叙事故事中育人。

（二）在叙事中成长

在叙事中成长，我们一线老师要在叙事过程中实现自我专业能力提升和教育教学水平的发展。完整的叙事过程包括以下环节："用心观察"，留意观察生活和积累故事素材；"用笔录像"，记录生活事件和形成教育故事；"共情明理"，用教育情感叙述故事引发学生情感共鸣，产生共情效应。我们发觉"反思践行"叙事过程也是叙事者对教育事件和教育教学行为的回顾、审视与自我完善的一种思维活动，叙事者因此获得更多理性的感悟与自我内化提升，从而进一步完善叙事的行为，使叙事获得精益求精的效果。因此，叙事过程就是教育者实现自我成长的过程。

遇见你真好
——体育教学中实施小组合作学习的实践

我任教的是预备(1)班。某天，正值春季，我走到操场中央上课。这一节是站立式起跑教学课。首先，我进行课前准备活动，接着讲解示范后，要求各组以小组的形式开始小组学习。当我来到蔡同学那一组时我看到她一个人站在那里，什么也不做。我马上上去询问，"你怎么一个人啊？为什么不和同学们一起练习啊？""刚才我说的都理解了吗？看明白了吗？""有什么不懂的可以问我或是同学们。""你要动起来，和同学们一起学习"……我再三地问，可蔡同学就只是看着我，什么也不说。边上的同学说，"老师，她是不会和你讲话的。""老师，她是哑巴。""老师，她和我们也是不说话的。""老师，我们从来没有听到过她讲话。"……

此时，学生们议论纷纷，我迅速看到蔡同学低着头，眼睛有点红了。我马上停止了询问，也阻止了学生们的议论。我继续上课。课后找了几个同学了解其有关情况，但得到的信息就是该生从来不和别人说话，不管谁问，也不管什么事。我又从班主任那了解到她也是这样的，一天到晚都不说话，学习成绩一般，人很老实，也很听话，就是不愿和人交往。一次偶然的机会我见到了她的母亲,在聊起这事时,她母亲表示,小孩从小就比较内向,上学后因受学习成绩的影响还有同学的欺负就成现在这样子了,就把自己封闭起来了,但回家后还是很好的,很勤快,经常帮家里干点活,也会和他们交流和沟通。得到这些信息后我考虑着用什么方法来改变其现状,让其更好地参与到我的体育课上,能与同学们交流合作,提高训练效果。

我分析这个学生的情况,发现是内向和自信心不足造成的。我针对这些原因,就想着利用同伴小组学习的力量来改变她的现状。首先,我利用蔡同学在家帮助父母做家务爱劳动的特点,每次在拿放体育器材时,在她力所能及的范围内叫她去帮忙。几次以后,她也能积极主动地参与到回收器材的任务中,也会和同学们分工合作来完成回收工作。

其次,提高其自信心。其实她是很聪明的,在一次单杠跳上成支撑中有些女生怎么也撑不起来,而蔡同学一下子就跳上成支撑了,说是她上课时认真听课了。我看到后立即给予表扬,并且叫她给大家做示范。当听到我叫她做示范时一开始她还有些不好意思,不愿意上来,我叫同学们一起给她加油鼓劲。在同学们的掌声中她又一次完美地完成了动作。我又叫她给小组成员讲解并示范,可讲解对她来说还是有难度的,这时有学生提议叫她做示范让别的学生讲。我一听这个主意好,就叫体育委员来讲解动作要领。没想到这次配合的讲解示范竟然收到了意想不到的效果。课堂一下子就热闹起来了,个人与个人之间、小组与小组之间在潜移默化的影响下竞争了起来,这堂课取得了明显的训练效果。而她的变化再一次赢得了同学们的掌声。

最后,提高其积极性参与到小组教学活动中去,而不是被动参与。在我得知她会和另一个学生有所交流,我就在安排小组活动时特意把他们两人放在一组。在一次足球脚内侧运球的比赛中,她竟然能主动提示同学应该怎么运球才能把球运得更直、更准,使得她们那一组获得了第一名,同学对她的看法也发生翻天覆地的变化。特别是在一次跳绳课后,我没有安排学生回收器械,可蔡同学和另外两名同学自愿留下来相互配合帮我把绳子整理好,放回器材室。而且在我的课上也能简单地给予我点头、微笑或是几个字来回应我的提问了。她越来越喜欢上体育课了。蔡同学最后对我说:"施老师,遇见你真好。"

【分析与反思】

人是可以改变的。自主学习和同伴互助学习,能够激发学生的学习兴趣,调动起学生的积极性,还能够增强学生的班级向心力和凝聚力,增强学生的集体责任感和荣誉感。学生不仅拓展了自己的活动思维空间,而且每一个同学都有平等的发言机会,使每一个同学都得到了锻炼,也就能走出学习的低谷。

一、细心观察,善于发现学生身上的优点。蔡同学内向不爱讲话,但她勤快注意力集中,我就利用这点叫她多帮助我整理器械,让她能在劳动中融入集体。上课认真听我讲的动作要领,特别是在她能很好完成技术动作,所以我尽量叫她来展示或是示范来提高她在同学们心中的地位,以便得到同学们的认同,能融入集体中去。

二、尊重差异,给予充分鼓励和信心。爱是所有教育技巧的全部。知道了该学生的性格后,为了提高她的参与度,她的认真听讲与认真练习成为给小组示范的好表率,尽量放大她身上优点,多一点赏识,多一点激励,多一份赞美,提升学生的自信心,激发学生参与活动与学习的积极性和主动性。

三、循循善诱,促进发展共同提高。她不愿参加集体活动,我从她爱好家务劳动开始,先安排她从小事做起让她为集体做些力所能及的事,帮助整理回收器材,到她积极主动地帮助回收器材;从不愿参加小组合作学习到她能为别的同学示范的突破;从她不和任何人讲话到能点头微笑简单地回复。这些无不体现了她的点滴进步。我想只要我们用心培育,耐心呵护,不管是什么花它都能绽放出美丽的风采。

(崇明区三星中学施慧老师撰写)

我们教育叙事的评价理念就是要实现在叙事中育人和在叙事中成长。这个叙事故事,做到了在叙事中育人。故事通过叙述自我在体育教学中精心设计鼓励学生自主学习和同伴互助学习,从而使得学生真正地由被动学转变为主动学,极大地调动了学生学习积极性,增强了班级向心力和凝聚力,增强了学生的集体责任感和荣誉感。学生不仅拓展了自己的活动思维空间,而且每一个同学都有平等的发言机会,每一个同学都得到了锻炼,也就能走出学习的低谷,由主动学转变为有方法地主动学,从而实现了在叙事中育人,在叙事中成长成才。

这个叙事故事中,教师也在不断成长。教师在叙事过程中实现了体育学科专业能力的提升,老师对自我教育事件和自我教育教学行为的完整回顾、审视与自我完善的一种综合思维。教师在此过程中,获得理性的感悟,从而进一步完善叙事行为,使叙事获得精益求精的效果,教师在不断成长。评价的目的与理念明确了,那么我们就要思考该如何设置评价指标,采用什么方法进行教育叙事故事评价。

第二节 教育叙事评价指标与方法

一、教育叙事评价指标

教师自我叙述教育教学故事,主要是以自我叙述的方式反思自己的教育教学活动,促进教师将研究中的习得、开发的故事结集成册,向全区中小学教师推广,实现教学实践智慧的有效传递,让教师浸润在自己和别人的教研故事中感悟成长,有效提升教师专业素质,不断提升教育教学质量。具体评价的指标项目如下:

（一）故事标题

每篇叙事故事的标题要有极强吸引力,读者从看了标题就想深入阅读文本,有趣味性更要有明确的哲理性与指向性,看了标题就知晓大概内容,迫不及待地去阅读故事。

（二）问题导向

叙事故事都是从一个个真实的问题出发,而我们的问题都有以下特征：一是问题明确,描述的是问题的"因",清晰具体；二是问题真实,来自实践,符合教学生活的逻辑；三是问题有品质,多数人有共鸣,但不知道智慧答案。

（三）情景再现

叙事故事都有一个个具体的真实情景,特点应具备：一是符合故事,时间、地点、人物、情节、结果,有趣生动；二是问题应对,所提问题得以实践解决；三是智慧含量,问题解决有创意、有智慧、可迁移,能够被同事借鉴与运用。

（四）分析反思

叙事故事叙述完毕之后,给读者带来了巨大的震撼,值得分析与反思。一是学理分析：创意实践行为导致问题解决的学理解释；二是经验启示：结论性启示有智慧,让人兴奋,有收获。

（五）整体要求

对于叙事故事,我们为了统一格式与文本,还应有一定的固定的整体要求：一是逻辑性强,标题、问题、问题解决过程、经验启示有内在于逻辑性；二是文字优美,详略合理、精练生动、张弛有度、富有美感,这样会更吸引读者去阅读与思考。

表 8-1 叙事故事评价

时间：　　　　　　　　　　地点：　　　　　　　　　　评价人：

评价项目	评价要素	分值	得分	备注
故事标题	吸引力极强,看了标题就想深入阅读	10		
	指向性明确,看了标题就知晓大概内容	10		
问题导向	问题明确：描述的是问题的"因",清晰具体	5		
	问题真实：来自实践,符合教学生活的逻辑	5		
	问题有品质：多数人有共鸣,但不知道智慧答案	10		
情境再现	符合故事：时间、地点、人物、情节、结果,有趣生动	5		
	问题应对：所提问题得以实践解决	5		
	智慧含量：问题解决有创意、有智慧、可迁移	10		

续 表

评价项目	评价要素	分值	得分	备注
分析反思	学理分析：创意实践行为导致问题解决的学理解释,叙事冲突与解决	10		
	经验启示：结论性启示有智慧,让人兴奋	10		
整体要求	逻辑性强：标题、问题、问题解决过程、经验启示有内在逻辑性	10		
	文字优美：详略合理、精练生动、张弛有度、富有美感	10		

二、教育叙事评价方法

（一）评价主体

不同类型的叙事故事的评估主体是不同的。叙事故事总体上可分为音视频类和纯文本类。对于音视频类教育叙事故事的评估主体是由专家、领导、学生代表共同组成,既要关注文本故事本身是否真实富于哲理,同时还要从画面、声音、表演的角度综合评价教育叙事故事优劣与否;纯文本类教育叙事故事的评估主体是由专家、领导组成,主要是对于文本书写的角度评价其是否有价值,能促进教师专业成长。

（二）教育叙事评价办法

1. 指向学生核心素养发展,设置综合评价指标,让管理活起来

学校教育活动具有规律性,表现为教育内容具有规定性、教育对象发展具有阶段性等,这增加了学校管理出现重复僵化的可能。同时,教育活动具有高度的复杂性,对象的千差万别、情境的错综变化、任务的艰巨与全面,要求学校管理时刻保持创新。学生综合评价是学校教育活动的重要部分,对其既要正视复杂性,也要利用规律性,才能使其成为提高学校管理效能的抓手。具体表现为,在评价内容上保持相对的稳定,在评价策略上不断因学生的变化,对学生评价资料的使用追求规范性和科学性。实践发现,通过紧紧围绕学生发展核心素养育人目标的内核,合理设置综合评价指标,设计评价活动开展的流程,是以学生综合评价增强学校管理活力的先手棋。

2. 凝聚教师成长共同体,开发学生综合评价策略,让教师动起来

学生是一个完整的人,对学生进行综合评价,就是在不同的层次、类别维度收集学生发展变化的信息,加以整合,呈现学生发展的整体状态。我们要开展表现性评价活动,让学习有序发生。表现性评价围绕学生在学习活动中对学习目标的达成程度和具体表现展开,既是对具体行为的评价,也是旨在以评价目标引领学生的学习活动进而促进学生学习的评价。

把表现性评价引入课堂教学,有助于提升综合评价中关注学生学习过程的有效性。在教师发展共同体的带动下,教师积极参加表现性评价的讲座和交流学习活动,从评价目标确定、评价任务开发和评分规则设置等方面,将表现性评价的理念与技术引入日常教学。

(1)识别学科核心素养,确立表现性评价目标。首先,教师基于研修讨论和交流,将学科核心素养要求与具体的教材内容进行应用分析;其次,教师要定位单元教学内容与学科核心素养的对接点,将学科核心素养的要求具体化,根据具体课时安排进行分解或有所偏重;再次,基于具体活动,将评价目标细化为学生在活动中的可能行为表现,使其成为对学生活动表现的期待性指引。

(2)提供学习支架,开发表现性评价任务。评价任务是表现性评价的重要载体,也是学生在目标导引下强化知识与技能、掌握方法、增进情感的平台。教师开发的评价任务,尽量贴合真实情境,顺应课程教学目标,追求小而实。

(3)突出学生的主动学习,提升教师教学有效性评价活动,引导学生按照评价目标去行动、去学习,知道自己"要去哪里"。不仅有教师根据评分规则进行打分,也引入同伴对其行为表现进行评价,学生在自我评价和他人评价的过程中对自己"在哪里"有了清楚的认识,对"如何到那里(目标)"开始思考。将活动目标直接、快速地呈现出来,教师也能从每一节课、每一次活动中发现教学的待改进空间。

3. 畅通评价—反馈—优化渠道,提供自主发展支持,让学生不断成长

基于评价的反馈与改进是评价的生命力所在。学生综合评价为查找教和学的问题提供可靠的证据,为教育行为改进指明方向,为学生的自主发展提供有力托举,让学生从综合评价活动中真正受益。尊重学生学习主体地位的评价和改进,同样提升学生的学习效能感,也让鲜活的生命更加生机勃勃。

行走在生态中
——三星中学实施生态道德教育实践

时间的指针再次回到了 2014 年 10 月,三星中学地处崇明岛的西部,为了更好地开发校本课程,丰富学校课程内容,创设学校课程文化,促进教师的专业化发展和培养学生的实践能力。同年 9 月学校建成了"瀛春百蔬园",四个蔬菜大棚完成了初步的土地平整和土壤培育,每个班级专门认领了一小块地,自我命名,师生定时到大棚上课。同时,每个小组在教室内也用花盆水培了一盆草莓,学生们都非常欣喜,渴盼着草莓快快长大。

两周后一个周三的午会课,我到各个班级教室内抽查校徽、红领巾的佩戴情况,发现不少班级的水培草莓都在枯萎,我焦急地询问学生原因。学生不以为然,有的甚至说"就算了啊,有什么大不了的",丝毫没有惋惜之情。这让我对学生的表现有了更为深层

次的思考：有的学生这么麻木，背后可能是他们对于生命的漠视；虽说从2005年开始，三星中学就开展了生态道德教育的研究，并获得了立项市级课题，但感觉现在学校对于学生的生态道德教育缺少固化的有效载体。

当天回到家，我思索了很久，想着学校正在积极打造的校本课程群，何不让学生自主选择校本课程，在课程学习中努力发现学生的闪光点，发掘每一名学生的潜力与特长，让每一名从三星中学走出去的学生兼具家国情怀、人文底蕴、科学精神、审美情趣、学会学习等核心素养。第二天，我就和学校领导商量，把运用校本课程培育学生核心素养的想法表达出来，当即校领导表示极力支持，并认为现在学校教学质量提升缓慢，不妨试着从生态道德教育方面入手，学校教育对培养建设生态岛所必需的具有特殊素质的人才负有义不容辞的责任，特别是在培养学生的生态道德方面，学校教育更是显得尤为重要。

学校重点把握了"以创造生态环境培养人，以生态道德教育人"的主线，伴随着生态道德教育的推进，学校走上了课程开发的道路。我们不但为适应生态道德教育之需编写了《电池及废旧电池的处理》《化学与生态》《语文与传统文化》《物理与生活》《数学奇趣》课本剧选编《初升的太阳》《学生安全自我保护》等拓展型课程教材，特别是在区教育学院专家的帮助下，编写了《西沙湿地微型课程群》，并逐步进行有效的实施，有效推进了实现课程立校和创建乡土课程特色品牌学校的发展战略。

此后，学生的思想品德教育从内容到形式都发生了一系列的变化。首先，在内容上，生态环境的知识不断为学生所获取，生态道德观念不断为学生所树立，生态道德情感不断为学生所生成。为了更好地进行生态道德教育，我校组织编写了《电池及废旧电池的处理》等六本校本教材。我们通过生物、化学等课堂及参观游览、调查研究等社会实践形式，使学生认识到了绿色植物对净化空气、保护水土的重要作用，工业"三废"对环境及人类生存的严重危害，尤其是培养了学生热爱自然、爱护花草、珍惜生命并愿为维护生态平衡保护生态环境而努力学习努力实践的思想感情。

其次，我校对学生进行生态道德教育的形式更是发生了根本性的变化。自从开展生态道德教育之后，我校教师便深深地认识到，不但要对学生进行生态内容的教育，而且更应该让这种教育具有生态的形式。我们让整个校园充满生态教育的氛围。与生态教育相适应，学校的校园应该充满绿色，充满活力，充满生机，并为学生留有广阔的活动空间。为此，我校对包括垃圾处理在内的环境管理都体现着生态教育的理念。我们把整个校园分到各班，让同学们来每日打扫，让他们以自己的劳动来创造出可心的环境，从而认识到保护环境的重要。我们换掉了"不准践踏花草"等语气生硬的标牌，立起了以下标牌："为了您和大家的健康，请勿随地吐痰""用爱心呵护每一片绿色""我们爱护绿色，绿是生命之源""请不要采花，它会疼的""茵茵绿草地，脚下请留情""让小草和鲜花享有同样的阳光",这些和风细雨般的标语,装饰出了一个美丽可心的校园环境,带给学生母亲般的温柔与暖意,让学生在无声无息中不知不觉地受到教育和影响。

【分析与反思】

崇明人不但是生态岛的建设者,更是生态岛这一平衡世界中重要的组成部分。要实现一种真正的生态平衡的理想境界,不但要达到自然与自然的平衡,更要达到人与自然的平衡、人与人的平衡,在这一平衡的生态系统中,人与自然是一种相辅相融亲密无间的关系。只有这样的崇明岛才是真正的生态岛,这样的一种生态岛上的崇明人当然应该具有生态道德素养。

此次本人将学校的特色校本课程建设作为提升学校德育管理水平的重要载体,不断提升课程的育人功能,服务学生多元化成长需求,发展学生潜能,提升学生学习品质。

我们首先是通过生态道德进课堂,积极构建生态师生关系,营造生态课堂氛围,实施学科教学生态道德教育全方位渗透。学校为了构建良好和谐的师生关系,在每个学期学校大队委都会定期收集学生的提议,校长会在全校师生大会期间逐一解答学生的提议,并真正落到实处。在课堂上,分小组学习,生生互动,师生互动,其乐融融,真正实现了师生动起来,学生的生态道德素养养成了,课堂活起来,成绩好起来。

其次,我们加强校际交流,实现学校"借力"发展。学校在过去的一段时间里与区其他乡土课程特色学校进行了交流研讨活动,使全体教师的乡土课堂教学改革道路越走越宽广,极大地促进了教师的自信心和上进心。在区教育学院的帮助下学校与华师大西沙湿地研究站建立紧密联系,学校西沙湿地课题组教师前后多次奔赴华师大西沙湿地研究站学习专业湿地文化与知识,并在西沙湿地实地授课。

再次,我们创建了课程分享与互动交流机制。在构建湿地文化的过程中,我们充分发挥"瀛春百蔬园"的教育功能、文化功能与社会功能,使之成为具有专题性、探究性、互动性的立体教育平台。利用这一平台,在一定范围内建立了课程分享与互动交流机制,使湿地文化课程不仅成为促进广大师生探究学习、终身学习的实践平台,而且成为广大师生共同追求"天人合一",摒弃功利心,充满探究幸福感,充满人文情怀的发展平台。

最后,我们还创新了学生评价机制。学校按照德育体验式学习的自主管理、校园文化、社会实践和志愿服务四个板块内容,通过各项活动的开展,细化每一次活动的记录,关注学生体验的过程、探究的过程和努力的过程,关注学生在实践活动中的表现状况,鼓励学生、教师、家长共同参与评价,让学生收获体验,学会分享,在体验中有所领悟,学会判断、学会选择,极大地提升了学生的核心素养。

我们的"一主两翼"课程体系能拓展学生的视野、增加学生知识,让学生通过一些理论知识的掌握,实践活动的锤炼,学到书本上学不到的东西,通过一系列的实践活动,能够使学生更加认识、了解自然环境,善于探究、全面发展,珍爱生命、热爱家乡,从一位位小生态人,成长为具备学生发展核心素养的好公民。

(崇明区三星中学舒其燊老师撰写)

从某种程度上,教育叙事是指向学生核心素养发展的教育叙事。学生综合评价是学校教育活动的重要部分,对其要利用规律性才能使其成为提高学校管理效能的抓手。此案例通过紧紧围绕学生发展核心素养这一育人目标内核,合理设置了综合评价指标,设计评价活动开展的流程,是以学生综合评价增强学校管理活力的先手棋。

此案例设置评价指标促进了核心素养的提升,并结合学校发展已有的基础与育人理念进行选择。中国学生发展核心素养包含文化基础、自主发展、社会参与三个方面的六大素养。在此框架内,基于学校在"如何培养合格人才"方面的已有探索,选取在校本评价中有较大挖掘价值且可以进一步提升方面。

表 8-2 核心素养视域下初中学生综合评价指标设置

一级指标	学习能力			身心健康			社会实践	
二级指标	认知能力	非认知能力	学习表现	体质水平	健身习惯	心理健康	行为规范	责任担当
三级指标	相对表现、进步幅度	学业情绪、学习动机	学习态度、学习能力	健康测试、技能测试	锻炼时长、参与项目	心理测试、自我评估	规范养成、劳动能力	自主管理、社会认可

叙事故事的评价指标与方法明确了,我们可以思考该如何落地实施评价,即教育叙事故事评价的步骤与要点的探索与研究。

第三节 教育叙事评价步骤与要点

一、叙事故事评价步骤

(一)区级布置

区教育学院根据叙事故事特点之前设计的方案,召开专题会议,布置下发至各基层学校,对于各基层学校提出了具体各项要求。

(二)校级申报

各基层学校根据区教育学院关于叙事故事的要求,成立工作专班,落实各项内容与要求。

召开专题会议,布置与辅导教师撰写叙事故事。

各基层学校进行初选,对于交上来的叙事故事进行初步筛选,确定向上申报的叙事故事,进行反复修改,确保质量最佳。

(三)区级评选

对于交上来的各校叙事故事组织专家团队进行评选,依据《叙事故事评价表》打分,统计出得奖的等第,并予以一定奖励。

二、教育叙事评价要点

(一)制定评价方案

本着关注教师成长过程,丰富学习策略,让师生在叙事故事的过程中,激发个体潜能培养团队精神,架构了评价指标体系,以目标体系为导向,以组织机构为骨架,以舆论建设为前提,以纪律保证为基础,并制定了《崇明区中小学叙事故事评价实施方案》,建立起区校两级管理运作平台。

(二)研制评估工具

根据《崇明区中小学叙事故事评价实施方案》的指引,我们研制了一些评估的操作工具,如调查问卷星等,助力叙事故事评价工作开展。

(三)创新评价方式

在评价形式上,我们不断创新评价方式,如在形式上采取校级初评和区级终评相结合的方式;在过程上,采取线上+线下相结合的方式,让师生在评价中更进一步,实现相互成就成长。

行走中的课堂
——乡土课堂在野外实施多资源、跨学科有效整合的实践

时间的指针回到2017年3月底,学校召开拓展型课程教师研讨会,我们研讨了本学期拓展型课程,特别是西沙湿地微型课程的实施途径和具体活动,最后是落实区教研室布置的参加区中青年教师拓展型课堂教学比赛。经研讨商定R老师来上这堂课,全体成员共同备课。作为学校拓展课程负责人,我在想,既然是拓展课,我们何不大胆尝试在野外(西沙湿地)开展课程呢?我的大胆想法立刻获得了大家的赞同。

4月7日中午,备课组全体成员来到西沙湿地实地考察,来到西沙湿地公园大门口的地图旁,我注意到由公园入口、入口平台和中央喷泉构成了一个中心轴,由观柳亭、西科普长廊、中央喷泉、东科普长廊和涵心亭构成了一个大圆。我拍下了实景地图,进入公园围绕着这条路线实地跑了一圈,并记录了所需时间,同时还注意到,如果在这个"一轴两圈"之内再设计围绕西沙湿地有关生态教育领域的几个游戏,那就完美了。

返校后,备课组在各自考察的基础上,初步定为全班分成4个小组,以小组的形式

开展活动,小组合作完成,以时间最短者获胜,分别完成两条线路的任务,学生每人一张任务单。奔跑路线一《我爱西沙,我在行动》,从中央喷泉出发,向北行至十字路口,然后左拐,到达活动点1,完成文科试题;继续往前到达活动点2,完成理科试题;继续往前到达活动点3(科普长廊),完成科普试题(记录三种以上动植物),然后返回至中央喷泉。奔跑路线二《成长在西沙,快乐留心间》,从中央喷泉出发,向东行走,队员到达相应地点,完成问题传递,最后所有队员再次回到中央喷泉。每个活动点之间相距100米左右,同时,学生每到一处,相应教师对学生进行相关试题测试,完成者盖章,记录学生到达时间,精确到秒,加强安全引导;未完成者原地学习1分钟后继续答题。教师之间通过对讲机,由本人发出指令并加强引导,教师之间相互沟通呼应,最后全体师生到达中央喷泉进行总结点评,分发奖品。为了应对突发情况,学校总务处还给每位师生准备了一次性雨衣、摔伤药水等,以期万无一失。

　　一眨眼就到了5月24日,天公作美,阴天,26度。上午9点30分,按照预定计划分5辆车准时出发,区教育学院教研室T老师、Z老师和L老师也一同来到西沙湿地实地听课指导。师生极其兴奋地来到西沙湿地国家地质公园大门口合影留念,然后进入大门来到中央喷泉,R老师开始带领学生做准备运动,其余各点教师进入指定地点打开对讲机做好活动前准备。10时整,活动准时开始。R老师在起点宣布活动开始,由掷色子7点以上先出发。最早出发的是"初似月圆组",在组长刘佳佳的带领下,兴奋地跑到了活动点1,活动点1的傅倩老师对他们进行了文学试题的测试,4位同学迅速答出,仅剩1位答错原地学习1分钟,懊恼不已。此时,后来到达的"贰心合一组"的学生全部答出,超过第一组率先向活动点2进发,傅倩老师在学生活动单上盖章并记录完成时间,同时在对讲机中立即向活动点2施霞老师汇报"贰心合一组"即将到达,请做好准备。

　　率先向活动点2(涵心亭)进发的"贰心合一组",由于没有仔细观察地图,跑过了涵心亭,我得知这一情况,立刻在对讲机中请机动人员引领"贰心合一组"学生回到活动点2答题,结果被"初似月圆组"抢先一步到达了,先行答题。活动点2,施霞老师测试学生的是理科试题,试题有一定难度,"初似月圆组"有2人未答出,"贰心合一组"有3人未答出,后来到达的"壹望无境组"理科方面强势,全部答出,高傲地向着活动点3(西科普长廊)进发。施霞老师在学生活动单上盖章并记录完成时间,同时在对讲机中立即向活动点3杨雅老师汇报"壹望无境组"即将到达,请做好准备。

　　有趣的是,"壹望无境组"也没看清活动单上的要求和活动线路图的标志,未通过活动体验区直接就到达了活动点3(西科普长廊),被机动人员请回活动体验区体验湿地徒步行走,最后率先到达活动点3的是面带喜色的"初似月圆组"。活动点3是科普知识题,需要同组成员合作才能完成。一人从老师处抽取试题,其余人从科普长廊展板上寻找问题的答案,只有小组合作才能迅速完成。"初似月圆组"组长抽取试题并记录内容,同时吩咐其余成员迅速从展板上寻找答案,不到30秒就顺利完成,并率先完成奔跑线路一任务,第一个到达终点中央喷泉,兴奋不已。

接下来进行的是奔跑线路二,中央喷泉平台R老师总结了奔跑线路一完成情况,并再次强调奔跑线路二的相关游戏规则。在这个时间空隙,各点位老师迅速奔跑到各自点位并在对讲机中报告完成。奔跑线路二:拷贝不走样。要求每个小组学生在活动点1—5完成传递,最后全体再次回到观鸟平台,时间最短者获胜,需要拷贝的4个内容都是与西沙湿地有关的动植物。各点位接力的学生在我的带领下都找到了自己的接力点,对讲机中告知了R老师。第一位起跑的学生已经记好了内容跑向了活动点2,迫不及待地向其描述自己记录下的内容,也有手舞足蹈表述的。为了讲清楚自己要传达的内容,记住的学生又向着活动点3跑去,再次去描述自己记录下的内容。同学们都很紧张,很投入。经过一番激烈的全方位比赛,最终"班班振旅组"以5分19秒第一个到达终点中央喷泉,并传递成功,他们洋溢着幸福的微笑拥抱在一起。

看着同学们成功完成任务后的微笑,我深深地感受到,乡土课堂也可以在野外实施的,学生们是喜欢的,我们这样多资源跨学科整合的活动课程设计教学,是为了让学生通过活动学会团结协作,学会分工技巧,树立健康积极的生态意识。最后专家评价课堂有活力,学生有动力,是农村学校在野外实施乡土课堂教学的成功案例。

【分析与反思】

孩子们成功到达活动终点的会心微笑时刻浮现在我的脑海。我深深领悟到:在野外实景,特别是乡土课程基地实施乡土课堂是必要的。首先,我们的乡土校本课程《西沙湿地微型课程》是植根于西沙湿地的历史、地理、生物、文化,所开展的实践探索活动也是依靠西沙湿地这一独具特色的载体,是乡土教学的源头;其次,在西沙湿地实施乡土课堂能够把乡土地理环境和真实世界直接地展示给学生,对学生理解乡土知识、形成科学能力起着无可替代的作用,只有真正地触摸到了西沙湿地的一草一木,才能感受其一花一世界的独特美;再次,在野外实景实施乡土课堂更能引导学生学以致用,培养学生实践能力,树立可持续发展的生态理念,进一步加深爱家乡爱崇明的情感。

经过深入思考,在野外实景,尤其是乡土课程基地实施乡土课堂是可行的、可操作的。在现如今国家课程校本化和校本课程特色化的当下,在市委举全市之力建设崇明世界级生态岛的大背景下,在野外实景开设乡土课堂,我们应注意以下几点:

1. 根据实景特征构思活动方案(教学设计+任务单)。此次的《行走的力量》正是基于西沙湿地"一轴两圈"的实景特征,围绕西沙湿地的游览地图而且经过实地测量考评,考虑到了学情、天气、地理、学科知识等,精细化设计出的活动方案。制定详尽的活动规则,让规则激发学生的学习兴趣,在兴趣的驱动下奔跑起来,而且乐此不疲。

2. 活动前的精心准备尤为重要。活动前,我们实地实景考察了三次,从起跑时间到终点评价,从跑动距离到奔跑时间,从活动布点到活动学科知识,都事无巨细地考虑周全。

3. 活动实施过程的注意点。既要完成活动目标,又要把握学生的活动兴趣;既要学到学科知识,又要驻步欣赏西沙美景;既要活动安全,又要跑出自我。安全有序,方向明确,趣味盎然,这就是我们的注意点。

4. 活动评价及时激励。开展此类活动,终结性的评价最好是小组评价,过程性评价突出个人引领,个别活动点开展小组合作整体评价,既突出个人价值,更增强团队意识。大家快才是真的快,大家好才是真的好。

5. 畅通的信息传递系统。活动前,我们专门编制了通讯"密码本",6部对讲机,1人总控制,5人在各自活动点密切配合,3位机动人员沿途确保学生安全有序。

在野外实景,尤其是在乡土课程基地实施乡土课堂,真正实现了多资源、跨学科的有效整合,我们关注了学生的活动经历,每个活动点的学科资源分别来自语文与历史、数学与物理、地理与生命科学,在奔跑到活动点,学生们便开始了学习与被评价。任务驱动型活动单既关注了过程性的点评,更有终点的终结性评价。当然,这每个活动点的有序进行都得益于我们的信息传递系统,我们的"密码本"。

我们在西沙,行走于课堂中。

(崇明区三星中学舒其燊老师撰写)

此次教育叙事是为了让师生在评价中更进一步,实现相互成就成长。学生在此次任务式的综合实践课——《行走中的课堂》中圆满完成了任务,收获了团结协作互助精神品质,拥有了勇往直前直面困难的勇气与底气。教师在此次活动中,活动评价及时激励,既关注了过程性的点评,更有终点的终结性评价。开展此类活动,终结性的评价最好是小组评价,过程性评价突出个人引领,个别活动点开展小组合作整体评价,既突出个人价值,更增强团队意识。大家快才是真的快,大家好才是真的好。

问题探讨:

1. 教育叙事研究助力教师养成三个好习惯:问题意识习惯、问题解决习惯、智慧整理习惯,助推教师教育理论的生动鲜活与发展,选择其中一个说说您的成长故事。

2. 叙事故事研究特别适合于教师,您有过切身体会吗?请记录下来,大家一起交流。

3. 您对叙事故事有自己的见解吗?

参考文献:

[1] 徐士强,吴宇玉.教育活力的新视域[M].上海:华东师范大学出版社,2021.

[2] 郭春飞.自我生长型班集体建设[M].上海:学林出版社,2018.

[3] 张肇丰,徐士强.教育评价的30种新探索[M].上海:华东师范大学出版社,2014.

# 第九章　教育叙事中的教师成长

教育叙事研究能促进不同阶段教师自身专业素养的提升,能够帮助职初教师尽快走出职业困境,提高教学敏感性和反思能力,倒逼职初教师更好地认识自己、理解自己,尽快融入职业生涯之中,促进自身教育教学专业素养的提升。成熟教师通过教育叙事的研究,可以突破职业的瓶颈,形成自身教育教学特色,成为学生喜欢的"老"教师。教育叙事研究能够最大限度地发挥骨干教师的示范引领作用,在与职初教师捆绑式结对研讨互动中,实现双赢。本章要点为:

☑ 教育叙事助推职初教师专业快速成长
☑ 教育叙事帮助成熟教师形成教育教学特色
☑ 教育叙事助力骨干教师发挥示范引领作用

第一节　教育叙事助推职初教师专业快速成长

职初教师,一般指初入职的教师。本研究把职初教师界定为具有从事学校教育教学有关的专业背景,取得与所任教学科相应的教师资格证书,在学校从事教育教学工作2—5年的新教师。[①]

一、教育叙事是帮助职初教师走出专业困境的重要途径

职初教师,刚开始工作的前几年是个体专业成长的关键阶段,也是专业发展的重要时期。职初教师由于从事学校教育工作实践时间比较短,经常会碰到各种各样的问题,如果这些问题得不到解决就会产生职业困惑,不知道如何用自己掌握的教育教学理论知识去指导自己的实践,或不能将自己从实践中获得的经验上升到理论层面,出现理论难以指导实践,实践难以提升到理论,即理论与实践分离的问题。

在叙事故事中成长

我是一名入职三年的新教师。在工作中就遇到过很多职业困境——学生作业拖拉不做,上课注意力不集中等问题,我找相关学生谈心,也采用了一些措施,但是效果并不好,我着急上火,寝食难安。学校教科研主任沈老师知道情况后,让我参加了市级课题"区域推进中小学教师教育叙事故事的研究",一年多的时间,我将教育教学遇到的问题撰写成叙事故事,与大家一起进行讨论交流,前辈们为我提供多种解决问题的可行性举措。大家智慧碰撞的结晶,为我解决问题少走了很多弯路,帮助我走出了教育理论知识和实践分离的困境。教育叙事故事加速了我适应、融入老师角色的旅程,也增强了我做一名好教师的信心。叙事故事研究是基于问题解决的实践研究,研究中涌现的大量教育智慧,又为教育理论的持续发展,提供了宝贵的研究素材,这是实现实践知识和理论知识有机融合的有效途径。我的实践性知识的获得:一是在教育叙事故事研究中,来自与同伴的实践、交流、共享;二是来自自己在进行叙事故事研究中不断反思积累。

(崇明区工读学校陈金萍老师撰写)

许多专家认为,职初教师要想走出专业发展的困境,关键问题是要将所学习的教育教学理论知识转化成可以灵活应用的实践性知识。教育叙事研究实际上是一种草根化、平民化

[①] 丁彦华.教育叙事与新手教师的专业成长[J].黑龙江教育学院学报,2011(1).

而又能被大众接受、见效快的实用方法。换句话说,教育叙事是职初教师摆脱困境的有效途径。

二、教育叙事能帮助职初教师更好地了解自我和认识自我

要提高教师专业素养,促进专业成长,做好教育教学工作,首先要自我理解,深入认识和了解自己,这是教师专业发展的前提和基础。[1] 认识自己,就要认识自己区别于别人的独特的方面,包括自己的生活学习经历、拥有的文化底蕴、思维的风格以及个性特征和兴趣爱好等。成功的教育教学实践必须要教师经过一个认真思考、判断和选择决策的过程,而这些判断和选择首要基础就是教师对自我的认识和了解。

被誉为教师心灵导师的美国教育家帕克·帕尔默认为,"有效教学方式不是别人证明有效的方法,而是符合自己个性特征的教学方法"。由于职初教师缺乏一定的教学实践,没有形成真正属于自我的教育教学体验和模式,因此在实际的教学情境中,自己的个性特征和生活经历都被忽视了,而去机械地模仿和套用其他教师的教学风格和行为模式。实际上,每个教师的个人经验、经历、个性特征等都是不同的,职初教师需要在教学实践中不断了解自我、认识自我,从而探索出适合自己的教学方法。

我的课堂我做主

明珠小学顾老师刚入职时,就拼命模仿"师傅"吴校长那滔滔不绝的上课方式,期盼能够能像师傅那样,成长为学生爱戴和喜欢的老师。年轻的顾老师非常刻苦,业余时间都用在听校长的课上,为了更好地模仿师傅的样子,有时甚至将校长的课录制下来,课后再反复看,然后亦步亦趋地照样子去上课,甚至连师傅上课的表情和语音语调都不敢改变,但是效果并不理想,为此,他非常苦闷。参加了教育叙事研究之后,他意识到一味的模仿吸引不了学生,便将此撰写成教育叙事故事,与课题组成员一起研讨。课题组老师通过研讨一致认为:顾老师忽视了自己的特点,刻意模仿学生喜欢且自己崇拜的校长滔滔不绝的教学方式,并不适合逻辑思维强但是表达能力一般的顾老师,结果适得其反。课题组老师建议:发挥运用自己的特点,扬长避短,寻找适合自己的教学方法。

于是他试着去思考充分运用自己逻辑思维强的优势特点,寻找与自己更契合的教学方式。经过不断的摸索和实践,他发现:通过设计问题链,运用启发学生思考的追问,让课堂教学更流畅,这种方法能激发学生的思维,同时也能让班级的学生更容易保持注意力和课堂学习的参与度,学生开始喜欢上顾老师的课了,大大提高了课堂教学效果。

(崇明区明珠小学顾天天老师撰写)

---

[1] 刘亚军.教育叙事研究:高校青年教师专业发展的有效途径[J].现代教育科学,2009(6).

教育叙事研究强调以教师自身所经历的真实生活为研究载体,它描述的是发生在自己身上的真实事件,能够倾听到自己内心深处发出的真正声音,更能真切地反思和探索出自己行为背后的意义和目的。职初教师借助教育叙事,通过对自己教育教学时间进行不断地自我探索、自我对话,慢慢认识自己,了解自己,并根据自身的特点探寻出适切的教学方式。所以说,教育叙事是帮助职初教师更好地了解自我和认识自我的重要途径。

三、教育叙事有助于培养职初教师的教学敏感性

教学敏感性就是教师的教学智慧或在教学现场即时产生的灵感及顿悟。[1] 一个有智慧的教师一般都能敏锐捕捉到教学现场中出现的情况,准确判断出其中的原因,并能根据学生实际和现实情境做出灵活而恰当的反应,而这些教育敏感性或直觉都是来自教师长期积累的实践经验。

职初教师从学校到学校,从书本到书本,头脑中储备的都是求学期间学到的前人积累和教育理论。在教学伊始,往往不假思索地把储存在头脑中的教育理论或别人的教学经验应用到自己的课堂教学中,忘记自己所面临的教学场景,有时将现实的教育情境和学生的真实反映放置脑后。他们在教学中应不断追问:什么样的教学方法最容易帮助学生理解所学内容?什么对学生来讲是不适合的?出现意外情况,教师应该怎么处置?如何应对不同的学生等。这些问题都需要教师有一定的教学敏感性。职初教师要在教育教学实践中生成教育灵感,形成教育敏感性,就需要自己时刻关注自己的教育教学实践,积累教育教学经验,并上升到理性。

教育叙事研究对提高职初教师的教学敏感性非常有效,在撰写教育叙事故事时要做好以下的思考:我要叙述什么故事?为什么要记录这个故事而不是那个故事?这个故事在哪些地方触动了我?对我今后的教育教学工作产生了哪些影响?有哪些收获和启示?我选择哪些表达方式来叙述?循着这样的思考,必定助推职初教师有意识地关注自己的教育教学行为。教育叙事研究强调对事件进行具体翔实的描述,既要描述行动的来龙去脉和行动的变化与进展,交代行动背后的意图与意义,并将行动描述成可以供他人解读的故事文本,还需要不断修改以符合自己撰写的初衷,这个过程都是培养职初教师教学敏感性的有效途径。

四、教育叙事有助于培养职初教师的反思意识

教师的实践性知识是教师专业持久发展的载体,也是教师形成教育智慧的源泉。实践性知识不是只通过随意的模仿和一般的理论学习所能获得的,而是在教师通过不断实践基

---

[1] 刘世清.教师叙事研究:改造教育经验的有效路径[J].现代教育论丛,2006(2).

础上不断积累、反思和建构才能形成的。① 教师的实践性知识形成的经验,要经过不断反思和验证有效才能内化为教师的自我财富。因此,职初教师专业要成长,首先要积极地对自己的教育教学实践进行反思,而教育叙事故事主要是以教学反思为形式,与反思紧紧地联系在一起。职初教师只有对自己的教学思想是否先进、教学特点是否鲜明、教学手段是否适切、教学语言是否精确、突发事件的应急处置能力等方面不断地进行反思与改进,才能促进教师教育教学能力的提高。

给学生试错机会

教师出了一道数学题"用5、3、15编一道乘法应用题"。趁学生沙沙挥笔之时,我在学生的练习本上搜寻到以下学情。

学情1:六一儿童节,5个女同学做红花,3个男同学做红花,问一共做多少花? 答:$5×3=15$。

学情2:六一儿童节,爸爸叫我买烧酒,一杯3元,买5杯,问一共要几元? 答:$3×5=15$。

学情3:山上有山羊,白羊5只,黑羊3只,问一共有几只羊? 答:$5×3=15$。

老师拍掌示意大家停笔,准备回答。

张小春(师指名):学校植树,要种3行,每行5棵,一共种几棵树? 答:$5×3=15$。

(说得都对,老师很高兴,指示全体学生表扬他)

王小雨(主动举手):同学们做5朵花,3人做多少花? 答:$5×3=15$。

师:(皱眉头)她说的对不对?(大家齐声说"不对",王小雨灰溜溜地坐下来,从此再也没举过手)

师:(充当"主攻手")应改为"5人做花,每人做3朵,一共做多少朵?"

反思:

1. 从目标追求上看,教师只关注对不对,而不关注学情,不关注学生的情感体验。

2. 从教学方式上看,教师习惯于"单打独斗"的问答式对话,并急于充当"主攻手"。学生答得对,立即给以肯定、表扬;学生答错了,马上否定,告诉其正确答案。这样的教学方式,剥夺了大部分学生独立思考、主动建构知识的权利,剥夺了他们体验知识再创造的过程与方法。

总结:

学生的应答,反映出他们个性化的思维方式,就像球赛上传出来的球,一个又一个的"球"是课堂交往互动的纽带。如何有效地"传球"是提高课堂效率的关键。如果教师

---

① 刘玉芳,龙安邦.教育叙事研究:中小学教师专业成长的重要途径[J].广西教育,2009(17).

这样"接球""传球"：小雨同学的回答已经接近正确答案了（接球），请大家和小雨一起再想一想，改一改（传球），学生经过思维的折腾，定能编出与教师不一样的应用题："每个同学做5朵花，3个同学做多少花？"这时教师再亮出自己的想法，引导学生认识、理解一份数和几份数的数量关系，学生对编乘法应用题的过程与方法就会多了几分体验和感悟。

【分析与反思】

学生课堂上出现的不同错误，恰恰是课堂上学生的真实想法，也是重要的课堂生成性的教学资源。教师直接告诉学生答案对和错，只是将知识传授给学生，有很多学生被动接受老师传授的知识。而引导学生去思考自己得出的答案并讲出来，教师在学生出错的地方给予点拨，让学生明白自己的错误点在哪里，自己去纠正，这个知识点学生肯定终生难忘。把纠正错误的权利交给学生，让学生在试错、纠错中自主学习，学生不但能获得知识还能体验到纠错后的成功，增强学习自信，激发学习兴趣，体会动脑筋后收获成功的学习幸福感，从而感悟探究学习带来的乐趣。

（崇明区东门小学李洁老师撰写）

从反思与思考中可以看出，李老师认识到自己本节课中存在的问题，在以后的课堂实践中，肯定不会直接告诉学生正确的答案，会把纠错权利还给学生，引导学生通过自主探究获取知识。

同样，作为班主任，我们应经常思考：自己使用的言语、肢体动作、情境的设置与运用、师生关系的协调等问题。只有这样，方能提高育人艺术和改进育人手段，逐步提升育德素养和能力。

不啬微芒　造炬成阳

让育人回归教育的本原，坚守教育本该有的价值和作用，助人成长，助人幸福。我们应该用心倾听每一个孩子心底的声音，用我们的实际行动和火热的爱心去融化每一位学生，并让他们感受老师的全心全意的爱，从而学会如何爱他人，才能让一点一滴的不同的光亮，汇聚成最闪耀的太阳。爱生必须用真情，情真方能育良才！

（崇明区裕安小学施旻一老师撰写）

通过参与教育叙事研究，促进了职初教师更加有意识地关注自己的教育教学实践，每一次的反思与总结都是一次自我专业对话的过程，他是教师专业成长的铺路石。

综上所述，教育叙事研究能帮助职初教师将只能意会不能言传的缄默知识浮出水面，成为外显的行为。职初教师在对自己教育教学实践进行归纳、总结、反思、自我评价过程中，对自己所秉承的教育思想的认识逐步清晰起来，为自身专业发展奠定坚实的基础。其次，教育叙事研究操作简单易行，比较适合科研基础比较薄弱的职初教师用于研究自己的教育教学工作，能引领职初教师走上专业发展的快车道。教育叙事研究是助推职初教师专业发展平民化、草根化的有效途径。

第二节 教育叙事帮助成熟教师形成教育教学特色

我们将在工作6—10年时期内,通过自己的工作取得一定职称,处于职初教师和骨干教师之间,被界定为成熟期教师。相关性研究表明:这样的成熟教师,并不是如我们想象的那样,随着教龄的递增,教学效果就会越来越好,老师越来越被学生喜欢。

成熟教师在经过6—10年工作后,积累了大量的教育教学经验,对教学内容的处理已经得心应手,在教育教学中能够关注到不同学生的差异,能根据学生差异采取不同的教育教学方法和手段,教育教学成效明显。他们在教书育人、教育科研方面也有所积淀。但是由于自身专业发展动力不足,出现工作缺乏热情、依赖过去经验等问题,他们的工作在走老路、吃老本上周而复始,专业水平停滞不前,这样的状态,时间长了甚至会出现专业素养跟不上知识的迭代而退步。

还有成熟教师到了职业发展的"高原期",他们熟练掌握自己的工作,成绩斐然,自我陶醉而停止不前,对职业理想的追求逐渐淡化。这时,这种类型的成熟教师也因为经验的丰富、成绩不错,容易受思维定式和经验定式的影响制约自身的专业发展。因此需要挖掘新的成就动机和内驱力以重启这类教师的工作热情,激发他们不断攀登职业生涯的新高峰。

一、开展教育叙事研究能帮助成熟教师形成教学特色

时代在不断变化,学生的视角领域也在不断拓宽,成熟教师在岗位工作中也会遭遇由于这些变化所产生的实实在在的新问题,这些问题恰恰就是实践智慧生长的逻辑起点,是专业成长的真实生长点。此时,选择去尝试解决问题,就会在留下一串串智慧故事的同时促进自身教育教学经验和理论的进一步发展与修正;但如果视而不见,或不去解决,则就会导致教育教学行为逐步固化,工作平庸重复,停滞不前,过去积累的经验和经历反而成为制约职业发展的负迁移力量,阻碍专业可持续发展。

其次,成熟期教师专业发展遇到瓶颈,一个重要的原因是反思能力不足,这就需要提高他们的反思能力。教育叙事研究作为他们培养反思习惯的契机,促进他们通过实践反思,不断改进教育教学策略和行为,发展自身专业素养和能力。为此,课题组帮助成熟期教师设计了有效反思的几个方面:反思自身(我的特点)、反思教学(我怎么教)、反思研究(我研究什么)、反思成长(我要走向哪里)、反思"自己的反思"。

数字故事助我成长

我是参加教育工作8年的成熟教师,是校级骨干教师。参加2022年区叙事故事比赛中,

我发挥自身比较擅长的制作视频的优势,创作的视频类叙事故事作品获得了区一等奖。

我把这个自己擅长和喜欢的教育手段用在自己的数学课堂中,完全颠覆了老师教数理,学生做练习的传统模式。我的课是很多学生作业的小视频连缀起来的,学生在课前试做的过程中,摸索出来了计算规则,并且录制了小视频发在班级群里,我精挑细选了几个孩子的小视频,让学生来教学生,学生们来归纳计算方法和规则。我做最后的梳理,有时还大胆把总结计算法则也让孩子们来说,逐渐把孩子们带入计算规则中。

数学教学不是给,而是自己去寻找,突出以学生学为主体,教师教为指引的现代教学思想。如今已经在校本研修课程中开设了教师课程,以数字故事和视频讲解录制各种微课,形成了自己的教学特色。

(崇明区东门小学陈素老师撰写)

通过教育叙事研究,在与同伴交流分享中,结合自身的教学实践、个性和任教学科的特征,探究出契合自身风格和符合学科要求的教学方法,形成了自己的教学特色。

总之,教育叙事故事研究促进成熟教师形成自己的教学特色。通过实践反思,总结出符合学科特点和自己个性的课堂教学策略,在实践中不断发展、改进和完善。这个过程不仅是课堂教学渐进发展和教学质量提升的过程,也是教师形成和凸显自己教学特色的过程。

二、开展教育叙事研究能帮助成熟教师形成育人特色

学校是教书育人的主阵地,我们不但要育智更要育人。在育人工作中,通过撰写育人叙事故事,可以整理、提炼自己的教育思想,提升教育理念,积累育人经验,通过反思育人得失以及创造性地解决问题,形成育人特色,提升育人成效。

崇明区工读学校是寄宿制学校,招收的都是全区具有不良行为的学生。学校教育矫治工作千头万绪,熟悉学生是一切工作的开始,也是做好立德树人工作的关键。颜老师一心扑在学生身上,了解学生,试图走进学生的心灵,把和学生的交流中发现的快乐与遗憾记录下来,写成教育叙事故事。通过这种工作方式,颜老师积累了丰富的鲜活的教育故事,总结出自己的工作特色,形成稳定的教育风格,并成为今后工作的一种借鉴和美丽的回忆。她是学生口中的"眼睛里长着显微镜"的超人,再小的事情,都逃不过她的"法"眼,而且都要"管"。她撰写的《小事到底要不要"管"》就是很好的例证。

小事到底要不要"管"

工读学校的学生大多都是具有不良行为的学生。他们很多认知存在非常明显的片面性,且不容易改变。对老师和家长的管教存在阻抗心理,表面一套背后一套,敷衍了事,甚至根本不接受管教,我行我素。

有一天我值班,在课间操时,发现班级里有两位同学外套敞开着,没有拉好衣服的

拉链,我提醒他们拉好拉链。其中A同学突然当众向我提出了质疑:"老师,你为什么要管我们啊?"我不解地看着她,她说:"老师,你为什么连出操整队时拉拉链这种小事都要管我们啊?"站在她附近的几个同学闻声也附和着。

我为什么要管他们呢?她轻轻地这么一问,让一下子我陷入了恐慌。原本很正常的要求,被学生当众质问"为什么"。管他们完全是出于本能,就像我看见有学生趴着做作业时,会自然地拍拍他们的后背提醒他们坐正一样。好几个同学有同样的质疑,显然我不想回答也不行了,而且如果我就这样忽视不解决的话,之后,他们就会有理由怀疑我的管理不合理。

当时,我非常生气,甚至说是愤怒。"教师管学生,天经地义,无需理由;管你们是我作为教师的职责;管是对你们负责……"显然,这些理由都不能让学生心服口服。我苦思冥想但是终究没有想出一个让我自己觉得满意的策略。于是,与课题组同仁一起研讨,集大家的智慧来化解这个问题。

我将事情的大体情况作了简略的说明后,抛出问题:如何有效化解学生的这个质疑,便于学生以后能够心甘情愿地接受我们的教育管理。

包老师:"你理睬她们干吗?"

我:"这不太好吧。显然学生对我管他们拉拉链这些小事不服气。"

沈老师:"还是要解决,不能回避。我在值班的时候,也出现类似的问题。有一次,我提醒一同学每晚睡前要洗脚,注意个人卫生。她说:这样的小事你也管?没事干,多管闲事。当时我差点被气死。"

我:"这些虽然是小事情,不理睬可能也没什么影响,但是以后我们管教他们,他们肯定还是有同样的想法,还是要及时处理。"

包老师:"这样的情况啊,确实要应对。在她们心里已经形成了'老师不应该管她们小事情',管是多管闲事,已经变成多人的共识,这不能小视。"

张老师:"变成多个学生的共识,而且是有问题的共识,我们必须纠正他们的认知,不能睁一只眼闭一只眼了。"

沈老师:"对,不能熟视无睹。这是学生意识出了问题,要从改变他们的认知开始。"

包老师:"首先,作为老师你要控制好自己的情绪,不要责怪提出质疑的学生,否则学生以后会封闭真实的内心,我们就不知道她们的真实想法了。"

陈老师:"是的,这是关键。你利用今天一日讲评的时间,及时解决。首先要肯定学生的这个问题,让学生更容易从心理上接受你。"

我点头赞成:"虽然学生的质疑让我难堪,但是我要控制好自己的情绪。我认为既然几个同学都认为老师不应该管一些鸡毛蒜皮的小事,那我们要从哪些方面入手,改变这样片面的认知呢?"

黄老师："举学生熟悉的小事的例子，让他感受到我们老师管他们是对他们好，对他们负责。"

"很好，用事实说明比空洞说理更具有说服力，学生更容易接受。举什么例子比较合适呢？"大家围绕这个问题苦思冥想起来……

我："那就举我们陪同他们素质教育活动，老师关心他们过马路的例子吧。过马路是小事情，突出'管'他们是我们对他们的爱和责任。"

陈老师："也可以举一个反例，正反对比，让他们感悟到不被管的失落，甚至是悲哀，让他感觉到'被管'的幸福。"

沈老师："我有反例的视频，我可以给你。"

我："谢谢。"

围绕一些关键问题，我们又做了一些功课……

研讨之后，我集大家的智慧，对放学前一日讲评的内容进行了精心的设计。

一日讲评的时间终于到了，首先我表扬了A同学："小米上午的问题，真是一个好问题。是啊！穿什么衣服，怎样穿衣服？……这些不起眼的小事，连自己的父母也不一定管，为什么老师却要管呢？"同学们纷纷抬头注视着我，密切关注着事态的发展。小米因为潜台词被我说出来，所以脸上的表情非常复杂，既有欣喜又有些疑惑。

我继续说："大家回想一下，前几天我们去上海进行素质教育活动，从环球金融中心到昆虫馆，中间一段20分钟的步行过程中，为什么老师要一再叮嘱你们要'靠右行走，跟上队伍'？在过路口的时候，为什么有老师快跑到队伍的最前面，指挥着你们通过，后面有老师殿后，等你们大家都通过了老师才走？其中还包括许多不任教我们班级的老师？这又是为什么呢？"

我将问题抛给他们，让他们的注意力停留在此，大家进入了沉思。

我趁机播放一段视频《这场令人心寒的车祸，中国人，你病了！》。事情发生在驻马店，解放路世纪华联超市门口，一位风华正茂的白衣女孩，行走在城市人行道上，她似乎有心事，迟疑了一下，突然一辆车冲了过来将她撞倒，肇事司机扬长而去，过路的大妈、健壮的小伙、骑车的小哥、买菜的阿姨、电动车大叔、面包车司机，没有任何人救助这位躺在地上的女孩，哪怕为她停留半步的都没有，一个都没有。最后，这个女孩子多次被经过视线受影响的车辆碾压而死。我再次提问：视频中女孩子，第一次车祸后并没有死亡，如果此时有人去"管"她，给她帮助，她会死吗？

很多学生都露出了不可置信的表情，口中不自觉地说道："怎么就没有人管她呢？也太冷漠了吧？"……

"是的，这些人真的很冷漠，这个女孩子那时希望有人来管她吗？"

"肯定希望的。"同学们异口同声地说。

"视频中女孩子过斑马线的时候被车撞倒,她一定希望有人来管她。我想,如果此时有人能够站在她的旁边,提醒过往的车辆小心行驶,那位倒地受伤的女孩子绝对不会发出这样的疑问:那个谁谁,你为什么要管我呢?"

我继续创设情境说道:"试想一下这样的情形,这次素质教育活动,从环球金融中心到昆虫馆步行的过程中,如果有一个学生在川流不息的马路上奔跑嬉戏,肯定我们老师要去管他,也只有管他的人才能将他从危险的境地中解救出来。如果大家都抱着事不关己高高挂起的态度,没有一个人关注他,没有一个人去管他,后果不堪设想。所以在你们步行的这个20分钟的路程里,我们的老师要有"前锋"和"后卫",来管你们,为你们的安全保驾护航。"

"像过马路、拉拉链这些生活琐事都是我们平时生活中的一些小事,你们认为老师要管吗?是不是多管闲事呢?"

"要管的,"很多同学说道。我重点偷偷观察了上午几个有疑问的同学,她们嘴上虽然没有承认,但是从她们的表情中可以看出,她们内心是同样的答案。

此时,大部分学生似乎明白了老师为什么连拉拉链这样的小事情也要管,是关心她们、爱护她们,培养她们的好习惯行为。

为了检验和巩固她们认知的改变,我又组织了一个"说说我有多爱你"的活动,让学生讲述发生自己身上被管、被爱的故事,引导她们从细微的、点滴的言行中体察暖暖爱意,体会父母等长辈和老师的良苦用心。孩子们被自己的故事感动了,我也被孩子们的故事感动了,强烈的情感场面融化了每个人的心。

那一刻,孩子们真正感悟到有人陪伴、被人管着、让人爱着的幸福。那一刻,我似乎听到了一颗颗用自己的努力回报爱、传递爱的种子在她们心底播种、萌芽、破土生长的声音,孩子们正确的认知真正被唤醒。但我更知道,他们容易忘记,更容易反复,这也是我们学校这些具有不良行为孩子的普遍特征,需要我们教师不断地去巩固与强化,一直到形成相对稳定的正确认知,内化为自己的行为并形成习惯。教育的慢,会留给学生充足的自我成长的空间;教师的爱,是孩子们心灵成长极为重要的精神养分,两者缺一不可,相辅相成。

看到学生们心悦诚服地接受了"管",我心中那块担忧终于落地了。

【分析与反思】

一、智慧面对学生"另类"的质疑

我们常说人无完人,金无足赤。我们在教育管理学生过程中,要用宽容的心去感化他们,不要期求每位学生都成为我们心中理想的模样。纵观学生的"另类"质疑,多半是他们对某个问题,如:被管,理解比较片面。我们要有一颗宽容的心,不要去苛责这样的学生。

对待学生"另类"的质疑,我们既不能盲目肯定,也不能武断地否定,我们要全面分析学生质疑的原因在何处,不合理的地方在何处。既要肯定合理的地方,如:你能提出拉拉链这样的事情也要管,这是很多学生心中都有的疑惑,你能提出来很好。同时,我们也要抓住不太合理的地方,如:拉拉链是小事,学生认为老师没必要管,大惊小怪这样的错误认知,我们教师要积极地用集体的智慧去解决。教育的目的不是让学生都成为老师眼中听话的孩子,而是要满足学生心底的需求,为他们除疑解惑,从心底接纳我们传递做人的道理。教育是一项缓慢而渐进的艺术,需要足够的智慧播撒爱意,需要十足的耐心静待花开,急躁不得。案例中,我按捺住不满的情绪,寻求有效的策略来解决学生"另类的"质疑,让学生在视频、在亲身经历的事情中感悟"被管"的幸福,从内心深处心悦诚服地接纳教师的"管"。

二、专业技能在集体智慧中成长

当学生提出"拉拉链这样的小事也要管"的质疑时,我当时想出来的说辞,都是学生已经烂熟于心、已经明白的道理,显然这是没有丝毫说服力的,但是一时之间,我个人没有想到更有效的策略。通过与教研组同仁研讨,在集体中寻求到有效的帮助,让我很好地运用大家提供的策略和资源来有效地解决了这个难题。故,有主题(具体问题)的教研活动是教师专业化成长的助推器,帮助教师在专业成长中自我体验、自我内化、自我架构,提高自我成长的能力。

三、面对"另类"质疑的深层次的思考

事后,我心中还是很难过:"为什么现在的很多孩子,老师管他们的时候,他们心里不是感激,而是满不在乎,甚至觉得老师是没事干,多管闲事呢?"

(一)家庭教育不科学造成的家教"不恰当"

我想着需要从家庭、学校、社会多方面寻找原因。家庭是人生的一所学校,所以家庭的影响至关重要。有的家庭对子女过于纵容,有的处于无人监管状态,孩子习惯了我行我素,或对家长颐指气使,自然也对别人、老师的管教毫不敬畏,这种孩子容易养成随心所欲的性格。有的家庭教育子女过于严苛,动则打骂,这样培养的孩子容易形成畏首畏尾的个性。还有一些孩子因为在这样的家庭中过于压抑,导致在相对宽容的学校里故意破坏规则,以展示自己的力量。这就是很多学生身上染上不同程度不良行为,不适合在普通初中就读,而要来到我们学校读书的重要原因之一。

(二)学校教育畏首畏尾造成的教育"不到位"

学校是孩子成长的重要场所,学校也会对学生的身心发展起到不可取代的作用。全社会对教育的关注度非常高,对教师的要求也非常高。变相体罚、伤害学生心灵等,使得教师做事瞻前顾后,无力管理。教师关注不广,顾虑重重,师生沟通不多,学生则体会不到教师的良苦用心。

（三）社会环境负面影响造成的家教"不合理"

社会大环境也影响了本应该天真烂漫的孩子。"再穷不能穷教育，再苦不能苦孩子"的社会舆论，让许多家长对孩子实行"富养"，结果播下了龙种，生出了跳蚤。"他还是个孩子，等他们长大了就自然懂事了"，诸如此类的借口，让许多孩子的坏习惯得不到纠正，反而更加肆无忌惮，在变成"熊孩子"的道路上一路狂奔。

（崇明区工读学校颜华民老师撰写）

成熟教师总能在职初教师想不到的细节处做文章。寄宿制的学生每天与老师接触，颜老师从别人可能觉察不到的细微处——出操不拉拉链这些细节中引导学生健康成长。很多学生认为出操衣服拉链拉不拉不是什么大不了的事情，而且有些老师也有这样的想法。但是作为成熟教师的颜老师却看到并把握住教育的契机，让学生明白细节决定成败的道理。在教育叙事中有效的交流研讨帮助教师在专业成长中自我体验、自我内化、自我重建，这是成熟教师育人特色形成的一个标志。同时，成熟教师通过教育叙事研究，慢慢清晰自己的育人特点和风格，加上持续不断的努力与改进，这样教育风格会越来越凸显。

总之，成熟教师只有选择主动、创造性地去解决自己遇到的实践问题，形成自己的教育教学风格与特色，才能赢得学生的尊重，才能越"老"学生越喜欢。教育叙事研究可以帮助成熟教师打破专业成长的"瓶颈"，充分发挥中流砥柱的中坚力量，不失为助力成熟教师形成自己教育教学风格和特色的有效途径。这项研究同时能解决教师队伍建设中，学校往往重视培养职初教师，提高骨干教师而忽视中间段成熟教师，即"两极强化、中间弱化"的问题，促进成熟教师快速突破"高原期"，形成自己的教育教学风格，成为学生爱戴的具有某种"log"的师者。

第三节 教育叙事助力骨干教师发挥示范引领作用

为缩短职初教师的成长周期，较快地提高教师队伍的整体实力，很多学校本着"互帮互学、共促发展"的理念，采取"双向选择，自由结对"的方式进行师徒结对。导师从亮观点、宽视野、多角度对结对徒弟进行全方位地的"导"，通过输出管理模式和教育思想、展示教学经验与技能等方面培养职初教师自身的"造血"功能，让他们在不断地学习和实践中"脱胎换骨"，快速成长。

骨干教师在学校中都是具有扎实专业知识、深厚的教学功底、独特的教学风格、丰富的教学经验、较强的教育教学和组织管理能力、教育教学效果良好的教师。学校往往会将这些骨干教师指定为职初教师的导师，在教书育人的岗位上能够给他们指导、示范和引领，帮助职初教师快速成长。

其次，骨干教师有着较强的科研能力，他们更善于采取叙事研究的方法对自己的教学实践进行反思，并形成一些质量上乘的教育叙事研究成果，产生示范效应，职初教师从阅读骨干教师撰写的教育叙述故事中，获得感悟，这样的示范引领让职初教师进行教育叙事研究少走很多弯路。

一、以教育叙事为突破口，充分发挥骨干教师学科育人的示范引领作用

教师的发展离不开实践，教育叙事故事研究也离不开大量的鲜活的教育教学案例。教育叙事研究是骨干教师实践智慧生成和发展与传播的过程，要充分发挥骨干教师的辐射带动作用，促进职初教师专业的发展。师徒以教育叙事研究为媒，既是促进职初教师专业发展，也是促进骨干教师自身进一步发展的重要路径。

研究表明，骨干教师的引领辐射作用的发挥不是静态的展示，而是有计划、有步骤、有策略、有目标的实践操作。[①] 基于此，教育叙事研究组根据骨干教师的实际水平和影响力大小，采取骨干教师和职初教师师徒结对的方式互助成长。被带教老师通过观看师傅的示范课，阅读骨干老师撰写的教育叙事故事，深刻领悟骨干教师课堂教学的闪光点。

师傅引领我破茧成蝶

我是一名五年以内的职初教师，因自身教学经验不足，经常出现把握不住课堂教学的重点，导致课堂教学不够精彩的问题，总感觉自己应有的实力没有充分表现出来。我认为主要是因为缺少"领头羊"指导与磨炼。

我主动找骨干教师熊老师担任我的导师，工作繁忙的熊老师看在我迫切需要提高自己的份儿上，答应做我的师傅，我激动不已。

于是，熊老师和我一起开启了学习旅程，我们一起重温了《义务教育语文课程标准》《上海市小学语文单元教学设计指南》《上海市小学语文学科教学基本要求》等多本书，还利用网络资源学习了多个学科德育的语文教学案例，领悟了学科德育的主要精髓。由于有熊老师指导，我的学习收获满满。

熊老师鼓励我们参加区教研室组织的区教研活动，我们通过这次研讨一直认为，由我和另外一个青年教师一起上教研课，应该以语文课堂的教学为主，将德育的理念渗透至课堂教学环节中，让学生通过语文课堂的学习，潜移默化地接受德育的熏陶，以体现语文学科"人文性"和"工具性"的完美融合。我根据既定的思路认真备课，熊老师再次拿起了语文书和相关参考书，仔细地研读我们的教学设计，并提出有针对性的意见和建议。

---

① 宋林飞.教研故事：助力教师三个好习惯的养成[J].现代教学，2017(19).

第一次试教结束,我的课仍旧存在单元教学设计的知识内容很细,但过于零碎、缺乏主线设计、情感体验不足、学科育人的理念体现得不明显等问题。熊老师根据国家课程校本化要求,建议我将之前的设计推翻,重新根据我们自己学校的实际情况将教学内容重组,结合班级学生的特点将德育融合其中。撰写教学设计,将单元设计和德育渗透有机融合,这样的想法很好,但是对于我这样的正常"菜鸟"而言,要想落实这些,谈何容易?!他不厌其烦地一遍又一遍地给我讲解设计意图,我根据他提出的修改意见,修改教学设计,再次试教。

第二次试教结束后,单元设计的理念有所进步,但在人物品质和情感的体验上还是不够充分,主线条依然不够清晰,学生的反应似懂非懂。当天下午三点下班后,师傅召集了语文组中骨干教师,就我的整个活动流程进行了逐字逐句的研磨。我脑海里一直思考着问题究竟出在哪?对于教材内容而言都已经关注到了,关键的词句也都充分解读了,应该没什么问题了。利用周末的时间,我又将整个教学设计重新阅读、修改,将德育渗透点显现得更加明确一些,准备再上一次。

第三次试教,已经达到了预期效果的80%,还有20%的进步空间。眼看比赛的时间越来越近了。师傅不甘心20%的上升空间,找来学科负责人吴老师进行沟通商讨,结合经验丰富的老师再次进行"把脉"。师傅当机立断,决定让我下次去平安小学试教。第九周的周三,师傅带着我到平安小学进行了第四次试教,受到了兄弟学校语文学科负责人和教研组长的热烈欢迎。听完课后,他们高度表扬了我们的基本素养和教学设计,也向我提出了几点修改意见。听完之后,我们一行人犹如破茧待出的虫蛹,兴奋至极!之前的瓶颈找到了解决的突破方法。不得不感叹,师傅坚持不懈地帮我打磨,虽然其中付出了汗水和泪水,但是这些付出都是值得的。

带着跨校教研的成果,我和师傅满心欢喜地又一次进行了梳理,将之前的大板块进行了细节性填充与组合,内容一步步得到了完善。第十周,师傅协助我一边准备着单元整体设计的说课和德育渗透说课稿,一边准备第五次试教。第五次试教结束,教学效果果然大有改善,只需要在细节上进行再次修改,巩固教学环节和流程就可以了。当天下班后,我把上课的详案备好,一颗悬着的心总算落了地。4月25日,师傅邀请了学科负责人吴老师和教研组内的老师们进行最后一次试教把关,试教结束后,他们都惊叹于我的突飞猛进。

4月29日,正式公开亮相的时间到了。早上出门前,师傅和吴老师还在群里嘱咐大家要注意着装,注意不要忘记教具等。看得出来,大家都十分重视。真是无巧不成书,当天早上师傅接到工会主席的通知,要代表学校去参加区第三届青年教师爱岗敬业竞赛,正好是我上课的时间段。没有师傅镇场,我有点心虚,好在学科负责人吴老师说:"我在呢,好好表现!"上完课,自我感觉良好!

我从单元教学内容、单元教学目标、单元德育目标、单元教学课时等方面把整个单元的设计和理念进行了详细的介绍。匆匆忙忙赛场赶回来的师傅将五篇课文的育人价值和内容的关联进行了阐述。学科负责人吴老师在评课时,对我和另外一个执教教师给予了高度表扬和赞赏。活动的最后,副校长也对我们进行了点评,他表示:本次活动不仅仅是两位执教老师的成长,更是我们整个团队的成长。能受到校长的高度肯定,无疑给了我们莫大的动力。这次活动的过程虽然有些艰难,但是我们收获颇丰!

我知道成绩的取得源自师傅一步一步不厌其烦的指导,我非常感恩熊老师的付出。师傅看到我由行动缓慢的"毛毛虫"已逐渐长大成"破茧"的蝴蝶之状也激动不已!我将继续在师傅的教导下努力拼搏尽早破茧而出,在教育阵地上自由振翅飞翔!

(崇明区长兴小学欧阳倩老师撰写)

可见,骨干教师在课堂教学上发挥了辐射和引领作用,将师徒的智慧拧成一股绳,在不断地磨课、试教中收获成长。师傅为带教老师搭建成长的平台,助力带教老师走上专业成长的快车道,早日破茧成蝶。

骨干教师这样发挥引领作用

小李是我校的一名职初教师,作为她的导师,在看她上交给我的教学设计时,我沿着她说的教学设计思路,提出了多种可能性,鼓励她不断地尝试。等她上完课后发现自己的教学设计存在很多问题,而出现的这些问题其实都是我早就跟她讨论过的,只是没有直接告诉她"不行",让她在课堂中自己发现,经过自己亲身实践得来的才记忆深刻,后来小李说我"狡猾"。

我觉得,不能直接给予我们可以预测到的结果,而应该要给予职初教师实践的机会,这样才能激发职初教师的自主性和创造性。实践得出的真知才能被牢固掌握,也才能提高职业自信。他们一旦有了这样的职业自信,何愁他们专业得不到发展。

(崇明区裕安小学沈俭老师撰写)

由此可见,骨干教师不断"搅动",指导者不直接给出结论,不培养他们成为"拿来主义"者的习惯,而是指导他们自己在实践中获得体验和真知,唤醒他们成为自己专业成长的第一责任人。另一方面,骨干教师的示范引领在职初教师育人方面也有着不可小觑的助推作用。

醍 醐 灌 顶
——骨干教师的点拨之效

骨干教师撰写的教育叙事故事,为职初教师解决某类共性问题,提供了可行的方法。促进我们这些职初教师进行思考,激发我们的灵感,促进我们寻求合适的解决问题的途径。

班上外省转来的小李同学很不正常,相处三个月以来从来不跟老师说话,也不跟同学说话,唯一说过的话是"我有奶奶",后面就不说话了。我通过多方了解,发现原来他长时间跟奶奶在农村生活。教育叙事研究工作坊的骨干教师引导我去分析原因后才知道:这是正常现象,因为之前小李没有跟别的人打过交道,我不能以自己的标准认为他不正常,要给予他更多的关爱,逐步引导他融入班级里来,学会与别人交流。后来我调整了对待小李的态度和相处策略,不再刻意关注他不讲话的事实,也不再要求他说话,而是习惯性地给予他更加多的关心和帮助,用母亲般的爱心和行动耐心地"静待花开",给他自然生长提供空间。我对他的关爱包容开始见效,渐渐地他与我和同学一起游戏了,讲话也多起来了。根据这个案例我撰写了一篇教育叙事《静待花开》,得到课题组老师的肯定。我百思不得其解的问题经过骨干教师点拨让我醍醐灌顶,收获匪浅。

(崇明区工读学校季弘斌老师撰写)

骨干教师带领职初教师以教育叙事故事研究为载体,引导他们在实践中发现问题、提出问题,并对问题进行科学诊断与分析,探索出切实可行的解决策略。随着时间的推移,职初教师的知识面得到拓展,教书育人的经验得以丰富,立德树人的观念得到转变,教育智慧得以开启。因此,教育叙事研究为促进教师的专业成长提供了坚实的平台。

二、以教育叙事为突破口,充分发挥骨干教师的科研引领作用

教育叙事研究架构起理论与实践的桥梁,帮助教师找到科研起点。教育实践出发的叙事研究,真正把教育问题的学术研究回归到鲜活的现实中,使理论研究回归思想的故里,使教育研究融入实践的滋养。通过叙事研究,骨干教师帮助职初教师提高科研能力,促进其专业成长正日益发挥着作用。

科研入门路上的引路人

沈俭老师是区小学语文学科教学骨干教师,也是教育叙事故事研究的骨干教师。我和小培和小艳三个职初教师是沈老师的徒弟,跟着师傅进行教育叙事故事研究。沈老师为了指导我们撰写教育教学故事,她对之前的教育教学故事进行了认真梳理,提高故事质量,让我们学习。除此之外,沈老师更加精心深耕课堂,用心记录教育教学中有价值的点滴,撰写的故事越来越好,日积月累,产出许多精品故事,每篇故事出来我们三人都争相阅读。随着时间的推移,她的追求也越来越高,她立志要撰写出如陶行知的"四颗糖果"的故事,成为我们学习的范例。

在教育叙事研究中,沈老师首先让我们用自己熟悉的语言讲自己熟悉的故事,她通过看我们撰写的故事,寻找有趣的内容,提出值得深挖的、有价值的切入点,启发我们去思考,然后重新再撰写心得体会。她经常用"这个地方为什么这么说?为什么用这个

词？为什么这么做，而不那么做？是如何想的？"来引导我们去思考。我们在思考和回答这些问题时，一下子就会连带出很多个人的经验。沈老师创造比较宽松的环境，让我们把经验和思考说出来。沈老师为喜欢叙事故事研究的骨干教师，真正关心我们经验的人，做到有兴趣、有好奇，不着急去评判和指导，有助于我们大胆分享经验，挖掘和激发我们自己的潜力。然后再一起分析、研讨、查找文献资料，得出结论。

沈老师经常利用晚上时间和我们一起研读文章，特别关心科研基础比较薄弱的我。我也学习得比较认真，将我们共同商谈的文稿标上了序号，每一次修改都保存下来，文章从 1.0 版本慢慢另存为到了 5.0 版本。我们研究每一句小标题的归纳，研究每一个故事和做法的匹配程度，晚上经常在视频里讲到了 11 点多。努力工作的明灯闪耀在师徒的夜空中，沈老师犹如夜空中的一盏熠熠生辉的明灯，指引着我们三人前行在教育叙事研究的道路上。学习时间的过程充满了酸甜苦辣，伴随着汗水和泪水一路辛苦耕耘着，一路收获着。目前，我们撰写的教学故事，情景描述重点突出，文字表达精确，故事精彩吸引人，反思精准到位，思想有深度且与教育理念契合度高。

我认为骨干教师之所以优秀，并非因为他们只遵循行业最低标准，也并非他们能达成各种任务要求。骨干教师一定是有故事并能讲故事的教师。故事中能打动人、吸引人的内容是他们对标准的独立诠释，也是对各种任务要求所赋予的个体专业理解，他们把这些诠释与理解转化成自己岗位实践，不断研究，持续改进、完善。感谢他们在繁杂的工作中总能在某一方面点燃自己，并能把点燃后的部分光芒与温暖传递给我们这些行业"菜鸟"。我从啥都不会，到现在可以独立选题，撰写教育教学故事并能获奖，真真切切地提高了我的科研能力。

随着科研能力的提高，我们三徒弟的研究欲望空前高涨。沈老师趁徒弟们教育叙事研究之高涨的热情和干劲，带领我们走上教育科研更广的领域，我们一起开发了《田园诗100首》等校本课程，这些课程在使用和推广的过程中，又一起编写了"《田园诗100首》使用指南"，此成果被评为我区德育课程一等奖。

在课堂教学和教学研讨、教育科研、课程开发的路途上，沈老师指导我们三个徒弟从教育叙事故事研究开始做研究，我们三人从不会写到会写，到能够独立选题，确立主题，逐渐扩展教育科研的其他领域，我们的科研能力和水平有了质的飞跃。沈俭老师是我科研路上重要的引路人，特别感谢你的悉心指导。现在，我已经调至徐汇区实验小学，但是我还是经常和师傅沈俭老师研讨在教育教学科研上遇到的问题，一起分享成功的喜悦！

我觉得骨干教师之所以能成为骨干教师，不仅仅是因为他们在教育教学科研方面素养领先于一般老师，而且能将他们的实践转化成提高教育教学质量的生产力，引领同行成长。他们的故事不但内容吸引人，而且每个故事都与相应的教育理论匹配，或总结出一定的教育教学规律。我撰写叙事故事的兴趣和能力就是在阅读师傅沈老师撰写教育教学故事中培养出来的,感谢所有骨干教师在本就繁杂的工作之余点燃自己,并将点燃光芒的温暖传递给别人。

(徐汇区实验小学王贤老师撰写)

上述案例中,在沈老师的引领下,三位被带教师很快成长,提高了科研能力,她们从研究的角度和视角审视自己的教育教学工作。如今王贤等三位老师在教育叙事研究、课题研究和课程开发上取得了丰硕的成果。

可见,骨干教师有着较丰富的教学实践经验和较强的科研能力,教育叙事研究让他们对自己的教学实践进行反思,形成一些质量上乘的教育叙事故事,这样的故事能产生示范引领和辐射的效应。[①] 在骨干教师示范引领下,能吸引更多一线教师参与到教育叙事故事研究中来。

通过教育叙事研究,骨干教师丰厚的教学实践能力,对职初教师在捕捉自己教育教学中遇到的问题,解决发现的问题,改善教育教学行为等方面都起到了关键性的引领作用。同时,在撰写教育教学叙事故事方面,骨干老师在指导职初教师从不会写到会写、到写好的过程中,同样发挥了示范和辐射作用。当然,骨干教师自己的教育叙事研究素养也有了长足的进步,真正实现了教学相长。

问题探讨:
1. 教育叙事如何助推职初教师教育教学素养的提升?
2. 教育叙事在促进教师实现从"教书型"向"研究型"转变所起的作用有哪些?
3. 基于自己教育教学实践的教育叙事研究,能否成为学校的校本研修?
4. 教育叙事帮助成熟教师形成教育教学特色,还表现在哪些方面?

参考文献:
[1] 李莉,张立昌.教育叙事研究:教师专业成长的有效路径[J].西安文理学院学报(社会科学版),2014(1).
[2] 崔杨,蒋亦华.中小学教师专业成长的阶段划分及相应标准建构[J].湖南师范大学教育科学学报,2020(3).
[3] 刘世清.教师叙事研究:改造教育经验的有效路径[J].现代教育论丛,2006(2).
[4] 鲍道宏.教师叙事研究现象透析[J].上海教育科研,2006(10).
[5] 宋林飞.教研故事:助力教师三个好习惯的养成[J].现代教学,2017(19).

---

① 宋林飞.教研故事:助力教师三个好习惯的养成[J].现代教学,2017(19).

［6］李西顺.教育叙事研究如何促进教师的专业成长[J].中小学德育,2022(9).

［7］张作仁.教育叙事——引领教师专业成长的有效途径[J].北京教育(普教版),2013(8).

［8］郑焕珍.注重发挥三个作用,促进教师专业化成长[G].北京教育(普教版),2010(4).

第十章 教育叙事成果的传播和推广

教育叙事的传播和推广包括：语言文字类推广、影音类推广。语言文字类推广具体包括：课题研究成果、期刊、博客、微博、公众号的传播与推广。影音类推广具体包括：数字故事类、自媒体传播。在教育叙事传播和推广的过程中，其优点表现为：平台交互使用加强了教师间的交流；平台功能互补促进了教师与专家的交流。另一方面，教育叙事传播和推广也存在着不足：快餐式阅读不利于教育叙事故事内涵深挖，被淘汰的网络平台教育故事无法传播，缺乏有效的反馈和激励机制。本章要点为：

☑ 教育叙事成果的传播和推广
☑ 教育叙事成果推广的优缺点

第一节　教育叙事成果的传播和推广

刘良华的《叙事教育学》一书中提出了教育叙事的分类,主要分成教育文学叙事、教育电影叙事、教育科学叙事三类。在这三类教育叙事故事中,也隐含着叙事故事的流传或者说是推广方式。基于此笔者从推广的角度对教育叙事进行梳理。

一、语言文字类传播和推广

自人类文明早期,文字还没有被广泛使用的时候,就有各种具有教育意义的神话通过口口相传的形式进行广泛的流传。然而,从教育者视角出发,最早的教育叙事恐怕就是《论语》了,虽然《论语》不是孔子本人对自己教育叙事的记录,然而书中的内容本身就是一种教育叙事。以对话的形式记录孔子的教育过程,通过教育叙事体现了孔子的教育思想。《论语》可以说是教育工作者教育叙事的鼻祖,直至现在仍被教育工作者广泛学习运用。《论语》的广泛传播和教育价值不言而喻。语言文字类的教育叙事故事主要就是以文字的形式进行传播,其传播形式主要有如下几种:书籍、杂志、博客、微博、公众号等。

(一)基于重大项目或课题成果的推广

此类形式的教育叙事推广,主要是对区域范围内教育局、教育学院或者学校的重大项目或者课题研究成果的推广。

1. 教育主管部门对项目级课题研究成果的推广

崇明区自2016年开始,开展了全区教育系统优秀教研故事征集活动,每年面向全区进行优秀教研故事征集活动,对优秀的教育叙事故事分门别类地进行了汇编。其中《助力教师三个好习惯养成2016》共收录96篇、《助力教师三个好习惯养成2017》共收录100篇。征集如此多的优秀教育故事,旨在用写故事、讲故事的形式促进教师提炼经验、分享经验,给区域内教师以教育启迪,助力区域内教师的成长。

除此之外,崇明教育在教育学院老院长宋林飞的带领下,多年来开展乡土课程与教学实践研究。建立了乡土课堂理论模型,培养了一大批一线教育骨干,形成了一个个典型的教育案例。为了让成果能够进一步固化,得到更广泛的推广,发动全区乡土课程与教学实践的骨干撰写案例。乡土课程与教学丛书中的《乡土课堂与教学实践创新案例》应运而生,该书收录七个板块经典案例37篇。

之所以能以书籍的形式进行传播和推广,主要原因是都有重大项目和课题的引领,成果自然而然地能够印刷出版并进行广泛的传播与推广。

2. 学校教师专业发展研究成果的推广

2018年崇明区三乐学校开展了《基于"主动·有效"课堂的教育故事开发的研究》的区级重点课题研究。在课题的研究过程中,学校自上而下,引领学校范围内每位教师都能在课题的引领下,在专家的指导下进行教育故事的撰写、分享和学习。最终有40多篇文章被征集成册,作为研究成果进行推广。

上海市实验学校附属东滩学校十分重视教师专业发展,继承了上海市实验学校在教师专业发展中的很多经验与做法。每学期布置教师撰写教育故事,经过4年半的积累分别形成了《与众不同的案例》《星月河畔的故事》两本文集,集中展现了青年教师在教育教学中的教育智慧、教育创新以及教育反思,为教师成长留下了珍贵的档案。

以上案例,都是站在学校层面,基于学校发展需求对教师的教育叙事故事进行汇编。

(二)基于教师个人研究成果的传播与推广

教师作为一线的教育工作者,在日常教育教学中会遇到各种各样的教育问题,针对这些问题开展实践研究往往是一线教师最为常用的研究方法。在研究过程中,教师会积累大量的案例素材,对于一线教师更容易被参考与借鉴。

1. 期刊的传播与推广

崇明区有自己的期刊,《崇明教育》是区域内具有权威性的教育期刊,该期刊为区域内有教育成果的老师提供推广自己研究成果的平台。至今《崇明教育》已经连续出版发行30年,总计369期。近几年,《崇明教育》又新增了《教育叙事》专栏,每期都会刊登教师优秀的教育教学故事,为推广崇明教师的一线教育教学研究成果做出了巨大的贡献。除了在区范围内进行推广,更多有能力有水平的教师会选择国家级期刊进行投稿,以这种渠道进行宣传的教育叙事故事体量也不少。

2. 博客、微博、公众号的传播与推广

随着教育理论和信息技术的快速发展,教育及其研究的方式也在发生变化,而教育叙事的传播和推广形式也发生了变化。教育叙事研究通过对教育叙事情境的还原、经验的阐述和剖析,加深人们对教育教学内在含义的理解。它作为一种新的教学研究方式一旦进入教育研究领域,便引起了广大教育学者的关注,同时也让那些缺乏系统、丰厚的教学研究理论的一线教师接受和喜爱,并进而能使其较为轻松地参与进来,成为教育研究者的一员。随着信息技术的发展,利用网络进行教育叙事故事传播和推广的方式也逐渐发生了演变。

博客的主页面很像是个人的Web网站。它可以免费申请,页面内容操作简单,容易生成,个人更新简便。其简单、快捷、容易操作的特点使得它具有广泛的使用群体。而使其能被广泛推广的另一个原因是它为民众提供了一个展示自我风采的平台,故博客被认为是继E-mail、BBS、ICQ之后出现的第四种网络交流工具,是"互联网的第四块里程

碑"①。作为一种早期网络形式，凭借其易用性、开放性、交互性的特点，成为许多教师开展教育叙事推广的平台。

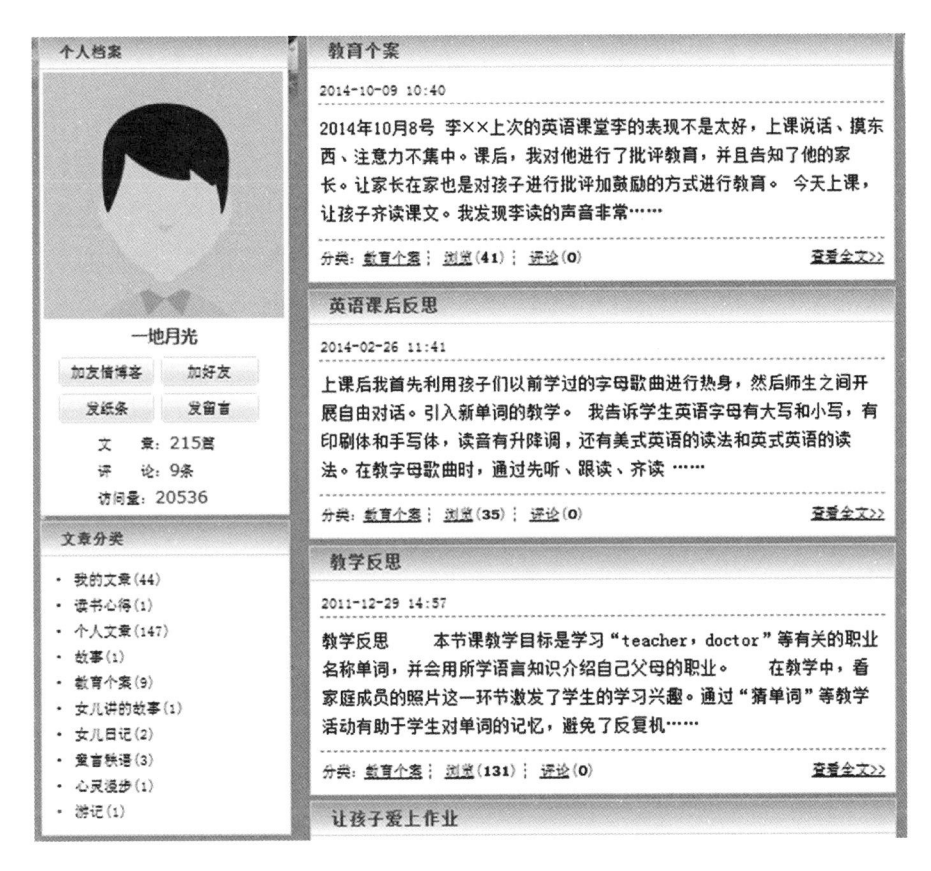

---

① 李雪,张锦茹.基于博客和微博整合平台为路径的教育叙事研究[J].中国教育技术装备,2013(6).

上述案例①就是一名名为"一地月光"的老师,通过自己的博客,开辟"教育个案"的栏目,专门记录自己在教育教学过程中的故事。故事篇幅有长有短,内容鲜活。在博客的平台上发布后,能让更多的教育同仁互动交流、互相学习。

随后,微博出现了,其短小精悍,集音频、视频为一体的形式,为工作繁忙的教师提供了一个更加便捷的传播手段。微博是微型博客的简称,它可以让用户通过登录网页、手机短信、电子邮件和即时聊天软件等多种方式,突破时间和空间的限制,进行实时的信息发布,内容精简,还可以嵌入链接,包括上传图片、音乐、视频等。在这样一个平台上,用户可以较为宽泛地进行交友、组建个人网络社区等的活动,达到更新信息,实现即时分享的目的。微博的主要功能有发布话题、转发他人或热门话题、关注他人、评论他人的言论、搜索热门话题、发送私信六大功能。其中关注和转发这两项功能可以极大地推动信息的传播速度和广度。因此,微博凭借着它平民、高效、立体、交互等特点,得到了广泛传播,用户数量也在推进中得到了快速增长。

> **又欧又努力的小王子**
> 2021-9-1 来自 iPhone 11
> #韦老师和一班的故事#
> 开学第一天,训练内容:排队、上学放学和校内的礼貌用语、规范坐姿、进出教室和办公室的礼仪规范、讲解简单的校规班规。
>
> 讲解的时候要细心,练习要耐心,必要的时候要大声,奖励为主,多强调、表扬好的行为。
>
> 今天是个好的开始,明天继续加油!

> **又欧又努力的小王子**
> 2021-9-15 来自 iPhone 11
> 这次遇到的家长都好温柔哦。
>
> 班上有个孩子很调皮,开学到现在在班上搞了很多次破坏,甚至今天也开始发现有打人的行为。但是不管是这个调皮孩子的家长,还是被欺负孩子的家长,跟我沟通的时候都是平心静气的,而且言语中都不乏对这个很调皮的孩子的关心。大家都在想办法帮助这个调皮的孩子安静下来,采取的措施包括看医生,包括家长陪读。家长们也约着出来散散步,一起商量着解决问题。
>
> 家长几次给我打电话,几次言语哽咽,甚至于今天面谈的时候,爸爸的眼眶也是红的。
>
> 就希望孩子快点好起来吧,这个世界好多人爱他。 收起

---

① http://blog.xxt.cn/showBlogIndex.action? blogId=441941&tempid=0.6888596146440149.

上述案例①是来自微博名为"又欧又努力的小王子"的新手老师，其微博中记录自己在班级管理、家校联系、教育教学过程中的点滴小故事，内容短小，又不乏自己的小收获、小反思。在微博上发布之后，还能和同行进行留言互动，对新手教师教育教学能力的提升有很大的帮助。

自腾讯公司推出微信公众号服务后，学校及教育工作者陆续加入注册微信公众号的队列之中来。不同于其他社交媒体平台，它拥有着独特的点对点式的、精准的传播优势。因为所有的微信用户都是通过订阅微信公众号来获得该账号的资讯推送，该账号的信息也能直接送达到使用者的微信中。虽然微信最初的用途仅仅是作为一款社交软件，但是在不断地使用中，微信已经俨然与用户的工作相融。当学校或者教师拥有一个微信公众号，他把学校中教师的或教师本人的教育叙事故事分享到朋友圈的时候，学校或教师就能借助了朋友圈实现了对教育叙事故事的传播，获得更多关注的同时也是个人教育观点实现"病毒式"传播的一种绝佳的渠道。

上述案例是上海市崇明区庙镇学校的微信公众号"阳光跑道"，在上海再一次因疫情而导致线上教学时期，学校利用公众号，将教师们撰写的线上教育教学故事发布在公众号上，通过学校教师朋友圈转发的方式，让这些在线教育的研究成果传播更广。

上述利用网络社交平台的推广形式，使教育叙事研究向简洁、立体化方向发展。

二、影音类传播和推广

随着新媒体的发展壮大，教育叙事故事的传播类型也发生了巨大的变化，从单一的文字

---

① https://m.weibo.cn/profile/5674451414.

叙述,到图文并茂,再到数字故事,让教育故事本身更具有客观性和感染力。

(一)数字故事类传播与推广

数字故事这一形式产生于 20 世纪 90 年代初期的美国,它也是最早把该方法应用于教学的国家。在国内《2011 年教育技术年会征集数字故事的方案》中,"数字故事"被明确界定为:指教师和学生在教学中,编写教学故事,把传统讲故事的艺术与信息技术工具结合在一起,整合文字、图片、音乐、视频、动画等多媒体元素,创造可视化故事的过程。① 数字故事的编辑平台工具选择非常宽泛,除了教师常用的 ppt 以外,还有 Flash 动画、视频、数字相册软件等。

与纯粹的文字表达的教育叙事故事相比,数字故事除了具有完整的、生动的情节构思,还拥有了非常丰富的媒体组合方式和故事表现手段,使得故事情境更加具象化,也使得观看的老师能更好地进入情境,达到共情的效果。下面展示几个数字故事案例:

上述案例,虽以图片的形式不能直观地感受其故事性,但也能让我们感知,通过文字加图片、动画等数字故事,形象生动,一个个小故事,俨然就是一部部微电影,更易让教师接受并乐于学习。这样的研究成果也能更好地进行推广。

(二)自媒体传播

近几年自媒体平台如雨后春笋生长。相较于数字故事,短视频的制作更加简洁、篇幅短

---

① 宋霞霞,马德俊.基于数字故事的教育叙事可视化研究[J].现代教育技术,2012(2).

小、内容精炼，比较符合当下快餐式阅读的需求。其传播的范围广，传播速度也极快。许多学校推出自己的视频号，用以对学校发生的日常教育故事进行宣传。也有很多教育工作者，用其记录日常教育事件以及一些所思所感。

以上两个案例就是我区上海实验学校附属东滩学校与上海市崇明区城桥中学在其视频号中推出的有关其学校管理、教育教学中的故事。通过视频的形式讲述其故事内容，让阅读者能更快捷、直观地了解故事内容，其研究成果印象更为深刻，而其研究内容也能更广泛地被推送出去。

不论是文字的形式，还是影音的形式，本区域内各学校或是教师个体在对教育叙事故事的传播和推广中，都能够因其优势而择取不同的推广方式，来使其研究成果能够被广泛关注，并能得到专家、学者、同仁的指点与交流。

第二节　教育叙事成果推广的优缺点

一、教育叙事成果推广的优点

（一）平台交互使用加强教师间交流

不管是哪类网络宣传平台，他们所发布的信息，都是按照发布者发布信息的时间呈倒序式排列，也就是说最新发布的文章、信息排列在最前面。这为教授同一学段、相同学科，抑或是为在教育教学过程中碰到相同或相似境遇的一线教师提供了最新的解决问题的思路，使其能够更好地规避相同问题。而各类平台的信息化手段，也为教师推广自己的叙事研究提供了更多的呈现方式和表现手段。例如，不擅长写的老师，就可以通过"说、演"的方式来表达，丰富了研究形式。而开放的平台也让更多的同行关注到，更能让交流突破时间和空间的限制，即使素未谋面的人也能相互交流，使其对原本的教育叙事研究推向深入。

（二）平台功能互补促进教师与专家间交流

教育叙事研究对于一线教师来说是非常友好的。因为他们能够通过讲故事的方式，附加反思性的经验总结、教育教学研究探索，就能进行此项研究。可是，一线教师的弊端也就显露出来了，即缺少科学研究的方法支撑，缺少系统的教育理论依据。由此而产生的教育叙事研究不够深刻。因此，通过各类平台的整合，能够为一线教师搭建一个与专家学者沟通交流的平台，在专业老师的指导与引领下，教师在实践中所感知的模糊不清、不够完整的教学理论也能切实在实践中总结，在实践中升华。而经指导后教师取得的成果再进行推广，其受益的面和质也是一个很大的提升。

二、教育叙事成果推广的不足

（一）快餐式阅读不利于教育叙事故事内涵深挖

随着微博、公众号、短视频等媒体形式的不断兴起，阅读的形式也从原来的深度阅读转向更符合现代人节奏的快餐式阅读。众所周知，吃多了快餐，人的身体可能会走样，对应到阅读也是同样的，快餐式的阅读有可能会让你显得知识面很广，但其实都只是蜻蜓点水，对很多事情也没有自己深入的系统的看法；而碎片化的阅读，如果你无法让它融入你的知识系统中，长此以往，碎片就会慢慢堆积成垃圾，反而造成认知负担。

（二）被淘汰的网络平台教育故事无法传播

在博客刚刚兴起时，很多教育机构和个人都会使用博客来记录和保存教育叙事故事。但是，随着新兴平台的推广，博客逐渐退出历史舞台。但是在这些废弃不用的博客中还有相当数量的优秀教育叙事故事。这就引发了一个新的问题，当网络平台不断更新换代的时候，那些上一个平台中的资源要如何和新的平台接轨？如何让优秀的教育叙事故事能够继续传播下去？这是当下以及未来都会面对的一个问题。

（三）缺乏有效的反馈和激励机制

在区域内推广教育叙事故事的过程中，我们还发现，由于激励机制的缺乏和评价反馈体系的不完整，导致了在成果推广过程中产生了一些异化现象：一是学校教师不乐意参与到成果推广中来。在推广过程中，由于学校或教师个体转发出去的成果常常得不到反馈，久而久之，老师们尝不到"甜头"，得不到夸赞，其推广的意愿也就越来越淡了。二是一些学校或教师个体更愿意转发和推广自己学校的成果，而不愿意推广其他学校教师的成果。因为各个学校在各项考核中都有强烈的意愿要让上级评价部门能更多地关注到学校各项成果，以便于在各项考核中能积攒更多的积分，由此成果的推广变得功利了。

问题探讨：

1. 您在教育教学工作中记录下来的教育故事会通过何种方式推广、传播出去？

2. 您感觉您选用的推广、传播的方式有什么好处，又有什么不足的地方？

参考文献：

［1］顾桂根.培养探究习惯　构建理想课堂[J].吉林教育（教科研版），2007(4).

［2］李雪，张锦茹.基于博客和微博整合平台为路径的教育叙事研究[J].中国教育技术装备，2013(6).

［3］宋霞霞，马德俊.基于数字故事的教育叙事可视化研究[J].现代教育技术，2012(2).

附：

上海市普教系统教育科研成果推广奖评审（暂行办法）

第一条　总　则

为了进一步搞好教育科研成果推广工作，鼓励全市中小学、幼儿园教师在教育实践中推广、应用教育科研成果，提高广大教师的教育、教学水平，使教育科研成果产生更大的社会效益，全面提高教育质量，推动上海教育改革，决定在上海市普教系统设立教育科研成果推广奖，对于积极从事教育科研成果推广并取得成绩的单位和有关人员进行奖励和表彰。

第二条　评选时间、对象和成果范围

1. 教育科研成果推广奖每三年评选一次，与本市教育科研成果奖的评选交叉进行。

2. 本市中小学、幼儿园及师范院校，各区教育局、教育学院及市教委各处室、直属单位和个人均可以参加评选。

3. 参加评选的项目，以近年来推广上海市历届获得教育科研成果奖的项目为主。

第三条　成果推广奖的申报与审批

1. 凡参加教育科研成果推广奖评比的单位和项目，需由单位和个人提出申请，填写《上海市普教系统教育科研成果推广奖申报表》，同时递交成果推广的情况报告和材料，经单位领导审核后，由区、区教育局和市教委有关处室（单位）推荐，报送上海市教育科研成果推广领导小组秘书处。

2. 教育科研成果推广的情况报告需说明成果推广的项目名称、内容、时间、范围，所采用的方法和效果分析等内容。

3. 评选的材料应含有成果推广的计划、实施过程的有关材料及经区科研室审定验收的材料。

4. 市推广领导小组秘书处接受申报后，组织有关人员对成果推广情况进行考核，然后提出考核报告，与申报材料一起，上报上海市普教系统教育科研成果推广领导小组审批。

第四条　成果推广奖评选标准

教育科研成果推广奖的评选,主要考察推广工作的广泛性、有效性、计划性和先进性。

1. 广泛性:推广应用具有相当的范围和广度(在原有的基础上有较大的扩展)。

2. 有效性:推广应用的展开能解决教育实际问题,在教育实践中取得明显的效益,并受到所在单位领导和师生的欢迎。

3. 计划性:成果推广时计划具体,程序清晰,措施落实,而且有资料积累。

4. 先进性:推广应有的方法科学,并取得经验,对原成果有所充实、丰富、创新和发展。

第五条　奖励内容和方法

1. 奖励等级分教育科研成果优秀推广奖和教育科研成果推广奖两种,分别给予表彰。

2. 市教委支持召开全市性表彰大会,优秀科研成果推广奖获得者在大会上作重点介绍,《上海教育科研》杂志等刊物作专题报道。

3. 证书副本存入获奖人员的业务档案。

后 记

2011年9月,在崇明区教育学院老院长宋林飞的带领下,组建了"教研故事及其写作院本研修班",其间教育学院研究人员、部分中小学和幼儿园老师一起开展协同研究。研修班采用集体研修与教师自主研修相结合的方式展开。2015年,崇明区教育局颁发了《崇明区"十三五"教师"人人讲故事"行动方案》等相关文件,规定在校本研修中设置教研故事自主研修板块,这符合教师在职成长的规律。通过八年的专题探索,初步形成了关于校本研修中如何用教研故事助力教师自主研修的崇明方案与崇明经验。在2019年"黄浦杯"长三角教育征文选题研讨会上,上海市教育科学研究院普通教育研究所老所长汤林春高度肯定这一做法,他认为,崇明探索以教研故事为载体的教师自主研修方式,是突破教师研修瓶颈的一条行之有效的途径。

经过几年的探索,我申请的"区域推进中小学教师叙述教育教学故事的行动研究"项目,先后被立项为2021年度上海市崇明区区级一般课题和2021年度上海市教育科学研究一般项目。

回顾两年来的研究历程,我要感谢上海市崇明区教育学院的领导和同事对我工作的支持和帮助,是他们为我创设了一个良好的研究环境和氛围,让我能静下心来开展课题研究。

我要感谢上海市教育科学研究院普通教育研究所张肇丰研究员为此书修改和后续深化研究提出的许多指导性意见和建议,并亲自为本书作序。

我还要特别感谢我的课题组研究团队,熊健、陆静、舒其燊、李新文、王玲、沈俭、王巧霞、颜华民、赵云等老师,是他们的鼎力帮助和智力支持,书稿才得以顺利完成。

同时也感谢上海社会科学院出版社的王芳等老师,她们的关注、督促、宽容使我零散、片段的思绪转化为系统、整体的思考。

最后,我想对本书中引用的公开出版文献的作者,以及收集纳入本书的教育叙事故事的作者一并表示感谢。本书对"教育叙事与教师成长"所进行的探索还很粗浅,真诚地希望广大中小学老师提出宝贵的批评意见。

黄定超
2023年4月于上海